아픈 의사,
다시
가운을 입다

병원과 사회를
이어가는
의사 김선민이
꿈꾸는 세상

아픈 의사,
다시
가운을 입다

김선민 지음

메디치

정은경(서울대학교 의과대학 기금교수, 前 질병관리청장)

김선민 선배는 늘 어려운 길, 남이 가지 않은 길을 가는 사람이다. 의과대학을 졸업했지만, 일반적인 임상 의사의 길과 다른 공공 영역에서 국민 건강과 공익을 높이기 위해 의료인이 해야 할 일을 수행해왔다. 국가인권위원회에서 보건의료 전문가로서 국민들이 겪고 있는 차별을 해소하고 인권을 지키는 일을 하였다. 건강보험심사평가원(심평원)에서는 우리나라 건강보험정책 발전과 의료의 질 향상을 통해 양질의 진료서비스가 제공될 수 있도록 제도 개선을 해왔다.

심평원을 마친 후 무거운 짐을 내려놓고 좀 쉴 줄 알았는데, 지금은 태백 지역 근로자와 지역주민에 대한 건강관리를 담당하는 근로복지공단 태백병원에서 직업환경의학전문의로서 삶을 이어가고 있다. 참 그녀다운 선택이다.

우리는 의과대학 일 년 선후배 사이로 만났다. 일차보건의료를 하는 가정의학전문의를 한 것, 공공영역에서 의료인 역할을 수행한 공통점이 있어, 서로 의지하고 힘이 되어주는 선후배였다. 특히 코로나19 대유행 시기에는 질병관리청장과 심평원장으로서 함께 감염병 위기 극복을 해왔다. 참 귀한 인연이다.

김선민 선배의 책에는 개인 인생 이야기를 넘어 여성 의료인, 병원과 사회를 잇는 의료인, 한국 의료와 세계 의료를 잇는 의료인으로 자기 삶을 채워가는 이야기가 폭넓게 담겨있다. 선배와 할 이야기가 더 많아진 것에 기뻐하며, 다시 한 번 책을 찬찬히 읽어볼 참이다.

강원국(작가,《대통령의 글쓰기》저자)

김선민 작가를 잘 알지 못한다. 예닐곱 번 정도 만난 사이다. 그
런데 만날 때마다 나를 놀라게 하는 사람이다. 내 지인의 아내로
그녀를 처음 만났다. 내가 기업 홍보실에서 일할 때부터 친하게
지내온 기자의 아내였는데, '서울의대를 나온 의사'라고 소개받
았다.

첫인상이 예상 밖으로 소탈했다. 내게 서울의대 나온 의사에
관한 고정관념이 있었는지, 의외란 생각이 들었다. 그녀가 운전
하는 차를 타고 다시 놀랐다. 차가 폐차 직전의 소형 국산 승용
차였기 때문이다. 나 같은 속물 입장에서는 그녀가 범상치 않아
보였다. 그래서 이렇게 물은 기억이 있다. "사회에 불만이 많으신
가 봐요?" 그녀는 피식 웃어넘겼다.

시간이 지나 기자 남편에게 연락이 왔다. 아내랑 같이 만나고
싶다고 했다. 그때 처음 알았다. 2004년에 대장암 3기 진단을 받

고 수술과 항암치료까지 받았다고 했다. 왠지 의사, 특히 젊은 의사는 겪지 않을 것 같은 병력을 지니고 있어 의외였다. 그런 큰일을 겪은 사람이 어쩌면 저렇게 해맑고 씩씩하고 긍정적일 수 있을까.

그녀의 놀라운 변신은 이후에도 이어졌다. 세계보건기구로 옮겨가 일을 하더니, 돌아와 2020년부터 3년간 건강보험심사평가원 원장이란 중책을 맡아 성공적으로 수행한다. 그런데 여기서 또 한 번의 반전이 있다. 심평원장이란 자리에서 내려와 강원도 태백의 시골병원을 찾은 것이다. 높은 자리는 중독성이 있어 한번 경험하면 고공행진을 이어가려 하기 마련인데 말이다.

이번엔 살아온 얘기를 담은 책을 들고 나타났다. 승승장구 자화자찬의 얘기가 아니다. 살아오며 맞닥트린 어려움과 맡겨진 일을 누구누구의 도움으로 이겨내고 감당할 수 있었는지 퇴연退然하게 밝히고 있다. 책을 읽으며 생각했다. 그간 내가 알고 지냈던 의사 김선민은 빙산의 일각에 불과했구나. 그리고 희망을 느꼈다. 김선민 같은 사람이 우리 주위에 있는 한 여전히 세상은 살 만하다고 말이다.

작가 김선민은 또 어떤 모습으로 나타나 다시 나를 놀라게 할지 자못 기대된다.

이수연(드라마 작가, 〈비밀의 숲〉, 〈라이프〉 집필)

'급여…비급여…. 급여는 월급 같은 건데 비급여면…월급을 안 주는 것인가?…'

2017년 가을 즈음으로 기억합니다. 건강보험심사평가원 홍보실장님 방에서 저는 머릿속에 이런 물음표를 띄우고 있었어요. 의료민영화에 대한 드라마를 쓰겠다고 방향은 정했지만, 의료도 모르고 민영화는 더 몰랐던 제가 처음으로 심평원을 찾았던 날입니다.

의료보험 혜택이 적용되는 의료비를 급여 치료라 하고, 적용 안 되는 건 비급여라고 한다는 걸 처음 안 날이기도 합니다. 이 정도면 자료 조사가 아니라 귀동냥을 했다고 해야겠네요.

이렇게 심히 무지했던 제가 심평원 분들에게 직접 설명을 들을 수 있었던 건, 한 번의 전화 인사만으로도 인터뷰를 안배해주신 김선민 선생님 덕분이었습니다. 그 뒤로도 선생님께선 제가 조언을 구할 분들을 소개해 주셨고 저는 덕분에 더 많은 귀동냥을 할 수 있었지요.

그런데 정작 김 선생님을 뵌 건 한참 뒤였어요. 그때 선생님께선 WHO 근무를 위해 제네바에 계실 때였거든요. 처음 김 선생님에 대해 들었을 때부터 '우와 WHO라니, 진짜로 그런 국제기구에 가서 일하는 사람이 있구나. 게다가 제네바라니. 마치 안녕? 나는 모나코 왕립발레단 수석무용수야.'라고 자기소개를 하는 사람을 보는 기분이었습니다.

그로부터 6년의 세월이 더 흘러 선생님께선 심평원 기획이사로 돌아오셨고, 이어 심평원장을 역임하시고 지금은 태백에 계시네요. 심평원장이 되셨다는 전언에 '나 너무 높은 분을 알고 있는 거 아냐?'했는데, 그 인연으로 이젠 선생님의 책 원고를 읽고 있습니다.

예전에 아픈 적이 있으셨단 건 알고 있었습니다. 그렇지만 페이지를 넘길수록 '이런 시기를 거쳐 의사가 되셨구나'라는 생각이 맴도네요. 그 시기를 고난이라 해야 할지, 시련이 더 적합한 단어일지…. 그러다 '이건 공포다'란 생각이 들었습니다.

내가 이 병을 이길 수 있을까, 나 설마 어떻게 되는 거 아닐까 하는 공포보다 더 순수의 공포. 고통 자체가 주는, '지금 내 몸 어디가 너무나 아프다, 미치겠다'의 공포요.

제가 병원에서 아팠던 때를 떠올려보니 세상에, 유방암 검사할 때가 제일 최근이네요. 검사일 뿐인데, 1, 2분도 안 되는 찰나인데, 진짜 환자 앞에선 '나 그게 아팠어' 하면 등짝 맞을 소린데,

그걸 못 참아서 '검사해 주시는 분을 밀치고 도망갈까?' 그 궁리를 하는데, 선생님께선 어떻게 견디셨을까요?

공포는 사람을 무릎 꿇리거나, 나아가게 한다고 합니다. 저는 이것이 뭔가를 이뤄내는 사람과 굴복하는 사람의 차이라고는 생각하지 않습니다. 한 사람에게도, 두려움으로 마비가 올 때가 있으면 이를 악무는 때가 있지 않을까요?

김선민 선생님께도 숱한 밤의 두려움과 숱한 낮의 투지가 있었겠지요. 그 결과, 이겨주셔서 감사합니다.

누군가의 엄마로서, 조직의 수장으로서, 신념을 가진 직업인으로서, 하나의 사람으로서, 이 책은 그 기록이라 생각됩니다.

길을 찾아서

소수자인 나

나는 소수자다. 의사이기 전에 환자이고, 인간이기 전에 여성이다. 병마와 싸워야 했고, 유리천장을 깨야 했다. 서울대학교 의과대학을 졸업해 건강보험심사평가원장까지 지낸 의사가 무슨 소수자 타령이냐는 힐난이 들린다. 하지만 환자이며 여성이라는 정체성 없이 나를 설명하기 어렵다.

내게 처음 환자라는 이름이 붙여진 것은 1987년 의대 본과 3학년 때였다. 의사가 될 꿈에 한참 부풀어 있을 때 '선천성 담관낭종'이라는 진단을 받았다. 어렸을 때부터 나를 괴롭히던 복통에 그제야 이름이 붙었다. 그 이후로 내 간과 담도는 지긋지긋한 고통을 불러왔다. 조금이라도 덜 아프게 하기 위해 갖은 노력을 다 했다. 노력 여부에 따라 통증의 강도가 달라지지 않았기에, 정확히 말하자면 그건 '적응'이었다.

병을 갖고 살면서도 일상을 유지하는 방법을 터득해야 했다. 살갗을 뚫고 간을 지나 담낭에 이르는 튜브를 넣고 몇 년을 버텼다. 날마다 그 튜브를 소독하면서 내가 남과 다르다는 것을 마음에 새겼다. 부정적 의미로 나는 달랐다. 통증보다 더 나를 괴롭히는 것은 건강하지 않다는 '정체성'이었다. 십년 넘게 병을 앓는 동안 다행히 현대 의학이 발전해 1999년 그 문제를 해결했다. 그러나 5년 뒤 대장암 3기로 수술을 받았고 항암치료를 받았다. 일일이 열거하지 못할 다른 병들도 많았다.

성적成績 지상주의 국가에서 나는 운이 좋은 편이었다. 남들이 부러워하는 대학에 입학할 수 있었으니. 하지만 그 좋다는 대학에서 여학생인 나는 기를 펴지 못했다. 의사가 되어서도 그랬다. 건강하지 못한 여성 의사는 주류에 들기 어려웠다. 이른바 잘나가는 남자 의사들이 어떤 삶을 누리는지를 똑똑히 보아온 내가 느낀 상대적 박탈감이 만만치 않았다. 여성이라는 이유만으로 더 짊어져야 하는 짐들이 있다. 아이를 낳고서 그게 얼마나 무거운지 실감했다. 공부만 잘하면 행복하다는 말이 '딸'들에게는 해당하지 않는다는 것을 정작 어른이 되어서 알았다. 거센 파도 앞에서 번번이 나는 부서졌다.

모든 희망이 꺼졌다고 여길 무렵 나는 다시 건강을 회복했다. 기적이었다. 생계를 위해 다시 들어간 직장이 건강보험심사평가원(심평원)이었다. 이 직장을 17년간 다니면서 다시없을 것 같던 성취들을 하나둘씩 일궈냈다. 14년 차가 되던 2020년 4월, 나는 심평원의 최고 직위에 올랐다. 내게는 첫 여성 심평원장과 함께 첫 내부 승진 원장이라는 타이틀이 붙었다. 심평원은 한국 의료계에서 가장 영향력이 큰 기관이라 해도 과언이 아니다. 담관낭종 수술 후 반복되는 담도폐쇄로 고생하는 동안, 대장암으로 수술과 항암치료를 받는 동안에는 꿈도 꿀 수 없는 일이었다.

쓰고 싶은 나

쓰고 싶다는 것은 오래된 생각이다. 남들이 겪지 않는 질병의 고통을 겪을 때마다 나는 쓰고 싶었다. 일기처럼 써내려간 글을 모아 주변 사람들에게 보여주기도 했다. 그건 푸념에 불과했다. 솔직히 말하자면, 어려움을 극복하고 오뚝이처럼 일어난 성공담을 쓰고 싶었다. 그러나 끝내 책에 이르지 못했다. 앞으로도 그 책은 쓰지 못할 것 같다. 병에서 헤어 나와 건강하게 살기 시작한 이후에도 내 안에서 성공의 비결을 찾지 못했다. 남들에게 이렇게 저렇게 따라 하라고 말할 것이 없다. 몇 가지 좋은 습관이 있기는 하나, 성공으로 이어졌다고 단언할 만큼 자신 있지도 않다.

이 책의 초고를 시작하고도 한참동안 글쓰기는 내 한풀이를 벗어나지 못했다. 쓰고자 할 때마다 머뭇거렸다. 쓰지 않아도 되는 이유는 백 가지도 넘었다. 세상에는 고생 끝에 성공한 사람들의 스토리가 넘쳐난다. 굳이 내 이야기까지 책의 홍수에 보태야 하는지 의문이 들었다. 내밀한 이야기를 글로 만들어 공유할 때마다 현기증을 느끼기도 했다. 나 혼자 경험한 일을 일반화하는 것이 섣부르다 생각했다.

심평원장이 된 뒤에 어려움을 어떻게 딛고 일어섰냐고 묻는 후배들을 많이 만났다. 질문을 받을 때마다 "운이 좋았다."고 답하곤 했다. 아무리 생각해도 그렇다. 내가 모든 문제를 극복한 것도 아니다. 남들에게 그럴싸해 보일 뿐, 넘어졌다가 다시 일어나지 못한 부분도 많다. 뭔가 이뤘다면 그건 행운 덕분이다.

선천성 담관낭종이라는 질환을 갖고 조금 더 일찍 태어났다면 나는 지금 살아있지 못할 것이다. 대장암 발병이 2000년대 이전이었다면 지금의 나는 없을지도 모른다. 당시 한국의 의료기술은 발전하지 않았다. 너무 높은 의료비용도 감당하지 못했을 것이다. 조금 더 일찍 태어났더라면 여성인 내가 사회에서 영역을 넓혀가려는 시도조차 하지 못했을 것이다. 심평원장이라는 직위에 도전하게 된 것도 2020년의 한국에서나 가능했다.

'찰나의 우연들이 모이고 쌓여 오늘의 내가 있었다.'

이 생각을 자꾸 떠올리면서 내가 찾은 행운의 모습을 그리기로 마음을 바꿔먹었다. 하나하나 그려가면서 생각은 성장해갔다. 우연같이 보이던 행운을 찬찬히 뜯어보니 새 얼굴이 보였다. 행운의 여신은 알고 보니 사회가 내민 연대solidarity의 손이었다.

어려운 시기에도 한국사회는 민주와 평등을 두 축으로 빠르게 발전해왔다. 사회적 연대는 차츰 제도화했다. 내가 넘어질 때마다 나를 받쳐준 것은 사회 발전의 다른 얼굴이었다. 한국 사회는 내게 따뜻한 손을 내밀었고, 내가 한 일은 그 손을 잡은 것뿐이었다. 그 결과로 나는 성장할 수 있었다.

심평원장을 지내면서 책을 내야겠다는 마음을 굳혔다. 아직도 젊은이들이 고통받고 있다는 사실을 알았기 때문이다. 내가 오래전 겪고 지나간 것처럼 보이는 일들은 외양과 정도를 달리하지만 지금의 젊은이들에게 반복되고 있다. 고통의 절대 크기가 과거에 비해 줄었을지는 모르지만, 여전히 해결해야 할 일이 많다.

'원래 인간이 그런 거야'라고 할 수는 없다. 여전히 많은 나라에서 다양한 시도를 하고 있다. 성평등은 완전하지 않고, 아픈 사람들은 아직도 돈 걱정을 먼저 한다. 돈이 있어도 병원이 멀어 치료받지 못하는 이들도 많다. 한국 사회를 뜨겁게 달구던 인권 이슈들로 많은 이들이 아직도 눈물을 흘리고 있다.

격동의 시대를 겪으면서 사회문제로 부각되던 것들 가운데, 오히려 지금은 각자 알아서 해결해야 할 문제로 취급되는 것들이 많다. 어렵게 얻은 사회발전과정도 잘 기록되지 않는다. '그때 그 문제를 어떻게 풀었지?' 하는 내 의문에 명쾌한 답을 주는 책도 자료도 많지 않다. 이제라도 기록해야 한다는 생각이 들었다. 뼈저리게 체험한 일들을 공유하는 것은 일종의 책임이다.

작은 성과라도 이뤘다면, 그것은 수많은 연대의 결과다. 연대의 틀 안에서 나는 성장해왔다. 모든 이에게 허락된 경험은 아니었다. 소수자로서의 자의식 안에서 어떻게 성장할 수 있었는지 기록해야 한다고 생각했다. 이 기록이 나처럼 주눅 들어 있는 사람들에게 도움이 되면 좋겠다. 내가 받았던 연대의 손길을 나는 이 책을 통해 전달하고 싶다. 누군가에게 받은 만큼만 '되갚는' 것을 넘어 나에서 너로 다시 우리로 '서로 갚음'의 선순환을 이루고 싶다.

감사를 전하며

쓰면서 많은 이들의 도움을 받았다. 책을 내고 싶다며 찾아간 나를, 메디치미디어 김현종 대표는 너무나 반갑게 맞아주었고, 힘을 북돋워 주기도 했다. 배소라 실장은 글의 방향을 잘 이끌어 주었다. 배 실장의 통찰에 힘입어 앞으로 갈 수 있었다. 책을 내는 것이 종이낭비는 아닌지 자기검열 섞인 자괴감을 느끼고 있을 때 엄은희 소장이 받쳐주었다. 그는 부족한 나의 팬을 자처해 주었다. 이분들이 아니었다면 내 인생에 책은 없었을 것 같다.

추천사를 부탁하자, 정은경 서울의대 교수(전 질병관리청장), 《대통령의 글쓰기》를 집필한 강원국 작가, 드라마 〈비밀의 숲〉 이수연 작가께서 흔쾌히 응해주셨다. 그분들의 연락처가 내 휴대전화에 있고, 가끔 혹은 자주 안부를 물을 수 있다는 것만으로도 감사할 일이다. 그분들의 자취를 따라가는 것만도 행복이었는데, 세 분의 추천사를 받을 수 있었으니 내 책 쓰기는 더 없이 행복한 길이었다.

국가인권위원회 육성철 홍보협력과장, 한국보건사회연구원의 신현웅 박사, 그리고 건강보험심사평가원의 조승연 부장과 이강군 변호사는 통계수치를 현행화하고 구체적인 사실을 확인하는 데 도움을 주었다. 어떻게 감사해야 할지 모르겠다.

국가인권위원회에서 함께 했던 동료들을 생각하면 마음이 아리다. 내 정신세계에 엄청난 변화를 일으킨 곳이다. 거기서 함께 한 모든 동료들, 특히 무에서 유를 만들며 법령과 예산, 사무처 조직, 업무 매뉴얼들을 함께 만들어갔던 초반기 동료들은 나에겐 전우戰友 같다.

심평원은 나를 성장시킨 조직이었다. 여성연대의 이론을 배운 곳이 국가인권위라면, 실천하며 내 것으로 만든 곳이 심평원이다. 아픈 나를 받아들여 한 식구가 되게 해주었고, 국제사회에서 발전하도록 물심양면 지원해 주었다. 심평원 선배들은 나를 키워주었다. 그들에게 보답하기 위해서라도 내부 승진 원장이 되어야 했다.

이제, 정말 내가 가장 사랑하는 이들에게 감사할 차례다. 회사 일에 글쓰기에 나를 빼앗긴 네 딸들에게 감사하고 미안하다. 딸들은 내가 가장 자주 만나는 후배세대다. 글을 쓸 때 딸들이 살아갈 미래를 생각했다. 마지막으로 배우자며 동지이자 친구인 그 남자에게 깊이 감사한다. 그가 없는 내 삶은 생각할 수가 없다. 그는 내 글쓰기를 응원했다. 빨리 잘 쓰라고 독촉했다. 가차 없이 비평도 했다.

심평원장을 마치고 이 책을 쓰는 동안 나는 근로복지공단 태백병원 직업환경의학과 진료과장으로 다시 가운을 입는 삶을 시작했다. 아픈 이들을 만나는 현장에서 나는 오늘도 인생의 경계를 넓혀가는 중이다.

책을 통해 후배들에게 전하고 싶은 말을 한 시인의 목소리로 대신한다.

길 찾는 사람은
그 자신이 새 길이다

참 좋은 사람은
그 자신이 이미 좋은 세상이다

— 박노해, '다시',
시집 『사람만이 희망이다』 (느린걸음, 2015) 수록

2024년 1월 태백에서
김선민

차례

2장 여자 이야기

3장 의료는 더 넓은 세상과 만나고

4장 정책으로 세상 바꾸기

대학로에서 먼 길 돌아 태백까지

따라라락 따라라락! 휴대전화 알람이 울린다. 동짓날 가까운 태백의 아침 일곱 시. 아직 해가 뜨지 않았다. 출근 준비를 서두른다. 오늘은 진료하는 날이다. 든든하게 먹어야 한다. 사과가 들어가니 몸 전체가 깨어난다. 달걀 하나를 더 먹는다. 사택을 나와 병원으로 향한다. 황지천을 끼고 서 있는 병원 뒤로 태백산 자락이 펼쳐져 있다. 언제 보아도 신성하다. 산 중턱에 걸린 운무가 바삐 움직인다. 날이 개려나 보다.

100미터 남짓 걸어 병원에 도착하니, 진료실 앞에는 벌써 기다리는 분들이 많다. 방에 들어가 외투를 벗고 가운을 입는다. 매일 반복하는 이 동작이 내게 하나의 '의식儀式'이 되었다. 의식과 함께 머릿속에서 '딸깍' 하고 전등 하나가 켜진다. 수첩을 펼쳐 오늘 할 일을 적는다. 컴퓨터를 켠다.

"들어가도 되나요?"

한 남성이 문을 살짝 열고 묻는다. 검진받으러 온 환자들이 일찍부터 나를 찾는다. 예약된 산업재해요양급여 신청인 박○○ 님의 기록을 다 읽기도 전이다.

"네, 물론이지요. 들어오세요!"

내 목소리에 힘이 들어간다. 그 환자가 들고 온 기록지를 받아든다. 거기 적힌 혈압이 심상치 않다.

"혈압이 높네요."

"지난번에도 높다고 했는데, 약을 안 먹었어요. 혼자 노력해서 떨어뜨려 보려고요."

이제 내가 길게 말 할 차례다.

"이 정도 혈압이면 생활습관 바꾸는 것만으로는 안 됩니다. 첫째, 매일 일정한 시간에 혈압을 재세요. 집이나 직장에 혈압측정기가 없으면 은행이나 농협 같은 데 있을 거예요. 매일 재서 수첩에 적어, 그걸 내과 선생님께 보여드리세요. 약을 드릴지 말지 결정하실 거예요. 둘째, 하루 만보를 목표로 걸으세요. 처음부터 무리해서 근육운동은 하지 마시고 그냥 빠른 걸음으로 한 시간 정도 걸으면 됩니다. 짜게 드시는 것도 피하시고요. 혈압이 높으면 심장병이나 중풍에 걸릴 수 있어요. 아직 젊으신데 건강하게 오래 사셔야지요."

"예."

환자의 목소리가 작아진다. 말이 조금 통한 눈치다.

"그런데 더 큰 문제가 있네요. 술을 일주일에 다섯 번, 소주 한 병씩 드시네요. 실제로는 더 드시지요? 술이 혈압을 높여요. 끊으시면 제일 좋겠지만, 줄이기라도 하셔요. 그리고 담배도 피우시네요."

"문제인 거 아는데, 마음대로 안 되네요."

그가 한숨을 내 쉰다.

"무슨 일을 하시는데요?"

"시외버스 운전을 해요. 승객들이 너무 힘들게 해요."

나도 같이 한숨을 쉰다.

"그래도 의사인 제가 해야 할 말이 무언지 잘 아시지요? 스트레스를 다른 것으로 풀 방법이 있을 겁니다. 술과 담배로 풀지 마세요."

말은 하지만 그게 쉬울까 싶다.

"예, 노력하겠습니다."

일단은 성공이다. 여기까지라도 하자.

검진환자 열댓 명이 왔다 갔을까? 이번에는 다른 종이를 든 여성이 들어온다. 아침에 살펴보던 서류를 모두 다시 펼칠 때다. H 병원에서 보낸 소견서 속 진단명은 '우측 어깨 회전근개 광범위 파열.' 그런데 직업력이 복잡하다.

"무슨 일을 하셨어요?"

"호텔에서 객실청소를 15년 했어요."

"여기 서류에 보면, OO호텔에서 일한 건 3년, 그 이후에는 회사 여러 곳을 옮겨 다니셨나 봐요? 거기서는 무슨 일을 하셨어요?"

"그게요, 원래는 OO호텔에 들어가서 일했는데, 하청업체 소속으로 바뀌었어요. 하청업체는 사장이 바뀔 때마다 이름이 바뀌어요. 15년 내내 저는 OO호텔에서 일했지요."

환자와 함께 진료실에는 그의 수십 년 인생이 따라 들어와 있다. 그 뒤로 한국 현대사가 보인다. 1998년 외환위기 이후 하청으로 바뀐 것이 객실청소 뿐인가. 산재 환자 가운데, 모기업에 소속해서 계속 일한 이를 나는 아직 보지 못했다. 그래도 같은 업종에서 일한 분은 다행이다. 광산에서 3년, 건설현장 보통 인부로 4년, 아파트 경비원으로 3년, 이렇게 일한 분들의 직업병 여부는 어떻게 평가할지 언제나 고민이다.

환자를 보내고 내 긴 노동은 비로소 시작된다. 백장이 넘는 서류를 읽고, 산업위생사들이 촬영해 온 작업 동영상을 보고, 문헌을 찾고, 정형외과 과장과 회의를 해야 한다. 일이 많을 것 같다. 그래도 큰 걱정은 하지 않는다. 30년 전, 처음 이 일을 하기로 마음먹을 때와 비교하면 지금의 고민은 고민도 아니다. 그때 '직업병'을 말하는 의사를 사람들은 이상한 눈초리로 봤다. 함께 논의

할 사람도 많지 않았다.

지금은 환자 한 명에 매달리는 인력이 몇 명인가. 정형외과 과장도, 산업간호사도, 위생사도, 근로복지공단 지사 직원도, 질병판정위원회 위원들도 모두 이 일에 '진심'이다. 활용할 정보도 많다. 직업병이라 해도 아니라 해도 나에게 시비 걸 사람은 없다. 그래서 더 무겁다. 하지만 그것도 큰 걱정은 아니다. 내 판단이 잘못되었다면 바로잡아 줄 이들도 많다. 전국에 있는 근로복지공단 소속 병원 직업환경의학과 전문의 회의에서 물어보면 된다. 업무상 질병판정위원회에서 합리적 판단을 할 것이다.

그러고 보니 원주에서 손님이 오기로 한 날이다. 퇴직한 원장을 찾아 먼 길 마다 않는 직원들은 언제나 반갑고 고맙다. 이번에 오는 이들도 태백의 명소, 구문소를 들른다 했으니, 내 퇴근과 얼추 맞을 것 같다. 심평원장으로 일하던 때가 생각난다. 아드레날린이 확 솟는다. 기관장은 언제나 칼끝 같은 긴장 위에 서 있었다. 하지만, 심평원 경험이 있었기에 태백의 환자들에게 한걸음 가까이 다가설 수 있다. 직업병 판정의 무게도 더 실감한다.

아! 그걸 또 잊었다. 오늘이 가기 전에 아버지께 사진을 보내야겠다. 진료실 앞에 걸어둘 요량으로 병원에서 찍어준 사진 속 내 모습은 가운을 입고 있다. 생각해 보니 가운 입고 제대로 찍은 사진은 이게 처음이다. 내가 다른 길로 들어섰을 때 아버지가 하신 말씀이 늘 마음에 남았다.

"오늘 서울대병원에 갔더니, 네 친구 이 OO가 하얀 가운 입고 있더라. 참 보기 좋더라."

생각이 여기에 이르자, 사십 년의 긴 터널이 다시 떠오른다. 1984년 봄 서울 대학로에서 시작해, 2023년 9월 근로복지공단 태백병원 직업환경의학과장까지 250킬로미터를 오기 위해 지구를 한 바퀴 돈 것 같다. 그러고 보니 길었던 내 인생길은, 모두 서로 연결되어 있었다. 하나하나 소중하다.

아픈 의사,
다시
가운을 입다

1장

의사 환자 이야기

아픈 시간을 홀로 꿋꿋하게 견디라고 하면 환자는
갈 곳이 없다. 환자가 충분히 치료에 전념할 수 있도록
세상은 보호막을 쳐주어야 한다. 그런 전제 조건 아래서
질병을 이기면 그 사람의 인생은 정말 풍성해진다.
질병이 인생을 풍성하게 하려면, 적어도 그 병을
이겨야 한다.
투병은 홀로 할 수 있는 일이 아니다. 아이를 키우는 데
온 마을이 필요하듯, 한 사람이 병을 이기려면 온 사회가
필요하다. 아픈 이들이 고통의 시간을 견디고 나서
세상에 기여할 수 있도록 충분히 버팀목이 되어주는
사회, 그것이 내가 바라는 세상이다.

모두 그렇게 아픈 줄 알았다

스물한 살에 찾은 진단명

"김 선생! 김 선생! 어디 아파요?" 같이 커피를 마시던 전공의가 물어왔다.

'배가, 너무 아파요.' 뱉고 싶은 이 말이 목에 걸려 넘지 못했다.

"상황이 심각한 것 같은데! 누구 카트 좀 갖고 와요!"

자동판매기 앞에서 고통스럽게 배를 움켜잡고 쓰러지기 직전, 문제를 알아채고 소리를 지른 사람은 내과 전공의였다. 주위가 부산해졌다. 누군가 카트를 끌고 왔고, 나는 그 위에 눕혀졌다. 바퀴가 평탄치 않은지, 카트가 움직이며 끼익끼익 쇳소리를 냈다. 그때마다 몸에 진동이 전해졌다. 배는 더 아팠다.

커피 자판기가 있는 곳이 1층이었으니, 같은 층에 있는 응급실에는 곧 도착할 터였다. 얼마나 지났을까? 복도 천장의 형광등이 시야로 획획 지나가더니, 환한 응급실 천장이 보였다.

1986년 4월 두 번째 금요일, 나와 세 친구들은 유난히 들떠 있었다. 의과대학 본과 3학년인 우리가 일주일의 집중실습을 마치는 날이었다. 그것도 '의료 중의 의료'Medicine of medicine로 불리는 내과병동에서다. 월요일 아침부터 우리는 인턴을 따라다니며, 병동 곳곳을 누볐다. 환자의 피를 뽑는 것으로 하루를 시작해, 다음 날 환자에게 제공해야 할 것들의 목록 초안을 차트에 적고 집에 돌아가면 열시가 훌쩍 넘었다.

금요일이 되자 천하라도 얻은 것 같았다. 한 주 내내 우리가한 일은 이제 막 의사면허증을 딴 인턴을 따라다니며 자잘한 일들은 돕는 일에 불과했지만, 의사의 길에 들어섰다는 뿌듯함을 느끼기에 충분했다.

마지막인 그날은 병동의 내과 전공의들과 저녁 회식이 예정되어 있었다. 어느 무리나 그렇듯이, 함께 마시는 술 한 잔과 더불어 우리는 본격적으로 의사 사회에 '진입'하게 될 터였다. 병원 식당에서 가벼운 식사를 하고 병동으로 돌아와 남은 일을 마치고 나가기로 했다. 지하식당에서 수저를 드는데, 배가 묵직하게 아파왔다. 늘 하듯이 참았다. '배가 아프다고 말하면 나를 데리고 가지 않겠지? 곧 괜찮아질 거야.' 모처럼 들뜬 분위기에 초를 치기도 미안했다.

그러나 내 기대를 비웃기라도 하듯 통증은 점점 심해졌다. 처음에는 회식에 따라가려고 말을 아꼈는데, 시간이 지나니 말을 할 수조차 없이 아팠다. 움켜쥔 배가 저절로 구부러졌다. 내과 전공의가 내 상황을 알아차렸을 때, 나는 꼼짝할 수가 없었다.

응급실에서도 복통은 멎지 않았고 심한 구토가 시작되었다. 내 뱃속에 저렇게 많은 것들이 들어있었나 싶을 정도로 많은 것들을 게워내고서야 구토가 멎었다. 속이 비워지자 통증이 조금 가라앉았다. 나는 초음파실로 보내졌다. 초음파 단말기를 이리저리 움직이던 방사선과 의사가 한참 만에 말했다.

"담도에 돌이 많군. 이 나이에 돌이 이 정도면 저절로 생긴 건 아닐 텐데…. 콜레도컬 시스트Choledochal cyst, 담관낭종가 있네. 그동안 배가 많이 아팠겠는 걸."

내 유년의 기억은 배 아픈 장면으로 시작한다. 언뜻언뜻 기억나는 장면마다 나는 아버지에게 업혀 있었다. 얌전하던 내가 울기 시작하면 어디가 아픈 거였다. 사지를 비틀며 버둥거리는 나를 감당하려면 아버지가 안거나 업어야 했다. 배가 아플 때 업히거나 안기면 더 아팠다. 다행히 몇 십 분 정도 아프고 나면 복통은 다시 멎곤 했다. 아프지 않을 때는 말짱했다.

초등학교에 들어가니, 다른 아이들도 배가 아파서 양호실에 간다고 했다. 사람은 원래 모두 그렇게 배가 아프게 되어 있나 보다 생각했다. 두 번인가 병원에 갔는데, 의사는 공부스트레스로 아픈 것 같다고 했다.

20년 넘게 나를 괴롭히던 복통은 의대 본과 3학년 내과 실습을 도는 와중에 제 이름을 찾았다. 담관낭종. 흔한 질병이 아니었다. 나도 그 병명을 그때 처음 들었다. 간과 장을 연결하는 담도가 태어날 때부터 늘어나 있는 병이다. 늘어난 담도에 담즙이 정체되고 그 안에 돌이 많이 생긴다. 나이가 들면 암이 생기기도 한다. 부모님은 걱정을 했지만, 의사들은 다행이라 했다. 그때라도 발견한 것은 서울대학교병원이 첨단 의료기술을 속속 도입하고 있었던 덕분이었다.

나는 실습을 돌던 내과 병동에 환자가 되어 입원했다. 방학 때 수술을 하면 어떤가 하는 부모님의 의견은 관철되지 않았다. 학기 중이었지만, 입원한 김에 수술을 받는 게 좋겠다고 했다. 그랬다. 조금이라도 더 아플 이유가 없었다. 일사천리로 수술 일정이 잡혔다. 네 시간가량 걸리는 개복 수술을 했다. 친구들은 내가 있는 병실을 놀이터로 삼았다.

일주일 만에 퇴원해서 한 주를 더 쉬고 학교에 나갔다. 다행히 문제없이 본과 삼학년 과정을 마쳤다. 이제 배도 안 아플 터이니 마음이 가벼웠다. 배에 흉터는 길게 남았지만, 비키니 수영복 입는 것만 빼면 못할 일은 없었다.

임상 실습은 정말 재미있었다. 미리 알고 진학을 결정한 것은 아니었지만, 의대에 오길 참 잘했다고 생각했다. 무턱대고 하는 공부보다 환자를 보고 문제를 찾아가는 과정은 훨씬 역동적이었다. 생사를 가르는 심장 내과도, 인간의 심연을 들여다보는 정신과도 그랬다. 수술까지 한 번 받아본 나는 정말 좋은 의사가 될 것 같았다.

비극적인 질병

내 인생에 균열이 가기 시작한 것은 그 이듬해였다. 본과 4학년 1학기가 시작하고 한 달이 채 안 되었는데, 다시 배가 아파왔다. '그럴 리가 없는데…' 하면서 다시 입원을 했다. 이번에는 담도폐쇄라는 다른 진단명이 붙었다. 이번에는 담도가 막혀 담즙이 아래로 흐르지 못했다. 염증에 고열이 심했고 다시 개복수술을 받게 되었다.

"엄마, 수술 잘 받고 나올게요."

의연하게 수술장에 들어갔지만, 내가 마취에서 깨어났을 때 병실 분위기는 무거웠다. 친구들은 더 이상 내 병실에서 크게 떠들고 웃지 않았다. 수술 후 덮어 놓은 거즈를 열자 꿰맨 상처 옆으로 이물감이 느껴졌다. 6밀리미터 정도 굵기의 실리콘 관이 내 배를 뚫고 나와 덜렁거리고 있었다. 그 관의 한쪽 끝은 담도 안에 있었다. 막힌 담도에 T자 모양의 관을 넣어놓고 몇 달을 지내면 늘어날 것이라 했다.

밖으로 나온 튜브 끝에 주머니를 매달고 담즙을 뺐다. 퇴원할 무렵 튜브에서 주머니를 뗐다. 호스 같은 관을 돌돌 말아 피부에 딱 붙여 놓았다. 조금씩 흘러나오는 담즙에서는 역한 냄새가 났다. 피부 주변을 통해 물이 들어갈 수 있으니 압력을 받는 통 목욕은 못했다. 아침저녁으로 샤워를 해야 했다. 샤워 후에는 그 튜브가 박힌 부위의 피부를 소독하고, 큰 거즈를 대서 반창고로 덮었다. 반창고 닿은 피부가 물러졌다.

조금 헐렁한 원피스를 입으면 감쪽같았지만, 그 튜브를 몸에 매단 채 학교에 다니기는 싫었다. 휴학을 했다. 좌절이란 단어가 내 인생을 멈춰 세웠다. 나는 더 이상 보통의 건강한 사람이 아니었다.

그래도 시간은 흘렀다. 그해 11월 관을 제거하고, 1988년 봄에 복학을 했다. 일 년을 쉬었지만 이제라도 따라가면 내 인생은 그리 나쁘지 않을 것 같았다. 하지만 그 지긋지긋한 병은 나를 떠나지 않았다. 복학하고 한 달 만에 다시 배가 아팠다. 담도가 여전히 늘어나지 않은 것이었다. 두 번이나 개복을 한 배를 다시 여는 것은 바람직하지 않다고 했다. 대신 새로 도입한 기술을 써보자 했다.

피부를 통해 간을 지나 담도에 이르는 바늘을 찔러 넣고 그 바늘을 따라 관을 집어넣는 기술이었다. 설명을 들으니 개복 수술보다 낫겠다 싶었다. 바늘이 피부를 뚫을 때 느낌은 따끔했다. 이어서 바늘이 복막을 뚫는데 그때는 배가 터지는 것 같이 아팠다. 다시 바늘은 간을 뚫는데, 그때는 배가 아니라 세상이 터지는 것 같았다. 그래도 한 번쯤이야 못할 것 없었다.

　문제는 내 간에 원래 기형이 있는데다가 수술을 두 번씩이나 해서 다른 이들과 모양이 다르다는 거였다. 교과서대로 찔렀지만 바늘은 가야 할 곳에 이르지 못했다. 바늘은 반복해서 내 배를 뚫었다. 한 번 두 번 그렇게 일곱 번까지는 헤아렸는데 그 이후엔 기억이 나지 않는다.

　그날 밤 병실로 돌아와 보낸 밤은 살면서 보낸 어느 날 밤보다 길었다. 아무리 진통제를 맞아도 통증이 멎지 않았다. 그날 내 병실은 아버지가 지켰다. 아버지가 침대를 건드리기만 해도 쩌릿쩌릿 배가 아팠다. 안타까워하던 아버지가 내 손을 잡으려 해도, 나는 움직이지 마시라고 소리를 질렀다. 아버지가 우시는 것을 그날 처음 보았다.

　다음 날 오전, 교수님은 간 절제 수술을 하자고 했다. 학교 도서관에는 '우리의 학우 김선민이 간 절제 수술을 받습니다. B형 혈액을 구합니다.'라는 문구가 적힌 종이가 돌았다. 병실을 지키던 어머니가 충격을 이기지 못하고 갑자기 기억을 통째로 잃었다. 어머니는 응급실로 보내졌다. 나는 10층 병실에서, 어머니는 응급실에서 각기 사경을 헤맸다. 그건 바로 지옥이었다.

　오후 간 절제 수술을 받기 위해 수술실에 가기 직전, 계획이 바뀌었다. 수술을 받지 않고 항생제를 쓰면서 병실에서 더 지켜보자 했다. 지옥 같은 하룻밤이 더 지나갔다. 천만다행으로 그다음 날 다시 바늘을 찔렀고, 성공했다. 잠을 잘 수 있게 되었다. 진통제 사용량이 조금씩 줄었다. 며칠이 지나 고열도 떨어졌다.

배에 튜브를 넣고 사는 시간이 다시 시작되었다. 이번에는 기한을 알 수 없었다. 얼마나 오래 그렇게 살아야 하냐는 질문에, 교수님은 말끝을 흐리셨다. 담도폐쇄에 관한 논문에는 27년을 넣고 산 사람도 있다고 나왔다. 비극적인 질병tragic disease, 임상적인 악성질환clinical malignancy이라는 논문의 표현이 내 눈에 들어왔다.

그 이전 해보다 더 절망적이었다. 휴학도 할 수 없었다. 휴학하면 영영 의과대학을 졸업할 수 없을 것 같았다. 인생의 앞날은 알 수 없다는 것을 그때 처음 깨달았다. 본과 4학년에는 딱 졸업을 할 수 있을 정도로만 학점을 받자고 마음먹었다.

졸업을 하고 인턴 시험에 합격했다. 이런 건강상태로 의사가 되어 환자를 보는 것이 온당한가 잠깐 고민했다. 다행히 그해 서울대병원 인턴은 미달이었다. 내가 비록 남의 반만큼이라도 일을 한다면 안 하는 것보다는 보탬이 될 것 같았다. 학점도 나쁘지 않았다.

그렇게 인턴을 시작했다. 가끔 복통이 찾아오기도 했지만 견딜 만했다. 새로운 진통제도 시중에 많이 나왔다. 다시 배에 튜브를 꽂고 산 날이 일 년 하고도 반을 넘겼을 때, 나는 해서는 안 될 일을 했다. 살갗이 무르도록 소독을 하고 반창고를 옮겨 붙여

가며 버티던 어느 날, 내 손으로 관을 잡아 뺐다. 대책도 없이 왜 관을 뽑아버렸는지 두고두고 생각해 봤다. 어떤 방향으로든 끝을 내고 싶었던 것 같다. 다행히 관을 뽑은 후에 병세가 악화되지는 않았다.

시름시름 몇 년을 더 앓았지만, 결혼도 했고 1991년과 1994년에 아이도 낳았다. 비교적 건강하게 몇 년을 지내다가 1999년 다시 통증이 왔다. 그 사이 새로 생긴 다른 대형 사립병원의 소화기내과 교수인 선배가 새로운 시술방법을 적용했다. 좁아져 있던 내 담도는 쓸 만하게 늘어났고 간과 담도 관련 질환에서는 어느 정도 해방되었다. 물론 완전한 해결은 아니었다. 그 이후로도 내 담도는 가끔 염증을 일으켰다.

환자에게 보호막이 되어주는 세상을 바라며

1964년에 태어나 20년 넘게 복통을 앓으면서도 나는 스스로 환자라는 생각을 의식에 떠올리지 못했다. 모든 여성들이 생리통을 앓는 것처럼, 사람은 모두 복통을 앓는 줄 알았다. 1986년이 되어 무슨 병인지 알게 되었지만, 고통의 절대량은 오히려 늘었다. 꼬리에 꼬리를 물고 병은 지속되었다.

이십대 초반 나를 가장 괴롭힌 것은 통증이나 불편이 아니었다. 이런 상태를 얼마나 지속해야 할지 모르는 불확실성이 나를 가장 힘들게 했다. 나는 이제 '막막하다'는 표현은 쓰지 않는다. 그때보다 막막한 시간은 그 이후 없었다. 나를 찾아온 다른 어려움들은 터널을 지나면 어떤 쪽으로든 결말이 지어질 것들이었다. 하지만 이십대 초반의 나를 괴롭혔던 질병은 누구도 끝을 예측할 수 없는 일이었다.

이렇게 살 운명인가 보다 생각하며 남들보다 젊은 나이에 질병의 고통과 친해졌다. 그때 만해도 '담관낭종', '담도폐쇄'는 희귀질환이었다. 이른바 예후라는 것이 불확실한 병이었다. 나는 환자였지만 환자 아닌 꼬마의사로도 살고 있었다. 학생으로 실습을 돌던 병실에 환자로 입원을 하기도 했고, 전공의로 일하다가 환자복을 입기도 했다. 의사일 때 병원은 환상적인 희망의 공간이지만 환자에게 병원은 절망을 만나는 공간이다. 같은 건물 안에서 극단을 왔다 갔다 했다.

모든 어려움에 나쁜 측면만 있는 것은 아니었다. 비교적 젊은 나이에 미리 경험한 지옥과 천당은, 나중에 겪어야 했던 많은 어려움에 면역을 제공했다. 나이를 먹어가며, 병원뿐 아니라 세상이라는 공간도 이렇게 극과 극을 동시에 경험하게 한다는 사실을 알게 되었다. 어떤 어려운 일을 겪어도 나는 크게 흥분하지 않게 되었다.

지금껏 수십 차례 병원에, 그것도 응급실을 통해 입원했지만,

나는 침착할 수 있었다. 아무리 아파도 찡그리거나 소리 지르는 대신, 어떻게 '행동'해야 하는지를 생각했다. 통증이 오면, 어떤 짐을 챙겨서 어떤 교통수단을 이용해야 하는지를 '생각'할 수 있게 되었다. 평소에 깨끗한 속옷을 입는 버릇도 생겼다. 언제 응급실로 실려 갈지 모를 일이기 때문이다. 중요한 일을 앞두고 '혹시 내일 응급실로 실려 간다면?' 하는 생각을 하고 산다.

건강한 듯 보여도 며칠 있다가 병원에 갈지 모르는 만큼, 병원에서 고통을 받는 시간도 언젠가 끝난다는 것을 체험으로 알게 되었다. '이 또한 지나가리라'라는 문장은 솔로몬이 아니라 내 경험에서 배웠다. 물론 그러기까지 오랜 시간이 걸렸다. 그 오랜 고통의 시간은 충분히 값어치가 있었다.

이렇게 말하는 나는 꼭 단서를 단다. 한 개인에게 고통이 값진 경험이 되려면, 주변의 모든 이들이 그것을 뒷받침하며 기다려 주어야 한다. 모든 아픈 이들이 참으며 고통의 시간을 지내면 건강한 시간이 저절로 오는 것이 아니다. 나는 운이 좋은 환자였다. 그래서 누군가 내게 장하다고 말하면, 참 민망하다.

정말 운이 좋게도 나는 의학적 지식으로 무장할 수 있었다. 따라서 병에 대한 두려움이 상대적으로 덜했다. 주변에 자원도 풍부했다. 내 부모님은 두 분 다 괜찮은 직장이 있었다. 한국의 건강보험이 충분하지 않을 때도 나는 병원비를 걱정하지는 않았다. 의대에 입학했던 덕분에 큰 병 앞에서 좋은 병원, 훌륭한 의사를 쉽게 찾을 수 있었다. 그리고 비용은 많이 들었지만 불필요한 것에 헛돈을 쓰지 않을 분별력이 있었다. 훗날 노동력을 상실했을 때 최소 생계를 이어갈 만큼의 경제적 지원을 받을 수도 있었다.

모든 환자들이 그런 것은 아니다. 아프니까 청춘이라고 말하면 청춘은 서럽다. 아픈 시간을 홀로 꿋꿋하게 견디라고 하면 환자는 갈 곳이 없다. 환자가 충분히 치료에 전념할 수 있도록 세상은 보호막을 쳐주어야 한다. 그런 전제 조건 아래서 질병을 이겨내면 그 사람의 인생은 정말 풍성해진다. 질병이 인생을 풍성하게 하려면, 적어도 그 병을 이겨야 한다.

투병은 홀로 할 수 있는 일이 아니다. 아이를 키우는 데 온 마을이 필요하듯, 한 사람이 병을 이기려면 온 사회가 필요하다. 아픈 이들이 고통의 시간을 견디고 나서 세상에 기여할 수 있도록 충분히 버팀목이 되어주는 사회, 그것이 내가 바라는 세상이다.

살아서 희망이 된다는 것

왜 다시 아플까?

1999년 담도 문제가 해결된 후 정말 열심히 공부하고 일했다. 병을 앓는 동안 못했던 것들을 보상이라도 하듯, 시간과 열정을 일에 바쳤다. 밤새 읽고 쓰고 토론하고 분석했다. 일과를 마친 후에는 시민단체 활동에도 참여했다. 2001년에는 국가인권위원회 설립에 참여했다. 이듬해 5월에는 인권연구담당관으로 임용되었다. 직원들과 밤새 파일을 주고받으며 의견을 교환하기도 했다. 인권정책국장과 정책총괄과장 등, 당시 비어있던 여러 보직을 겸직하기도 했다.

5년 가까이 건강하게 살다가 2003년 무렵부터 다시 배가 아파왔다. 예전과는 배 아픈 양상이 좀 달랐다. 전에는 한번 아프면 떼굴떼굴 구르도록 아프다가 진통제를 먹으면 좋아지곤 했는데, 그때는 그렇지 않았다. 아플 때 심하게 아픈 것도 아니지만, 어떻게 해도 좋아지는 법이 없었다. 정말 아파서 죽겠냐고 하면 그건 아니었다. 내 기준으로 보면 참을 수 있는 정도였다. 그렇다고 그냥 지나칠 수도 없었다.

밥을 많이 먹으면 더 아팠다. 굶으면 안 아픈 것도 아니었다. 자연히 입맛도 떨어졌다. 으슬으슬 열감이 드는 날도 있었다. 몸무게도 조금씩 빠졌다. 몇 달 전까지 살이 너무 쪄서 걱정을 하던 나는 몸무게가 줄자 기뻐했다. 내 의지대로 다이어트에 성공했다고 여겼다. 어리석었다.

그해 가을부터는 변비도 생겼다. 힘들게 대변을 보면, 변은 가늘어져 있었다. 어떤 날은 대변에 피가 묻어나오기도 했다. 귀도 잘 안 들렸다. 점심을 먹으며 상대방과 나누는 대화가 잘 안 들리기도 했다. 머리 한쪽에서 윙윙거리는 소리가 끊이지 않았다. 피로는 이루 말할 수가 없었다. 저녁에 퇴근하면, 세수도 못하고 잠자리에 들기 일쑤였다.

담도성형술을 한 병원을 다시 찾았다. 혹시 다시 문제가 왔을지도 모를 일이니 담도를 내시경으로 들여다보는 시술을 다시 했다. 그 시술은 정말 고통스러웠다. 2~3주 정도 걸려 배에 길을 만들었다. 그 길을 통해 들여다본 담도는 이상하리만큼 깨끗했다. 주치의는 다행이라며 안심하라 했지만, 나는 혼란스러웠다.

이듬해 초봄, 복부 컴퓨터촬영Computerized tomography, CT을 한 번 더 했지만, 이상 소견은 발견할 수 없었다. 그래도 증상은 계속되었다. 가끔은 먹은 것을 전부 토해내기도 했다. 대변에 섞여 나오는 새빨간 피는 더 많아졌다.

대장암 3기랍니다

병원에서 별 이상이 없다 하니, 남은 자잘한 문제는 동네의원에서 해결해야 할 것 같았다. 내 의학지식을 동원해서 생각해보니, 대변에 피가 섞여 나오는 가장 흔한 질병은 치질이었다. 복부 CT로 치질은 발견할 수 없다. 또 배가 아파서 결근을 한 사월 어느 날, 동네 외과를 찾았다.

외과 선생님은 고개를 갸우뚱했다. 치질은 아닌 것 같다고 했다. 대장내시경을 해보자고 했다. 외과 선생님이 무엇을 걱정해서 내시경을 하자고 했을지는 깊이 생각하지도 않았다. 두 번째 방문을 할까 말까 망설였지만, 취소하기가 더 번거로울 것 같았다.

검사 예약 하루 전날, 장을 비우는 약을 먹었다. 대장 내시경 검사를 받기는 처음이었다. 아무리 약을 마셔도 대변은 나오지 않았다. 새벽이 될 무렵 나는 거의 실신하다시피 하면서 화장실을 들락거렸다. 어떻게 병원에 갔는지도 기억나지 않는다. 그때 진료를 받으러 간 것은 천운이었다.

검사를 마치고 다시 누워 있다가 한참 만에 깼다. 의사가 나를 보자고 했다. 진료실 한쪽에 놓인 컴퓨터 화면에 내 것으로 보이는 대장 내시경 사진이 보였다.

"이렇게 대장으로 내시경 검사를 했습니다. 이 부분 보이시죠?"

"예."

"그러니까 여기가…."

"심하게 악성으로 보이네요."

"가급적 빨리 CT촬영을 다시 하시고, 병원에 입원하셔야 하겠습니다."

병원에서 회의를 하듯 대화를 주고받았다. 내 말에는 감정이 전혀 실리지 않았다. 분명 내 대장 속이라고 하는데, 교과서에 나온 사진 같았다. 전형적인 암이었다. 암은 내 대장을 거의 막고 있었다. 하제下劑를 먹어도 대변이 나오는 대신 배만 아픈 것은 암 덩어리 때문이었다. 잘못하면 대장이 터질 뻔한 상황이었다.

토요일이었지만 상황이 긴박하다 여긴 외과 의사 덕에 근처 방사선과에서 CT와 대장조영술 촬영을 했다. 방사선과 의사가 보여준 대장 조영사진에서도 전형적인 대장암 소견이 보였다. 그것도 교과서에서나 볼 것 같은 사진이었다. 일사천리로 병원에 입원했고 곧 수술 일정이 잡혔다.

신기하게도 눈물이 나지 않았다. 현실감각이 없었다. 가끔 현실 감각이 돌아오면, 이게 꿈이라면 좋겠다고 생각했다. 야속하게도 그건 꿈이 아니었다. 나를 가로막고 있는 것은 죽음이라는 절벽이었다.

입원도 수술도 처음이 아니었다. 앞날을 예측할 수 없다는 막연함도 익숙했다. 차라리 대장암의 앞날은 비교적 분명했다. 친구가 가져다준 논문에는 생존을 예측하는 그래프가 잘 그려져 있었다. 나이와 암세포 검사 결과 등을 종합하면 내 5년 생존율은 50% 남짓이었다. 수치는 내게 의미가 없었다. 분명한 것은 내가 죽음 앞에 서 있다는 것, 내가 걱정해야 할 미래가 없다는 것이었다.

질병과 싸우는 한편, 발을 동동 구르며 살아왔지만, 그건 내 인생이 끝없이 펼쳐질 거라는 전제하에서였다. 모든 번뇌와 고민은 내가 살아 있다는 전제에서만 의미가 있었다. 그렇게 병원을 들락날락하면서도 기실 나는 죽음을 걱정해본 일은 없었다. 통증과 함께 '사는' 것과 곧 죽을지도 모른다는 것은 하늘과 땅 차이였다. 그동안의 투병 덕에 병원에 입원하고 수술을 받는 것에는 빨리 적응했지만, 청천벽력 같은 진단 앞에서 그런 경험은 무력했다.

치료 과정은 명확했다. 개복 수술을 해서 암 부위를 떼어내고 항암치료를 받아야 했다. 다만 이미 두 차례 개복 수술을 받았기 때문에 수술이 쉽지 않을 거라고 했다. 정말 그랬다. 수술 후에도 장이 새로 자리 잡기까지 통증이 심했다. 항암치료를 시작하면서 부작용도 시작되었다. 배 안에 있는 모든 것이 빠져나가는 것 같이 심한 설사를 했다. 항암제 용량이 줄었다. 설사는 줄었지만, 치료효과가 떨어지는 것 아닌가 하는 걱정이 시작되었다.

왜 그리 어리석었을까

수술 후 처음 나를 엄습한 감정은 분노였다. 얼마나 힘들게 살았는데 한국인 평균 수명의 반만 살고 암으로 죽어야 하나? 내 나이의 다른 사람들은 이런 고통 없이 잘도 사는데, 왜 신은 내게만 이렇게 가혹한가? 그런 생각이 들자 모든 사람이 함께 미워졌다. 건강한 모든 이들을 시기하기 시작했다.

항암치료가 일상으로 자리 잡자, 분노는 나를 향하기 시작했다. 왜 그렇게 미련하게 살아왔을까? 남들 건강은 걱정하면서 정작 나는 돌보지 못했을까? 왜 의사가 되어서 스스로 대장암도 진단하지 못했을까? 왜 아프면 한 이삼년 걱정 없이 직장을 쉴 수 있을 정도로 돈도 모아 놓지 못했을까? 내가 이룬 것은 아무것도 없는 것 같았다. 나는 날 때부터 병을 갖고 태어나, 용을 쓰며 살다가 결국 이렇게 죽음을 맞이해야 했다. 내 삶에도 죽음에도 의미 따위는 없었다. 내 아이들을 이런 상황에 내몬 것도 내 탓이었다.

암과 죽음의 공포는 그렇게 내 몸뿐만 아니라 정신을 움켜쥐고 흔들어댔다. 이성도 멈췄다. 곧 죽을 것같이 두려움을 느끼다가도, 아무데도 아프지 않은 사람처럼 행동하기도 했다. 감정도 퇴화했다. 느낌을 잘 드러내지 못하기도 했고, 어린아이처럼 정제되지 않은 과도한 감정을 드러내기도 했다.

안부를 묻는 친지들에게 얼토당토않게 화를 내기도 했다. 처음 며칠 동안 오던 전화도 차츰 뜸해졌다. 알고 지내던 지인들과 연락하기가 싫었다. 퇴원해 집에 와서 휴대전화번호와 집 전화번호를 바꿨다. 이메일 계정도 새로 만들었다. 집도 이사를 했다. 나는 세상과 담을 쌓았다. 버려지는 것보다 내가 버리는 편이 나을 것 같았다. 현실감각은 점점 더 떨어졌다.

암은 그런 것이다. 죽음과 직결된 병에 걸리면 한 사람의 의식 세계와 사회적 관계 전반이 흔들린다. 내가 얼마나 미약한 존재인지 그때 알았다. 인간의 존엄성 같은 단어는 미뤄두었다. 나 한몸 건사하기 위한 경제력마저 부모 형제에게 의지하면서 '염치'라는 것도 옆으로 치워두었다. 간을 배 밖으로 내어서 저 뭍에 두고 온 토끼 같다는 생각을 했다. 큰 병이 사람을 이렇게 만드는 것도 그저 긴 과정 가운데 하나라는 것을 나중에 다른 환자들을 보고 알았지만, 내 자의식은 일그러졌다.

암 생존자의 새로운 시작

그래도 시간은 지나갔다. 아슬아슬하게 수술시기를 놓치지 않았고, 항암치료도 효과가 있었다. 1년 가까이 흐른 후, 사부작사부작 움직일 수 있게 될 무렵 나는 새로운 직장을 찾기 시작했다. 정확히 말하면, 더 이상 생계를 다른 이들에게 의존하기 어려웠다. 노동 강도가 높지 않다면 의사로서 어떤 일이라도 하겠다고 마음먹었다. 그때 마침 내 경력을 원하는 곳을 만났다.

2000년 출범한 건강보험심사평가원이 5년 차에 접어들며 함께 일할 의사를 추가로 찾고 있었다. 의료의 질 평가가 심평원의 새로운 업무로 부여되었고, 그 일은 당시 심평원에서 일하고 있던 의사들만으로는 어려웠다. 관심을 갖는 다른 의사들도 없었다. 상대적이긴 하나 내가 좀 더 잘할 수 있을 것 같았다.

이 공채에 응하면서 내가 가장 중요하게 고려한 것은 '다른 사람들이 그 업무에 뛰어들려 하지 않는다는 사실'이었다. 아픈 내가 건강한 다른 사람을 물리치고 일을 한다면 민폐일지도 모르지만, 아무도 하지 않으려 한다면 나라도 하는 것이 좋을 것 같았다.

새로운 직장에서 새로운 관계를 맺기 시작했다. 다행히 내가 병으로 일을 쉬고 있는 동안 주5일제가 자리 잡고 있었다. 건강 상태가 좋지 않았던 내게 주6일과 주5일 근무는 엄청나게 다른 것이었다. 밤을 새우며 할 일은 없을 것 같았다.

　그곳에서의 업무는 조금씩 많아졌다. 업무량과 함께 내 건강과 체력도 좋아졌다. 하지만 새 직장에 안착하고도 3년 동안은 언제나 불안하고 두려웠다. 수술 후 5년이 되기 전에는 아직 암에서 완치되었다고 말하지 못한다. 정확히 2009년 7월 1일 수술한 외과 교수님으로부터 '졸업장'을 받았다. 그때의 감격을 잊을 수가 없다.

　그 날짜로 질병과 관련된 내 '지위'가 바뀌었다. 나는 이제 암 생존자다. 많은 새로운 것들을 시작했다. 기쁨과 성취감도 있었지만 새로운 걱정도 시작되었다. 내 나이 마흔 다섯. 사십이 되지 않은 나이에 죽음을 맞이한 나는, 그때까지 노후대책이란 것을 생각할 시간도 여유도 없었다. 노후라는 것을 걱정하는 사람들이 부럽기만 했다. 암에서 나았을 때 비로소 걱정을 시작했다. 처음으로 개인연금에도 가입했다. 차츰 내 인생은 보통 사람의 것과 비슷해졌다.

　의사들은 암을 더 이상 죽음의 질병으로 여기지 않는다. 2016년부터 2020년 사이 우리나라에서 암 진단을 받은 환자들의 5년 상대생존율은 71.5%에 이른다. 거칠게 말하면 열 명의 암환자 가운데 일곱 명 이상이 낫는다는 이야기다. 하지만 환자들에게 여전히 암은 죽음을 의미하는 병이다. 수치는 중요하지 않다. 죽을 확률은 수치지만, 죽느냐 사느냐의 문제는 언제나 양 극단 가운데 하나다. 많은 이에게 죽음이 현실로 다가오는 첫 사건은 대개 암과 관련되어 있다. 현실세계에서 죽음을 생각해본 이들의 삶은 조금씩 달라진다. 문제는 그 경험을 딛고 일어설 만큼 주변에서 얼마나 도와주는가이다.

내가 암에 걸렸다 살아나기까지, 아슬아슬했던 순간이 한 두 번이 아니다. 동네 외과의원에 가지 않아 치료시기를 놓쳤다면, 부모형제들이 나를 도울 수 없었다면, 다시 세상에 나와 직장을 잡을 수 없었다면, 지금의 나는 없었을 것이다. 그 수많은 행운들이 겹치고 얽혀 지금 나는 살아 숨 쉬고 있다.

죽음에 직면해본 후 나는 작은 실패에 집착하지 않고 앞으로 나가는 일을 더 잘하게 되었다. 직장에서 어려운 일을 겪어도 이렇게 생각하곤 했다. '그래도 지금 살아서 이런 고민도 하게 되었잖아! 그거면 감사할 일이지.' 당시에 넘쳐났던 '감사하기'나 '긍정' 열풍 덕이 아니었다. 죽음을 걱정하지 않아도 될 무렵, 저절로 그 태도가 습관이 되었다. 그렇게 되자 세상의 일들이 더 잘 풀렸다. 암이 뒤늦게 내게 준 선물이었다.

암이나 죽음의 공포가 사람을 바꿔놓는 것은 사실이다. 하지만 그게 가능하려면 나처럼 수많은 행운이 겹쳐야 한다. 간발의 차이로 행운을 놓친 많은 이들은 좌절 속에서 세상을 떴다. 행운의 얼굴은 사회가 아픈 사람들에게 내미는 친절이다. 그 친절이 제도화된 사회가 바로 선진국이다.

내가 암에서 살아나 새로운 인생을 시작하고 있을 때, 업무로 가끔 만나던 지인이 유방암에 걸렸다는 소식을 들었다. 진취적이고 역량 있는 그녀는 엘리트 공무원으로 승승장구하고 있었다. 한번 만나봐야지 하고 주변 사람들에게 물었더니 걱정의 눈초리를 보냈다. 업무 복귀 직전 암이 재발해 휴직을 연장했다고 했다. 누구의 연락도 받지 않는다고 했다. 그 마음이 어떤 것인지 누구보다 나는 잘 알았다. 혹시 내 전화는 받을지 모른다 싶어서 전화를 했다. 다행히 그녀가 전화를 받았다.

"저 김선민인데요. 기억하시지요? 국장님 아프시다고 들었어요. 저도 아팠던 것 아시지요? 그냥 얼굴이나 한 번 봐요."

그녀가 있는 곳까지 찾아갔다. 운전을 배운 이래 처음으로 서울을 벗어나 장거리 운전을 했다. 가서 별 말을 한 것도 아니다. 그저 가끔 찾아오겠다고만 했다. 한 달에 한 번 꼴로 만나러 가면서 내 운전 실력이 늘었다. 함께 보내는 시간 동안 내가 받은 것이 많다.

그녀는 여성 공직자 경험을 알차게 전수해주었다. 늘 첫길을 만들어가던 그녀의 경험은 두고두고 내게 도움이 되었다. 사람과의 갈등이 커지면 나는 그녀에게 털어놓았다. 큰 산처럼 그녀는 내 이야기를 들어주었고, 짧은 말로 조언을 했다. 그 누구의

말보다 도움이 되었다. 다른 사람들과 섞이지 않는 그녀로부터
말이 나갈 걱정도 없었다.

그 후로 누가 암에 걸렸다는 이야기를 들으면 둘이서 함께 만
났다. 환자를 나 혼자 위로하는 것은 힘이 들었지만, 둘이 맞드니
훨씬 가벼웠다. 암환자들이 길잡이 삼을 책이 없다는 것을 안타
까워했던 그녀는, 암 진단받았을 때의 난감한 심정과 극복한 이
야기를 책으로 냈다. 암 진단을 받아 당황해하는 환자들을 위한
지침서였다. 책의 한 꼭지를 나와의 인연에 할애했다. 2년 가까
운 유럽 생활을 마치고 귀국할 무렵 그녀에게서 연락이 왔다.

"박사님, 이제 한국 오시지요? 오실 때 맛있는 치즈 좀 사다주
세요. 그런데 절대로 무리하지는 마시고요."

평소와 다르다고 생각했다. 귀국 준비를 하는 동안 계속 생각
이 났지만 미처 사지 못했다. 다행히 공항에 치즈가게가 있었다.
귀국하자마자 연락을 했다.

"국장님, 치즈 사 왔어요. 이거 OO 식료품에서 산 것이 아니
라 공항에서 샀어요. 신선한 거니까 빨리 전달해야 해요. 언제 어
디로 갈까요?"

"박사님, 사실은 저 지금 입원해 있어요."

"병원으로 갈게요. 걱정 마세요."

그날 밤에 긴 문자가 왔다. '저를 만나면 너무 놀라실 것 같아
서 미리 연락드려요. 제가 지금 많이 안 좋아요. 뇌로 전이가 되

었어요. 지금 걷는 것도 어렵네요.' 그녀는 자신의 상태보다 충격받을 나를 더 걱정하고 있었다. 그녀에게 필요한 것은 치즈가 아니라 내 얼굴을 보는 일이었다.

병원에서 그녀를 만났을 때 마음이 저몄다. 다른 말은 하지 못했다. 치즈가 맛있다는 이야기, 이렇게 아파도 목청은 여전하다는 이야기만 하릴없이 주고받았다. 돌아오는 길에 가슴이 휑했다. 곧이어 나는 심평원의 임원이 되어 그녀와의 시간을 몇 번 더 나누지 못했다.

그해 10월 어느 날 새벽, 휴대전화에 찍힌 그녀 남편의 이름을 보면서 나는 울기 시작했다. 그가 내게 전할 용건은 하나밖에 없었다. 그녀는 끝까지 품위를 지키며 갔다. 예쁘고 의젓한 두 딸은 지금도 엄마를 자랑스러워한다.

암이라는 벼랑 끝에서도 우정이 피어난다. 죽음을 향해 가면서도 누군가에게 모범이 될 수 있다. 언젠가 내게 다시 죽음이 찾아올 때 나도 그녀처럼 품위 있게 죽음을 맞이하고 싶다. 그녀는 많은 이들의 기억 속에 살아있다. 내가 어려움을 토로할 때마다 그녀가 했던 말을 늘 새긴다.

"무리하지 마세요. 박사님은 그냥 살아만 있어도 다른 암환자들에게 희망이에요."

우울증은 암보다 무섭다

첫딸을 낳고 찾아온 우울증

스물일곱 살, 내 인생에 우울증이 시작했다. 대학에서 조교 2년 차로 첫딸을 낳고 일 년이 채 되지 않았을 때다. 함께 일하던 선배 한 명을 유난히 무서워하기 시작했다. 그 선배의 발소리만 들어도 온 신경이 곤두서고 가슴이 타들어갔다. 그런 나를 위로해준 것은 드라마 〈여명의 눈동자〉였다. 멀쩡한 사람이 그럴 수 있을까 싶을 정도로 주인공 여옥(채시라 분)에게 감정을 이입했다. 마지막 회에서 주인공은 죽음을 맞이했다. 사무실에서 우울하게 드라마 OST를 듣고 있는데, 여옥이 내게 말을 걸었다.

"너도 이제 그냥 이 터널에서 나가버려!"

누구에게도 말하지 않고 조용히 사무실을 나와 지방 행 버스를 탔다. 극단적인 시도를 잠시 떠올렸다. 사방이 막힌 것 같은 상황에서 내 어려움을 알리는 다른 방법이 생각나지 않았다. 다행히 실행에 옮기지는 않았다.

내가 학교를 떠나고 나서야 심각성을 확인한 지도교수님이 정신과 의사를 소개해 주었다. 대선배였던 여의사는 내게 '반응성 우울증'이라는 진단명을 붙였다. 새로 나온 항우울제와 가벼운 진정제를 처방했다. 사건이 파국에 이르고 의사에게 내 어려움을 털어놓자, 물에 젖은 솜 같던 마음이 조금 가벼워졌다. 학교에 다시 나갈 용기가 났다.

학교에서 나오면서 보건소 관리의사 자리를 알아봤는데, 자리가 났으니 오라는 전화를 받았다. 어떻게 할까 반나절을 고민했다. 보건소는 다음에라도 갈 수 있을 것 같았다. 대신 발걸음을 학교로 돌렸다. 뒷모습만 봐도 심박수가 올라가곤 하던 선배에게 눈인사도 하지 않을 용기가 났다. 소 닭 보듯 몇 번을 지나쳤다. 그 후 한 번인가 그가 내게 말을 걸었다.

"김 선생, 그런 회의가 있으면 내게 먼저 알려야지."

"저도 지금 막 알았어요. 어떻게 미리 알리죠?"

눈을 똑바로 뜨고 또박또박 말을 했지만 내 가슴은 두려움으로 심하게 뛰었다. 한 번의 말대답이면 충분했다. 미묘하지만 달라진 나를 그는 더 이상 타박하지 않았다. 나는 애써 신경을 끄려고 노력했다. 무슨 숨은 의도가 있는지 촉각을 곤두세워도 소용이 없었다. 잘 보이려고 하는 행동도 부질없었다. 그런 노력은 더 이상 안 하기로 했다. 다른 동료들에게 무슨 말을 전하는지 더 이상 확인하지 않았다.

대신 내 행동의 반경을 다른 곳으로 넓혀갔다. 세상에는 그 말고도 많은 사람들이 있었다. 모든 사람들이 나를 싫어할 거란 걱정은 어리석은 것이었다. 세상은 내게 큰 관심이 없었다. 판단 없이 그저 물끄러미 나를 보고 있는 사람들이 보이기 시작했다. 시간이 더 흐르면서 나를 좋아하는 이들도 발견했다. 그러면서 차츰 내 시야에서 그 선배가 사라졌다.

그림자처럼 따라다닌 우울증

그 이후에도 인생의 중요한 굽이마다 우울증은 그림자처럼 나를 따라다녔다. 30년을 살던 서울을 떠나 아무 연고도 없는 춘천의 대학에 취직해서 두 딸을 데리고 터전을 옮겼을 때, 15층 아파트 베란다가 무서워 창문을 열지 못했다. 행복한 줄 알았던 결혼에 갑자기 균열이 와 '이혼'에 이른 후에도 밤잠을 자기 어려웠다. '사람이 이렇게 오래 잠을 안 자도 죽지 않네!' 싶을 정도로, 오랜 날들 잠을 이루지 못하기도 했다. 어쩌다 살풋 잠이 들면 무의식에 눌러 놓은 공포가 나를 엄습해 다시 깨기를 반복했다.

교과서에 나오는 공황장애의 한 형태라는 사실은 나중에야 받아들였다. 암 치료를 받을 때도 암보다 나를 더 괴롭힌 것은 우울증이었다. 암에서 살아나 이제 미래를 걱정할 무렵이 되어서야 나는 제대로 치료를 받겠다고 마음먹었다. 다른 일로 병원 가는 것은 두렵지 않았지만, 정신과에 가는 일은 이유 모르게 겁이 났다. 한번 시작하면 끊기 어렵다는 우울증 약 복용도 두려웠다. 고용 등에서 불이익을 받게 될까 하는 두려움에도 시달렸다. 이런 일로 정신과까지 가는 나약한 나를 용서하기도 어려웠다. 심리 상담에 드는 비용도 싱글맘에게는 큰돈이었다.

우울증, 네가 이기나 내가 이기나 한번 해보자!

암 수술받고 3년쯤 지났을 무렵 정신과 용어로 하자면, 제대로 된 병식病識, 현재 자신이 병에 걸려있다는 자각이 생겼다. 수입과 시간의 일부를 떼어 긴 상담과 약물치료를 받기로 작정했다. 첫 번째로 한 일은 '나 혼자의 의지'로 극복하겠다는 생각을 버리는 것이었다. 수술을 외과의사에게 맡기듯 내 우울증은 다른 전문가에 맡기는 것이 옳은 치료법이었다.

이 병이 짧게 끝날 것이 아님을 받아들인 것도 그 무렵이다. 그동안 우울병 치료약의 획기적인 발전이 있어, 다행히 부작용도 거의 없었다. 정신과 의사의 안내를 받아 약을 먹게 되자 평생 달고 살던 불면증이 해결되었다. 잠자리에 드는 일이 더 이상

겁나지 않았다.

그 이후 받았던 긴 시간의 분석치료에서 내면의 나와 마주했다. 전통적인 방법으로 카우치에 누워 상담을 받았다. 일주일에 한두 번 정신의학과를 방문해서 50분 동안 의식에 떠오르는 것을 말하곤 했다. 의사는 말을 많이 하지 않고, 어떤 생각을 왜 했는지 내 말을 거들 뿐이었다. 판단하거나 섣부른 해석을 보태지도 않았다. 인내심 있게 온전히 내 보조 자아auxiliary ego 역할을 해주었다.

의사로서 이론적으로 안다는 것과 마음 깊이 받아들이는 것은 전혀 달랐다. 읽고 돌아보고 상담에서 내 언어로 이야기하는 것을 반복했다. 상담에 임해서 말을 하다 보면 전혀 예상치 않았던 것들이 의식에 떠오르곤 했다.

상담 동안 인생의 상처들과 차례로 만나갔다. 그동안 내게 상처를 준 모든 이들에 대한 감정이 마음을 휘감아 돌았다. 차라리 내게 고통만을 준 사람은 문제가 되지 않았다. 그들은 내 인생에서 극복의 대상이 아니었다. 지나가면 그만일 존재들이었다. 가장 많은 상처를 준 이들, 그래서 극복하고 넘어가야 할 이들은 바로 가족들이었다. 가족들이 나빠서가 아니었다. 가장 오랜 시간을 함께했기 때문이었다. 때로 가족들에게 뜬금없는 분노를 표출하기도 했다. 어린 시절의 상처에 대해서 형제자매들과 많은 이야기를 나누었다.

가족 구성원에 대한 '양가감정을 통합해야 한다'는 교과서적인 명제에 오래 매달렸다. 무조건 포용하고 용서하라는 의미가 아니었다. 인간은 누구나 긍정적 측면과 부정적 측면을 갖고 있다는 사실을 받아들이는 것이었다. 한 발 떨어져서 사람을 바라보아야 여러 측면을 갖고 있는 사람이 입체적으로 보였다. 가장 가까운 사람들까지 객관화하기란 쉬운 일이 아니었다.

양가감정을 통합한 것처럼 여겼다가도 다시 극심한 미움 혹은 무조건적인 포용을 가장한 감정에 휩싸이기를 반복했다. 예순이 가까운 나이에도 그 과정을 반복하고 있다. 그 상태를 향해 심리적 훈련을 지속하는 것은 모든 사람에게 공통된 과제라 여긴다. 그래야 비로소 '어른'이 되는 것이라고 나는 믿는다.

질병으로 인한 상실도 내게 우울을 가져다주는 중요한 요인이었다. 심한 고통을 겪으면서도 그것을 심리적으로 내 일로 받아들이고 충분히 애도하지 않았다. 내가 마주해야 했던 선천성 질병과 암은 각기 하나만으로도 마음에 멍에를 남기기 모자람 없는 것이었다. 이혼 역시 우울에 이를 만한 단독 사건이었다. 하지만 나는 그때마다 '외로워도 슬퍼도 울지 않는 것'을 자랑으로 여겼다.

사건 언저리마다 병적인 징후들이 있었다. 다른 이들은 알아차려도 나는 몰랐다. 충분히 애도하지 못한 그 사건에 대한 기억들은 무의식 아래로 밀려 내려가, 나를 더 우울하게 만들었다. 마음의 상처가 인간관계를 삐걱거리게 만들었고, 그건 다시 몸과 마음의 병이 되어 돌아왔다.

상실로 인한 분노나 슬픔이 치밀어 오를 때마다 글을 썼다. 처음 쓰기 시작한 글은 아이 일기장처럼 유치했지만, 반복하니 마음에 하수구가 뚫리는 것 같았다. 정말 오래 묵었지만 뱉지 못한 원망은 나중에라도 썼다. 그중 일부는 대상에게 보내기도 했다. 십년이 지나서야 보낸 글들도 있다. 원망의 글을 그냥 보낼 수는 없으니 내 마음에 수치심이나 분노가 남지 않겠다 싶을 때까지 고치기를 반복했다. 어떤 감정은 그러다가 해소되는 경우도 있었다.

차마 상대에게는 보내지 못할 글들 혹은 뚜렷한 대상 없이 허공에 쏟아낸 원망의 감정은 믿을 만한 이들에게 보냈다. 용케도 내 하소연을 들어줄 만한 사람들을 잘 찾아냈다. 유치한 글들을 보내고 나서 얼굴을 들 수 없게 부끄러워한 일도 많았다. 하지만 모든 쓰기는 치유에 도움이 되었다. 내 글 폭탄으로 고생한 이들에게 미안하고 감사하다는 말을 이제라도 전하고 싶다. 글쓰기를 통한 하소연은 상담을 마친 이후에도 오랫동안 계속했다. 그 유치한 글들은 보관해서 몇 번을 다시 읽곤 했는데, 읽어도 별 감정이 일지 않게 되었을 무렵 모두 삭제했다.

독서 가운데 중요한 일부를 심리학과 정신의학에 할애했다. 한 번 읽고 성찰을 받은 책들은 두고두고 반복해서 읽었다. 정신의학 교과서 다음으로 도움을 받은 책을 말하라면, '김형경' 작가의 책들을 권한다. 《천 개의 공감》에서 시작해서 《만 가지 행동》, 《좋은 이별》, 《남자를 위하여》 등으로 이어진 김 작가의 책은, 다양한 이론에 작가의 경험을 섞어 특유의 유려한 필체로 담아냈다. 다른 어떤 이론서보다도 쉽고 생생하게 읽혔다. 그 책을 길잡이 삼아 다른 전문서적을 읽기도 좋았다. 나와 같은 문제로 고생하는 후배들에게 선물한 김 작가의 책이 수십 권이 넘는다.

우울증을 감기처럼

암 수술을 받고 5년이 지날 무렵 우울증도 많이 좋아졌다. 긴 정신과 치료를 마칠 수 있었다. 그전에 정신과 치료를 몇 차례 받기는 했으나 의사의 안내를 받으며 치료를 중단한 것은 그때가 처음이었다.

마음이 건강해지자 몸도 가벼워졌다. 그 무렵 운동을 시작했다. 암에 걸리기 전에는 늙을 것 같지 않았고, 걸린 후에는 미래가 있을 것 같지 않았다. 암과 우울증의 터널에서 끝이 보이니, 이제 죽는다면 암도 아니고 자살도 아닌, 만성병 합병증이 사인死因일 것 같았다. 운동 자체가 우울한 기분에서 나를 해방시켰다. 운동하는 데 하루 한두 시간을 써도 다른 시간 동안 생산성이 높아져서 충분히 이득이었다. 두 달이 지나니 체중이 줄기 시작했다. 슬금슬금 올라가던 혈압도 낮아졌다. 운동을 시작하고 몇 달이 지나니, 몸은 물론이려니와 정서 상태가 바뀌었다. 운동하는 날이 많아지니 자존감이 같이 올라갔다. 내 몸을 마음대로 움직일 수 있다는 것이 그렇게 자존감을 높이는 일인지 처음 알았다.

나는 그렇게 우울증과 맞붙어 싸워 이겼다. 아니, 정확하게는 그 어두운 존재를 어떻게 다뤄야 하는지 알게 되었다. 긴 치료가 끝난 이후에도 가끔 정신과 의사를 찾는다. 큰 증상이 아니면 내과나 가정의학과 의사에게 털어놓기도 한다. 2016년 제네바에서 홀로 살기 시작했을 때, 처음 맞는 서유럽의 11월은 끔찍했다. 다섯 시면 해가 졌다. 그렇게 적은 일조량은 내 일생 처음 경험한 것이었다. 큰 걱정도 없는데 잠이 오지 않았다. 아파트에서 홀로 보내는 저녁과 주말, 몸과 마음이 침대 아래로 한없이 꺼져 들어가는 것 같았다.

우울하고 잠이 안 온다고 내과 의사를 찾았더니, "너무 당연하다는 거 잘 아시지요?" 하고 말하며 나를 안심시켰다. 의사는 항우울제 대신 '일부러 햇빛을 자주 보고, 가족과는 3개월에 한 번씩 꼭 만날 것'을 처방했다.

심평원 원장이 되어서도 반응성 우울을 앓았다. 앞으로도 그럴 일이 있을 것 같다. 하지만 나는 감기를 이기듯 그때마다 의사의 도움을 받아서 이길 것이다. 적어도 나는 우울증에 져서 극단적인 선택을 하지는 않을 자신감이 생겼다. 누군가는 '그게 무슨 큰 자랑인가' 싶겠지만, 내게는 암을 이긴 것만큼이나 큰 자부심이다. 우울증으로 고생해본 적이 있는 사람이라면 공감할 것이다.

우울한 당신에게 건네는 말

일제 강점기와 전쟁을 지낸 우리 부모와 조부모 세대는 유난히 상처가 많았다. 그 엄청난 상처들을 치유하지 못한 채 산업화의 일꾼으로 내몰렸다. 이데올로기 갈등에서 비롯된 국가 폭력에 시달린 이들도 많다. 잠을 자다 일어나 부모 손에 이끌려 미국 군함을 타고 고향을 떠나야 했던 소녀였던 어머니, 고등학교 3학년 때 발발한 한국전쟁에 학도병으로 참전해 학업의 꿈을 접어야 했던 소년이었던 아버지, 그분들이 살아내야 했던 평생은 어떤 것이었을까?

이제야 돌아본 내 부모님은 전쟁 이후 내내 우울증을 안고 사셨던 것 같다. 그 트라우마에 감히 내 것 따위를 비교할 수 있었을까? 이런 결론에 마침내 그분들의 삶을 감싸 안을 수 있었다. 치유하지 못한 부모 세대에서 자라난 이들에게는 부모의 삶 자체가 트라우마다. 부모님 밑에서 자란 나와 내 형제들 역시 깊은 우울에서 자유롭지 못했다.

지금은 어떨까? 오늘날 한국 사회 전체가 앓고 있는 정신병의 크기는 오히려 커졌을 것이다. OECD^{경제개발협력기구} 국가 중 자살률 1위라는 오욕이 그 증거다. OECD 국가 중 이렇게 최근에 전쟁을 직접 겪었고, 절대빈곤에서 고소득으로 단기간에 급성장한 나라는 우리뿐이다. 절대적인 소득이 높아졌어도 국민 모두 '살아남아야' 한다는 강박에서 헤어 나오지 못했다. 2013년 OECD가 한국의 자살문제와 정신보건체계를 검토한 이후 어린 학생들에게 지나치게 공부를 많이 시키는 것을 비중있게 지적했다. 영국 출신의 정신과 의사는 아동학대라고도 했다. 어려서 전쟁을 경험하고 이제는 다시 빈곤으로 떨어진 노인층에서 자살이 많은 것은 더 말할 필요도 없다. 이처럼 우리 사회의 우울과 자살은 뿌리가 깊다.

2021년 정신질환 실태 역학조사에 의하면, 한국인의 7.7%가 일생에 한 번 이상 앓을 정도로 우울증은 흔한 질병이다. 우울은 종종 다른 증상으로도 나타난다. 잘 하던 일이 하기 싫어지기도 하고, 안 하던 걱정을 새롭게 하기도 한다. 몸이 아픈데 병원에 가도 시원한 진단명이 나오지 않는다. 이유없이 짜증이 나기도 한다. 잠을 못 자기도 하고, 너무 자기도 한다. 식욕이 없어지기도 하고, 너무 많이 먹기도 한다. 노인이라면 치매 증상과 혼동할 수도 있다.

인생에서 2주 이상 연속해서 우울한 적이 있다면, 정신과 진료를 꼭 받을 것을 권한다. 내가 혹은 주변의 사람이 우울증이라면 가장 먼저 유념해야 할 점은, 우울증은 질병이니 치료를 받아야 할 일이지 정신이 나약하다고 비난받을 일이 아님을 받아들이는 것이다.

인생에서 큰일을 겪으면 많은 이들이 우울증을 앓기도 한다. 너무나 당연하다. 그래도 치료를 받아야 한다. 가장 효과적인 것은 약물치료다. 최근 나온 약은 부작용이 거의 없다. 당뇨병 약을 평생 먹듯이 오래 먹어도 괜찮다. 최근에는 건강보험 보장성이 높아져서 진료비가 그리 비싸지도 않다. 자주 반복되고 정말 극복해 보고 싶다면 분석치료 전문의를 잘 찾아서, 2~3년 길게 잡고 상담을 받는 것도 좋다. 어느 정도 비용과 시간을 투자해야 하지만 그럴 가치가 분명 있다. 꼭 분석을 받지 않아도 15분 정도의 상담을 지속적으로 받는 것도 도움이 된다.

본인이 이야기하지 않는 한, 우울증 진료이력을 직장에서 알게 될 가능성을 두려워하지 않아도 된다. 건강보험의 혜택을 보아도, 이 정보는 병원 이외의 다른 기관, 특히 직장에 공유하지 않는다. 우울증을 앓으면서 대인 관계가 나빠지는 것이 사회생활에서는 더 큰 불이익 요인이 된다.

'내 인생에 우울증은 없다'고 생각하는 사람도 주변을 위해 우울증이란 병에 대해 조금 더 이해를 높이기를 바란다. 성격이 예민해 보이거나, 짜증을 잘 내는 배우자나 직장 동료, 계속 엇나가기만 하는 자녀, 예상한 것보다 일찍 치매를 앓는 것 같은 부모들이 사실은 우울증으로 고생하는 경우가 많다. 그들은 나약해서 병에 걸리는 것이 아니다. 누군가는 고혈압을 앓고, 누군가는 당뇨병을 앓듯이 그저 질병일 뿐이다. 약을 비롯한 여러 방법으로 치료할 수 있다.

나도 의사가 되고 싶어

직업병을 보는 의사

의사에게 건강은 성적이나 실력보다 중요하다. 인턴 중반에 이
르러 건강 걱정을 하지 않을 수 없었다. 옆구리 한쪽 살갗에 구
멍을 내서, 간을 뚫고 담도까지 이르는 관을 꽂은 채 1년 넘게 살
고 있었으니 당연한 일이었다. 하고 싶은 과목이 많았지만, 하나
씩 포기해야 했다. 야간 당직이 많다면 건강이 감당하기 어려울
것 같았다.

의대 본과에서 공부했던 책과 노트들을 쭉 펼쳐 놓고 살폈다.
환자를 직접 보는 많은 과들을 하나씩 선택범위에서 지웠다. 예
방의학이라는 것이 눈에 들어왔다. 다른 분야는 세균이나 인체
조직, 방사선 필름 등등을 다루는 반면, 예방의학은 사람을 다루
는 것 같았다. 예방의학 가운데도 몇 개의 세부 분야가 있었는데
나는 환경의학 분야에 관심이 갔다. 사람과 상대할 일이 가장 많

은 분야로 보였다.

1970년 전태일 열사가 '근로기준법을 준수하라!'는 외침과 함께 스스로를 불살랐지만, 1990년대 초반에도 노동환경은 좋아지지 않고 있었다. 올림픽이 열리던 1988년 온도계 공장에서 일하던 17세 노동자 문송면 군이 수은 중독 진단을 받고 사망했다. 원진레이온에서 7년간 일하던 노동자 김봉환 씨는 1990년 이황화탄소 중독으로 진단을 받고 이듬해 뇌혈관 질환으로 사망했다.

그해 환경의학 전공의 자리는 하나뿐이었다. 환자이기도 한 나는 다른 쟁쟁한 인턴들과의 경쟁에서 이길 자신이 없었다. 건강이 좋지 않아 언제 병석에 누울지 모르는 내가 남들과 경쟁해서 한 자리를 차지하는 것이 면구스럽기도 했다. 다행히 나 말고는 응시의사를 표한 친구가 없었다.

운명처럼 나는 예방의학과 공중보건에 종사하게 되었다. 직업환경의학도, 그 길에서 만난 의료정책도, 보람 있을 것이란 예상은 맞았다. 잊을 만하면 언론을 장식했던 직업성 질환을 진료하는 의사가 된다고 생각하니, 새로운 측면으로 역동을 느꼈다. 비록 건강 때문에 차선으로 가게 된 길이지만, 평생을 살면서 이런 사건들을 하나라도 해결할 수 있다면, 내 인생도 나름 의미가 있을 것 같았다.

하지만 내가 '해결'할 수 있으리란 기대는 사실과 달랐다. 병원을 벗어나 만난 현장에서 개인적인 나는 무력했다. 1970년대 비철금속 공업기지로 지정된 온산 지역 주민들이 카드뮴 중독으로 의심되는 소견을 호소했다. 그 사건은 환경청과 시민사회, 학계 사이에서 뜨거운 논쟁을 불러일으켰다. 그 이후로도 두고두고 중요한 사회적 의제로 남았다. 주민들도 정부도 지속해서 역학조사를 의뢰했다. 1992년 내 지도교수를 포함한 연구진이 구성되었다. 온산 지역주민들의 건강상태를 신뢰도 높게 평가하기 위해 대조군으로 전라북도의 대불 공단을 선정했다.

카드뮴 중독은 일본에서 이미 '이타이이타이'(아파아파) 병으로 이름 붙여졌다. 현장으로 역학조사를 가게 된 나는 가슴이 두근거렸다. 현장에 가기만 하면 환경 질환이 '척!' 하고 모습을 드러낼 것이라 기대했다. 대불의 주민은 건강하고 온산의 주민들은 모두 이타이이타이병으로 시달리고 있을 거라 예상했다. 하지만 현실은 그렇지 않았다.

대불도 온산도 주민들은 모두 삭신이 쑤신다고 했다. 그게 퇴행성관절염인지 카드뮴 중독인지는 알 길이 없었다. 어르신들은 당장 아픈 것을 해결해 주기를 바랐다. 인과관계를 밝히고 싶은 연구진의 질문에는 별 관심이 없어 보였다. 중금속에 얼마나 노

출되었는지, 그로 인한 증상이 얼마나 뚜렷한지를 묻는 설문지
는, 어렵게 만난 서울출신 의사들과 대화하고 싶은 주민에게 그
리 달가운 것이 아니었다. 인턴을 마치고 두 해 지난 풋내기 의
사는 혼란에 빠졌다.

전공의 3년 차에는 포항의 산업공단 근처에 있는 근로자 검
진 기관에 파견을 나갔다. 거기서 마주한 것들도 충격적인 노동
관련 질병이 아니라 소소한 만성질환들이었다. 노동자들이 매일
묻는 질문에 답할 역량이 내겐 없었다. 흔한 질병을 진료할 수 있
는 역량을 갖추고 나야 그 질병이 업무로 인한 것인지 아닌지 판
단할 수도 있을 것 같았다. 직업병을 예방하는 것도 마찬가지였다.

정말 노동자의 건강을 해결하고 싶다면, 우선은 가장 흔한 질
병인 고혈압과 당뇨병, 관절염 같은 질병을 알아야 했다. 이렇게
생각한 것은 나뿐이 아니었다. 보건복지부는 의료법을 개정해
전문 진료과목으로 산업의학(지금의 직업환경의학)을 추가했다. 고
용노동부에서는 산업의학 전문의를 육성하기 위한 대책을 마련
했다. 환경의학을 공부한 전문의가 산업의학 전문가가 되기 위
해 임상수련을 더 받는다면, 별도의 국가 장학금을 지급한다는
획기적인 방안을 마련했다. 매월 나오는 장학금은 아이 하나를
키우기 위해 고용해야 할 도우미 월급과 얼추 비슷했다.

나는 용기를 냈다. 기왕 임상수련을 받을 거면 아예 가정의학
과 전문의 자격을 하나 더 따자고 마음먹었다. 다행히 그 무렵

건강도 회복되어 갔다. 뚜렷한 목적으로 시작한 가정의학과 수련 과정은 꽉 찬 시간으로 흘렀다. 가정의학과 전공의 3년 차가 되자 이제 흔한 질환을 보고 치료할 수 있게 되었다.

풋내기 전문가의 협박

3년 만에 다시 산업보건기관으로 파견을 갔다. 여전히 혈압 높은 환자가 많았다. 처음에는 혈압기가 고장 난 줄 알았다. 병원에서 마주쳤다면 당장 침대에 눕히고 고혈압 약제를 정맥 주사로 줘야 마땅할 사람들이 공장 여기저기에서 걸어 다녔다. 지금도 그렇지만, 고혈압 환자는 심전도와 안저眼底, 콩팥 검사를 하는 것이 학계의 정설이었다. 청진기와 혈압기만 가지고 고혈압 환자를 관리했다 할 수 없는 노릇이었다.

하루에 한 번 복용하면 되는 안전한 혈압약이 한국에서도 출시된 때였다. 처방과 조제가 분리된 의약분업 전이어서 동네 약국에서도 쉽게 살 수 있었다. 한쪽 귀퉁이에 앉아서 검진자료를 보고 혈압이 높을 것 같은 이들을 한 명씩 불렀다.

"○○○님, 병원 꼭 가셔야 해요. 약은 제가 알려드리겠지만, 검사 한번은 제대로 받아보셔야지요."

"병원 가기가 어디 쉽나요?"

"의료보험이 다 됩니다. 큰돈 들지 않습니다."

"돈이 없나요? 시간이 없지."

노동자에게 말해봤자 소용이 없을 것 같았다. 노무담당자를 불렀다.

"이 분들은 혈압이 높아요. 진료 받으러 병원에 가게 해주시면 좋겠어요. 이제는 고혈압 환자가 작업장에서 뇌출혈을 일으키면 산업재해 인정이 되는 수가 있어요."

꽤 전문가다운 협박이었다. 좀 더 자신 있게 환자를 볼 수 있게 된 스스로가 대견했다. 며칠 동안 그러고 다니는데, 어느 날 함께 다니던 간호사가 조심스럽게 말을 붙였다.

"선생님, 고혈압 환자에게 산재가 발생한다고 사측에 자꾸 말씀하시면, 그분들 계속 일하기 어려워요. 지난번에 만난 그 환자 오늘은 안 보이는데 찜찜해요."

뒤통수를 맞은 것 같았다. 내 치기稚氣가 그분들을 막다른 골목으로 내몰고 있다는 것을 처음에는 몰랐다.

교과서에 없던 질문들

고혈압 환자에게 어떤 약을 써야 할지, 어떤 검사를 해야 할지, 그냥 두면 어떻게 되는지 교과서에 모두 자세히 나와 있었다. 심지어 고혈압성 뇌출혈의 업무관련성에 대해서도 최신지견이 나왔지만, 중소기업 고용주와 노동자 환자의 관계는 의학교과서에 없었다. 여전히 환자들의 문제를 해결하고 있다는 효능감을 느낄 수 없었다. 정말 문제가 되는 것들의 답은 의학교과서에 실려 있지 않았다. 의사가 되어서 만났던 이들의 건강 문제는 교과서보다는 사회 속에서 답을 찾아야 했다.

90년대 중반 한국의 건강문제를 의학교과서로 해결할 수 없기는 다른 곳에서도 마찬가지였다. 서울대병원은 지방 소도시에서 운영하는 공공의료원과 전공의 수련계약을 맺고 있었다. 그러나 전공의들이 중증 혹은 희귀 질환을 주로 보는 서울대병원에서만 수련을 받으면 훗날 유능한 의사가 되는 데 부족함이 있었다. 흔한 질병을 볼 기회는 상대적으로 적었다. 대신 일부를 지방의료원으로 보내서 지역사회에서 흔한 질환 진료를 배워오도록 했다. 우수한 인력을 전공의로 채용하기 어려운 지방의료원으로서도 나쁜 일이 아니었다.

지방의료원의 환자는 서울대병원과는 사뭇 달랐다. 경향각지의 병원들에서 해결하기 어려운 문제들을 가진 환자들이 마지막으로 오는 곳이 서울대병원이었다. 나를 포함한 전공의들은 서울대병원을 지칭해 '본원'이라고 했다. 수련기관으로서 우리가 속한 기관이라는 걸 뜻이 있었지만, 세상의 중심이라고 여기는 은근한 속뜻도 있었으리라.

질병의 양상부터 판이했다. 서울대병원은 현대의학의 한계이며, 인력으로 어찌할 수 없는 질병으로 가득했다. 진단명이 붙어도 난이도가 높은 환자들만이 예약하기가 하늘의 별따기만큼 어렵다는 서울대병원의 문턱을 넘을 수 있었다. 미국 드라마 〈닥터 하우스〉 같이 논리적 추론으로 병명을 찾는 일이 많았다.

지방의료원 환자들의 질병은 달랐다. 맞아서 다친 사람, 일하다 다친 사람, 뻔한 질병인데 치료를 못 받아 아픈 사람들이 더 많았다. 이들의 건강은 의학의 영역을 넘어서는 문제였다. 같은 질병이라도 처방이 달라져야 했다. 무릎관절통이나 허리 통증을 호소하는 중년 여성에게는 수영을 권하라고 본원 가정의학과에서 배웠다. 지방의료원 환자들에게 건강을 위해 수영을 권하는 전공의는 '철없는 아이'로 취급당했다. 환자들이 돈 걱정을 더 많이 한다는 것도 달랐다.

'본원'의 환자와 의사들은 첨단의학 지식으로 질병을 해결하는 것에 관심이 많았다. 임상교수들과 전공의들이 내리는 선택은 언제나 의학교과서를 근거로 했다. '과학'으로서의 의학은 전가의 보도 같은 판단 근거였다. 우리가 내리는 판단을 환자들은 존중했다.

서울대학교 병원에서는 의사의 판단에 대해서 돈 걱정을 앞세우는 이들은 없었다. 거기까지 어렵게 온 환자들은 속으로는 걱정해도 비용 때문에 의학적 권고를 포기하는 것 같이 보이지는 않았다. 지방의료원의 환자들은 그렇지 않았다. 의사들의 '과학적 판단'보다 중요하게 여기는 다른 것들이 그분들에게는 많았다. 주로 '비용'이었다.

풋내기 의사는 지방의료원에 첨단 의료장비가 없는 것을 한탄하면서 그 병원에서 할 수 있는 최선의 검사와 치료를 권하곤 했다. "그걸 하려면 돈이 얼마나 드나요?" 하고 직접 또박또박 질문하는 사람은 많지 않았다. 하지만 뒤로 돌아서서 조용히 비용을 알아보곤 집으로 돌아가는 환자가 많았다.

의학도로서의 나는 점점 무기력에 빠지면서, 절대로 이 영역은 '시장'에 맡기면 안 된다고 깨달았다. '돈벌이의 대상'으로 여겨도 안 될 말이었다. 병원에 오는 사람들은 이미 노동력이 감퇴하거나 상실한 사람들이 많다. 자신의 건강을 위해 충분한 돈을 쓸 여력은 대부분 없다. 아플 때를 대비해 미리 돈을 비축해놓은 사람이 세상에 얼마나 될까? 의사인 나조차도 법으로 정해서 의료보험료를 떼어놓지 않으면 병원비는 늘 궁했다. 보통 사람들이 아플 때 돈 걱정이라도 덜 하며 치료를 받게 하려면 어떤식으로든 사회가 개입해야 한다는 사실을, 나는 정책을 공부하기 이전 지방병원의 응급실에서 뼈저리게 느꼈다.

사람을 건강하게 하려면, 병원을 잘 짓는 것보다 사회 전체가 뒷받침하는 것이 중요하다는 직업정신은 그때 형성되었다. 그 믿음은 지금도 굳건하다.

응급실에서 만난 재소자 인권

시립병원에서 만난 괴질 환자

"급성 심근경색증 환자인 것 같은데, 좀 이상해요. 오셔서 좀 봐주셔야겠습니다."

1995년 2월 내 인생 마지막 야간당직이 있던 새벽 2시, 전공의 당직실에서 전화를 받았다. 나는 가정의학과 전공의이자 시립병원 내과 주치의로 파견 근무 중이었다. 전화한 이는 응급실 인턴 K였다.

인턴 일 년을 채운 K는 내과 전공의 시험에 합격한 후 새해 두 달 응급실 근무를 자원해 남은 인턴 수련기간을 보내던 중이었다. 가정의학과 레지던트인 나보다 아는 게 많을지도 모를 일이었다. 그런 K의 전화라니, 내 마지막 응급실 당직의 평화가 깨진 것이다. 가운을 입고 당직실을 나섰다.

언제나 그렇지만 응급실은 복잡했다. 환자 주변은 특히 시끌

벅적했다. 의료진과 환자, 보호자가 뒤섞여 있었다. 긴장과 걱정 속을 걸어 들어가 만난 환자는 무엇이 불안한지 심하게 뒤척이고 있었다. K는 심근경색증이 의심된다고 말했지만, 소견은 딱 들어맞지 않았다. 심근경색증 환자는 심한 통증 때문에 말을 잘 못한다. 가슴을 움켜쥔 채로 잘 움직이지도 못하고 식은땀을 삐질삐질 흘리는 경우가 대부분이다. 환자의 '관상'도 심근경색증과는 거리가 있었다.

50대 남성 환자는 혼돈 가운데 있었다. 의식이 아주 없지는 않지만, 대화가 가능한 상태는 아니었다. 계속해서 이리저리 뒤척이는 그는 심하게 괴롭고 불안해 보였다. 피부는 바삭거리도록 말라 있었다. 뒤척일 때마다 끼익끼익하는 소리가 들렸다. 살펴보니 양쪽 팔이 병상 난간에 철제 수갑으로 묶여 있었다. 도대체 어떤 상황인지 내가 알던 질병명과는 들어맞지 않았다.

"괴질怪疾인가요?"

1990년대 중반 서울대병원은 괴질, 즉 원인불상의 이상한 질병을 다루는 독보적인 병원이었다. 경향 각지에서 진단명도 붙이지 못한 환자들이 서울대병원으로 몰려들었다. 첨단 의학지식으로도 진단할 수 없는 질병을 우리는 '괴질'이라 부르곤 했다. 새내기 젊은 의사에게 '괴질'이라는 단어는, 질병과 최전선에서 싸우고 있다는 자부심의 다른 표현이기도 했다.

그렇지만 괴질은 서울대병원 교수님들과 함께 볼 때라야 긍지를 내포하는 말이었다. 아직 전공의에 불과한 내가 야간 당직을 맡고 있는 시립병원에서 그 단어는 말 그대로 두려움의 표현이었다. 이러지도 저러지도 못한 채 시간이 흘렀다. 어쩔 수 없이 잠깐 뒤로 물러서서 환자를 물끄러미 봤다. 그때 뭔가가 눈에 들어왔다. 괴로워하는 가운데도 환자는 무슨 단어인지를 계속 말하고 있었다.

그건 괴질이 아니었다

"ㅇㅇㅇ! ㅇㅇㅇ!"

"예? 뭐라고요?"

그는 내 질문에 답하듯이 다시 말했지만, 웅얼거리는 단어를 알아들을 수가 없었다. 환자의 목소리는 작았고, 입 안이 너무 말라 발음도 정확하지 않았다. 고개를 숙여 내 귀를 환자의 입 쪽으로 가까이 댔다.

"이인! 수울! 니인!"

여전히 정확하지 않았지만 비로소 알아들을 수 있었다. 몸에서 수분이 모두 빠져나가 말라붙은 입으로 어렵게 내뱉고 있던 단어의 발음은 분명 '인슐린'이었다. 머릿속에 천둥이 치듯, 당뇨성케토산증Diabetic keto-acidosis, DKA라는 질병이 떠올랐다. DKA는 의과대학을 졸업한 사람이라면 영어 약자만 말해도 누구나 아는 질병이다. 당뇨병 환자가 오랫동안 치료를 받지 않을 때 생기는 무서운 합병증이다. 혈당이 너무 오른 나머지, 중성이어야 할 혈액이 산성으로 변하고 온 몸의 수분이 모두 빠져나가 죽음에 이른다. 가운 주머니에 넣고 다니던 조그만 임상 매뉴얼도 그 병에 한 페이지를 할애할 정도로 중요한 병이다.

하지만 젊은 전공의들은 그 병을 마주할 일이 없었다. DKA는 당뇨병을 진단할 역량이 안 되거나 진단을 받고도 치료를 받지 못하는 저소득 국가에 많다. 1990년대 중반 한국사회에서는 이미 전 국민이 의료보험의 혜택을 보고 있었고, 그 병은 더 이상 흔한 질환이 아니었다. 환자의 말을 알아듣고 나서 다시 검사결과를 확인했다. 모든 소견이 들어맞았다. 진단은 어려웠지만 치료방향은 명확했다. 인슐린을 투여하고 충분히 수액주사를 주면 될 일이었다. 다른 처치들이 좀 더 있지만, 매뉴얼은 친절하고 자세하게 그 방법들을 설명하고 있었다.

새벽이 가고 아침이 오자 나는 '명의'로 등극했다. 전공의들뿐 아니라 젊은 교수들도 그 환자를 보러 왔다. 그들도 당뇨성케토산증을 본 일이 없다고 했다. 그 질병을 처음 본 것은 나도 마찬가지였다. '괴질'이었던 환자에게 진단을 붙인 것은 나지만, 그건 내 덕이 아니었다. 응급실에 오면서부터 환자는 답이 무엇인지 온 몸으로 외치고 있었다. 그 질병의 진단과 치료는 첨단 의학에 해당하는 영역이 아니었다.

위기를 넘기고 나서야 내가 마주한 상황이 얼마나 기이한지 깨달았다. 그 병은 스스로 당뇨병인 줄 모르거나, 알더라도 주변에 챙겨주는 사람이 없이 혼자 사는 노인에게서 많이 생긴다. 그 환자 옆에서는 이미 어른이 된 딸이 함께 울고 있었다. 딸은 아버지를 애틋하게 여기는 것 같아 보였다. 남자들 몇 명도 함께 있었다. 무엇보다 환자 본인이 '인슐린'을 부르짖으며 내게 해답을 주었으니, 스스로 당뇨병이고 인슐린을 맞아야 한다는 것을 잘 알고 있다는 이야기였다. 옆에서 울고 있던 딸에게 물었다.

"환자가 당뇨병인 걸 아는데 인슐린을 왜 안 맞았어요?"

"아버지가 택시 운전을 하셨어요. 몇 주 전 건널목에서 사람을 치어 구치소에 가셨어요. 그러고 나서 인슐린을 못 맞으셨고요."

주변에 서성거리던 남자들이 구치소 직원이라는 것을 그때가 되어서야 알아차렸다. 몇 시간이 지나 환자의 의식이 돌아왔다. 하루가 지나고 나니, 말라붙었던 구강에 수분기가 돌았다. 응급실에서 중환자실을 거쳐 일반 병실로 환자를 옮겼다. 치료를 위해 풀어놓았던 수갑이 다시 채워졌다. 방 앞에는 덩치 큰 남자 두 명이 지키고 있었다. 내가 환자를 보러 가면, 그들은 감시라도 하듯 병실로 따라 들어왔다. 더 자세한 이야기를 나누고 싶었지만 환자는 말하기를 꺼렸다.

나는 구치소 안에서 정말로 무슨 일이 벌어진 것인지 궁금했다. 환자와 제대로 이야기를 나눠야겠다고 작정했다. 그 다음번에 환자를 보러 갔을 때, 다른 때보다 훨씬 빠른 걸음으로 병실로 들어가, 그 남자들이 따라 들어오기 전에 문을 안에서 잠가버렸다. 문을 두드리는 소리가 몇 번 들렸다. 열지 않았다. 키 작은 내가 위협적으로 보이지 않았는지 이내 노크 소리는 잦아들었다.

"인슐린을 얼마나 오래 안 맞으셨어요?"

"한 달쯤 된 거 같아요."

"인슐린 주사 안 맞으면 어떻게 되는지 알고 계셨어요?"

"알았지요. 구치소에 들어가자마자 인슐린 달라고 했어요. 마약할지 모른다고 일회용 주사기도 들여올 수 없다고 했어요."

인권이 멈춰선 교도소

오만가지 생각이 들었다. 전공의로서 마지막 당직날 밤, 그렇게 발을 동동거리게 한 이유는 너무나 어처구니없는 것이었다. 상황이 원망스러웠다. 하마터면 그 명백한 진단을 못 내리고 환자 한 명을 사망에 이르게 할 뻔했다. 그 기본적인 질병 하나를 몇 시간 동안 진단하지 못해 쩔쩔맸다는 것에 부끄러움이 몰려왔다. 우리가 정말 공부 좀 한다는 의사들이 모인 것이 맞나 싶었다.

뒤를 이어 분노가 몰려왔다. 이렇게 잘 살게 된 나라에서 인슐린을 맞지 못해 멀쩡한 사람이 죽을 수도 있었다는 사실에 화가났다. 인슐린 한 병의 가격은 지금도 1~2만 원대다. 한 병 사서 냉장고에 넣으면 몇 주를 쓸 수 있다. 그 환자는 가족이 없는 것도 아니고, 돈이 없는 것도 아니었다. 인슐린을 맞아야 살 수 있다는 것을 환자는 잘 알고 있었다. 일회용 주사기를 반입하지 못한다며 인슐린이 필요하다는 수용자의 요구를 무시한 사람들, 그 사실이 알려질까봐 전전긍긍하던 사람들의 모습이 역겨웠다. 그대로 지나가기에는 '그들'은 나쁜 사람이었다.

어디엔가 항의를 하고 싶었다. 그러지 않으면 같은 일이 반복될 것 같았다. 어디에 말해야 할지 생각이 나지 않았다. '그들'은 거대한 철벽같았다. 정말 그랬다. 내게 철벽으로 보인 것은 사람이 아니라 시스템 그 자체였다. 신문사밖에 다른 방법이 떠오르지 않았다. 어렵게 기자 두 명의 이름을 떠올렸다. 한 명은 기사 가치가 없다고 했다. 다른 신문사에서는 데스크에서 어떻게 할지 모르겠지만 일단 기사를 써보겠다고 했다. 사회면에 단신이 떴다.

6년이 흐른 뒤 나는 국가인권위원회에서 일하게 되었다. 인권위에서 일하게 된 이후, 받았던 가장 많은 질문은 '의사가 왜 인권위에서 일하냐?'는 것이었다. 인권은 변호사나 운동권 출신 활동가들의 영역이지, 의사의 영역이 아니라는 의미를 갖는 질문이었다. 하지만 정작 의사는 인권위에 꼭 필요한 사람이었다. 인권위가 업무를 시작하고 첫해 받았던 진정 가운데 가장 많은 것은 구금시설 재소자의 의료 접근권과 관련된 것이었다. 결핵 환자에게 결핵약을 계속 안 먹이면 어떻게 되냐는 질문을 받기도 했다.

"결핵인 줄 아는데 왜 약을 안 먹여요?"

나는 반문했다. 빈정거린 것이 아니다. 정말 몰랐고 정말 궁금했다. 그 질문은 에이즈 약을 못 먹은 환자가 결핵까지 얻어 인권위에 진정을 제기한 재소자 사건에서 비롯했다. 그는 에이즈 약을 구하기 위해 절도를 반복했다. 사회보호법이 폐지되기 전, 그는 형이 가중되어 교도소에 오래 있게 되었다. 내가 그 사건을 처음 들었을 때는 면역력이 떨어진 끝에 속립성 결핵까지 덮쳤다. 경남에 있는 교도소에서 에이즈 약도 결핵약도 먹지 못하고 지내다가 인권위에 진정을 냈다.

긴급구제 대상에 해당한다고 판단한 김창국 위원장이 나를 그 교도소에 보냈다. 그날 오후에 조사관 한 명과 함께 서울을 떠나 교도소로 향했다. 우리가 교도소에 들어갔을 때는 이미 밤 8시가 지나 있었다. 일몰 이후 외부인이 교도소에 들어간 것은 정부 수립 이후 그때가 처음이라 했다.

교도소 복도를 한참 지나 만난 진정인은 다리 근육을 모두 소실할 정도로 쇠약했다. 일어서지도 걷지도 못하는 그는 앉은 채나와 악수를 했다. 정작 의사가 할 수 있는 일은 손을 잡아주는것 외엔 아무것도 없었다.

"죽기 전에 의사 선생님 한 번 보았으니 소원이 없네요."

말만 해도 숨이 차, 힘든 목소리를 이어갔다.

"이거 제 명함입니다. 여기 제 번호 있으니 언제든 전화하세요."

명함을 만지작거리는 그는 온순하고 편해보였지만, 포기의 그늘이 얼굴에 드리워졌다. 진정인에게 전화번호가 적힌 명함을건네는 것은 바람직하지 않았다. 하지만 그에게 내가 줄 것은 아무것도 없었다. 그 이후 그로부터 연락을 받지는 못했다.

죽어 마땅한 사람은 없다

죽어가던 당뇨병 환자와 딸의 심경을 가끔 상상해본다. 목이 터져라 외쳐도 인슐린 하나 못 맞아 죽어가던 그 환자의 마음은 어땠을까? 타들어가는 고통을 감당해야 했던 그는 어떤 생각을 했을까? 구치소에서 인슐린을 맞지 못해 아버지를 잃을 뻔한 딸의마음은 어땠을까? 그들에게 대한민국은 어떤 나라였을까?

2002년 인권연구담당관이 되어서 구금시설 재소자 의료이용

실태조사에 대해 용역을 의뢰했다. 당시 조사에서 구금시설 재소자 가운데 35.8%는 '아파서 (시설 내) 의무과를 가고 싶어도 가지 못한다'고 응답했다. 솔직히 말한다면, 절망에 가까웠던 내 경험에 비해 그리 심각한 수준 같지는 않아 보였다. 하지만 시간이 가도 상황이 나아지지 않았다. 2010년 같은 방식의 조사에서는 42.2%가, 2016년 조사에서는 37.4%가 '아파도 의무과에 가지 못한다'고 답했다.

구금시설은 코로나19 집단감염에도 취약했다. 2020년 12월 15일 서울동부구치소에서 15명의 재소자가 코로나19로 확진된 이후, 이듬해 1월 6일까지 1,161명의 누적 확진자가 발생했다. 전체 수용자 2,549명 가운데 45.5%가 한 달 사이에 코로나에 걸린 셈이다. 전 세계가 코로나 팬데믹 위기를 지나면서 한국 의료의 위상이 올라갔다. 전 국민이 건강보험의 혜택을 받는 나라의 위력이다. 하지만 그 이면에 이런 그늘이 있다. 작은 땅 덩어리 안에서도, 대도시에서 백 킬로미터만 지나면 의료 인력은 심각한 정도로 부족하다. 도시 안에서도 크게 돈 되지 않는 진료과목은 서비스 공급도 불충분하다.

아파도 마땅한 사람은 없다. 죽어 마땅한 사람은 정말 없다. 한 집의 청결도는 화장실에서 확인할 수 있고, 한 나라의 인권상황은 교도소에서 가늠할 수 있다.

새천년 의사파업, 자발적 왕따의 길

익명의 편지

2000년 6월 22일 새벽 두 시, 아파트 거실에 있는 데스크탑 컴퓨터 앞에 앉았다. 두 딸은 깊이 잠들었다. 밤늦도록 다투던 전 남편도 지쳐 침실로 갔다. 사방은 고요했고, 마음에는 비바람이 불었다. 한참을 그 자세로 앉아 있었다. 뱃속 깊은 곳에서 생각이 꾸역꾸역 게워져 나왔다. 손가락을 움직여 글을 쓰기 시작했다. 글과 함께 눈물이 났다. 글을 마칠 때까지 눈물은 멈추지 않았다. 감정이 이끄는 대로 쓴 글은 거칠었다.

　일찍 동이 텄다. 글과 눈물을 모두 쏟아내니, 마음이 텅 비었다. 글로 만든 내 탄식을 누군가에게 보내야겠다는 마음이 들었다. 그렇게 해야 손을 뗄 수 있을 것 같았다. 알고 지내던 시민단체 활동가가 생각났다. 그는 며칠 전부터, 전국적인 총파업에 임하는 의사들과 다른 입장을 가진 의사의 글을 찾고 있었다. 마음이 바뀌기 전에 글을 보내고 퀭한 얼굴로 출근을 준비했다. 그 사건이 내 인생을 얼마나 바꿀지 생각할 여유가 없었다.

6월 23일 〈한겨레신문〉 1면에 익명의 편지가 실렸다. 독자가 보낸 글을 다듬지도 않고, 그것도 익명으로 1면에 배치하는 것은 전례가 없다고 했다. 여전히 종이 신문을 읽어야 하루를 시작하는 시대에 신문사가 선택한 파격이었다. 제한된 지면에 익명의 글이란 정말 이례적이었다. 내가 쓴 글은 지금 다시 읽어도 거칠다. 하지만 언제나 그 글을 쓰던 날 밤의 내 간절한 슬픔이 다시 일어난다.

의약분업, 그게 뭐라고

21세기 한국에서는 아파서 병원이나 의원에 가면 처방전을 발급받는다. 처방전을 들고 다시 약국에 가서 약을 받는다. 지금은 당연하게 여기지만, 지난 세기 한국은 그렇지 않았다. 약 이름만 알면 약국에서 어렵지 않게 약을 살 수 있었다. 전문 의약품을 일간지에 광고하는 일이 많았다. 약 이름을 몰라도 약사가 권하는 약을 사면 될 일이었다. 병원이나 의원에 가도 약을 받을 수 있었다.

정부와 전문가들은 이런 체계의 문제점을 잘 알고 있었다. 당시 가장 오남용의 문제가 컸던 것은 스테로이드와 항생제다. 스테로이드는 피부병이나 무기력한 증상에 극적인 효과를 나타낸다. 당시에 이름난 일부의 약국에는 전국에서 환자들이 몰렸는데, 스테로이드가 포함된 조제약 때문인 것으로 추정한다.

항암제의 일부로도 쓰이는 이 약은, 오래 먹으면 부작용이 심각하다. 얼굴이 달덩어리처럼 부풀어 오르고, 골다공증이 생기고, 면역력이 떨어진다. 때로는 정신질환이 오기도 한다. 약을 줄이기도 어려웠다. 용량을 낮추면 환자들은 괴로워했다. 항생제 오남용으로 인한 내성균의 발현은 말할 필요도 없었다.

우리나라는 1963년 약사법을 개정하여 의약분업의 원칙을 수립했다. '진료는 의사에게, 약은 약사에게'라는 표어는 삼척동자도 알았지만 실행에 옮기지 못했다. 1993년 약사법 재개정을 통해, 1999년에 의약분업을 실시할 것을 못 박았지만 정작 강행할 것인지는 누구도 예측할 수 없었다. 의약분업이란 의제가 다시 사회를 달군 것은 대통령에 당선된 김대중 후보의 새 정부 100대 과제에 의약분업이 포함되면서부터였다.

1961년 5·16 군사 쿠데타 이후 37년 만에 처음으로 민주적 정권교체를 이룬 김대중 대통령은 다양한 개혁과제들을 설정해 성큼성큼 나아갔다. 의료 분야의 굵직한 과제들도 제시되었다. 의약분업은 그 가운데 중요한 하나였다. 모든 국민들을 불편하게 하는 이 정책의 가장 큰 목적은 의약품 남용으로부터 국민들의 건강을 보호하는 것이었다.

의약분업이 시작할 것 같게 되자, 의사 사회가 격렬하게 반대하기 시작했다. 의사들은 처방전을 외부로 발행하는 것 자체에 강한 거부감을 표했다. 의약분업은 의사의 처방내용을 환자 손에 들려 누군지 모를 약사에게 보내는 것을 의미했다. 기억하는 이들이 있겠지만 대개는 가루로 갈아 하얀 약포지에 담은 조제약은 그 자체로 신비였다. 명의는 명의대로 비밀을 다른 이들과 공유하고 싶지 않아 했다. 처방에 자신이 없는 의사들은 그들대로 반감을 가졌다. 모두들 일급 기밀과도 같은 자신의 처방을 남에게 알리고 싶지 않아 했다.

무엇보다 중요한 것이 약가 마진으로 인한 수익이었다. 처방이 공개되는 순간 그 수익이 없어질 것은 불 보듯 뻔한 일이었다. 의약분업을 설계하면서 약으로 인한 중간마진은 없애는 것을 원칙으로 했다. 대신 의사들에게는 처방료와 약사들에게는 조제료를 추가로 지급해 수익을 보존하도록 했다. 낮게 책정되어 있던 다른 분야의 수가도 인상하기로 했다. 수익 측면에서 보충이 될 것이라고 정부는 판단했고 실제로 그렇게 되었지만, 의료계의 불안은 달랠 수 없었다.

몇 차례 연기 끝에 2000년 7월 1일 개정 약사법을 시행하기로 했다. 이제 더는 연기할 수 없다는 사회 분위기가 조성되었다. 국민들보다 인터넷 접근이 쉬운 의사들이 결집하기 시작했다.

어느 의사주부가 의사남편에게 보내는 편지

(한겨레 | 2000.06.23.)

당신의 잠든 모습을 보려니 마음이 아픕니다. 어젯밤에도 우리는 심하게 다퉜지요. 우리의 싱그럽게 젊었던 날까지 들먹이면서. 저는 여전히 오늘도 응급실과 중환자실 환자를 돌보러 출근한 당신이 자랑스럽습니다.

당신과 아름다운 젊은 날 함께 공부하던 우리의 동료들에게 오늘 뭔가 말하지 않으면 안 되겠습니다. 우리 처음 입학하던 때가 기억나시는지요? 당신은 아니었을지 모르겠지만 제가 나온 고등학교에서는 처음으로 의과대학에 진학했다고 선생님들이 저를 얼싸안고 격려해 주셨습니다.

학교에 들어가자마자 우리는 80년대 그 암울한 분위기에 눌려 교정에서 큰 웃음소리 한번 내보지 못했습니다. 많은 학우들이 교정에서 개처럼 끌려가고 제대로 졸업도 못했습니다. 그 사이 우리는 그저 학교에 잘 다닌다는 이유 하나만으로도 죄책감을 느껴야 했지요. 결국 한 명 한 명의 사람에게 실질적인 도움이 되는 기술을 배우고 익히는 것이 사회 정치적으로 기여하는 것 못지않게 중요한 것이라고, 스스로에게 설명했습니다. 그리고 그것이야말로 당신이나 저나 그때 의과대학을 다니던 사람들, 아니 모든 의사들에게 공통적인 틀이 아니었던가 생각합니다. 당신이 주말마다 외국인 노동자 진료에 나서는 것도 바로 그런 맥락에서가 아닌가요.

그러나 어제, 온통 의사 얘기로 도배가 된 뉴스를 보면서 눈물이 흘러나왔습니다. 일선 의료현장을 떠나 있는 처지인 제가 당신이 당하는 고통을 전적으로는 이해하지는 못할 것입니다. 하지만 제가 현재 환자를 보지 않는 의사이기 때문에 이런 글을 공개적으로 쓸 수 있는 것이라고는 생각하지 않습니다. 수련 과정에서 진료비가 없어 치료를 받지 못하게 되는 환자가 있으면 얼마나 발을 동동 굴렀습니까? 우리 둘이 시립병원에서 수련 받던 때 환자 한 명을 중환자실에서 지키던 기억을 잊지는 않으셨겠지요.

어쩌다가, 도대체 어쩌다가 이 지경에 이르렀습니까? 수술일정 잡아 놓은 간암 환자를 퇴원시키고, 유도분만 하다가 아이가 위험해지고.

지금 의사들의 통신공간에는 너무 섬뜩한 얘기가 씌어 있어 도저히 들어가 볼 수 없는 형국입니다. 외국 의사의 파업과정에서 환자가 몇 명이 죽었으니 우리도 환자가 몇 명이 죽어 봐야 정부가 알아줄 것이라니요.

거기엔 응급실과 중환자실도 폐쇄해야 한다는 의견이 지배적이더군요. 물론 저는 이런 의견이 당신과 우리 친구들의 생각을 대변한다고는 생각하지 않습니다. 그러나 이런 의견이 버젓이 인터넷에 등장하는 한 누가 의사의 딱한 사정을 이해하겠습니까? 바로 며칠 전 병원 노동조합이 파업할 때에도 응급실과 중환자실, 그리고 응급 수술에 대비한 5분 대기조를 짜지 않았습니까?

제가 의약분업의 구체적인 안을 놓고 이야기할 자격은 없습니다. 그렇지만 처음 의약분업 이야기가 나왔을 때 당신과 나는 스테로이드와 항생제 사용량만 줄더라도 우리나라에서 그건 성공한 정책이라고 말하지 않았던가요. 항생제에 내성이 생겨서 죽어가는 환자, 스테로이드를 너무 많이 써서 온몸이 망가진 환자들을 볼 때마다 얼마나 개탄했습니까? 그리고 그때 우리나라에도 빨리 의약분업이 실시되어야 한다고 말하지 않았습니까?

그런데 그런 의약분업의 세부 안이 몇 가지 잘못됐다고 해서 환자들을 지옥으로 몰고가는 것을 방치하실 생각입니까? 우리가 졸업할 때, 우리가 처음 병아리 의사가 되었을 때, 그리고 정식으로 전문의가 되었을 때 그런 생각을 꿈에라도 꿨던가요? 당장 시아버님이 다시 입원을 해야 한다면 어떻게 하실 겁니까?

의약분업의 세부안을 고칠 수 있는 가능성은 많습니다. 일단 시작하고도 머리를 맞대고 고칠 수 있는 시간도 있을 것입니다. 그러나 하루를 넘기기 어려운 환자에게는 시간이 그리 많지 않습니다.

쥐도 몰리면 고양이를 문다고, 그게 지금 의사의 정서라고 당신은 말씀하셨습니다. 그러나 저는 그렇게 생각하지 않습니다. 이제 생명이 얼마 남지 않은 환자들이 바로 구석에 몰린 쥐입니다. 생명을 다투는 환자들이 의사의 생계 문제로 인해 희생돼야 한다면, 바로 그분들이 궁지에 몰린 쥐처럼 공격자를 향해 달려들 것입니다. 제가 환자라면 그럴 것 같습니다.

그리고 정말로 가슴에 손을 얹고 생각해 봅시다. 우리의 사회 현실이 의사가 생존권을 말할 상황이라고 생각하십니까? 구제금융시대를 겪으면서 자식의 손가락을 자르고 자신의 다리를 스스로 끊어가면서 보험금을 타야 했던 아버지들, 폐업으로 부당해고로 스스로 목숨을 끊은 아버지들과 그 가족 앞에서 아직 우리는 생존권을 얘기할 때가 아니라고 생각합니다. 이제 그들이 환자가 되어서 갈 곳이 없을 때 과연 누구를 향해 덤비려 들겠습니까?

이건 아닙니다. 뭔가 잘못되어 가고 있습니다. 아무리 전공의라 해도 엄연히 히포크라테스 선서를 마친 의사인데 응급실과 중환자실을 외면하다니요? 의사가 환자를 거리로 내몰다니요? 시민들은 의약분업의 필요성이나 제도 하나하나를 묻기 이전에, 오늘 당장 아프면 어디로 가야 하는가를 묻고 있으며 앞으로도 그럴 것입니다. 저는 무슨 대답을 해야 합니까?

물론 의사에게도 파업권이 있습니다. 그러나 이건 아닙니다. 파업에도 최소한의 예의는 있습니다. 막말로 한번 아파 보셨나요? 아픈 것만도 서러운 환자들에게 의사의 사정이 이러하니 병원에 오지 말고 참으라고요? 채 돌도 안된 우리 아이가 감기로 열이 펄펄 났던 밤 의사인 당신은 의연하셨나요? 하물며 중환자실과 응급실이라니요?

제발 의약분업을 이유로 하는 단체행동에 금을 그어 주십시오. 당신이 밤새도록 고민하였듯이 이것이 올바른 방법의 투쟁이 아니라고 생각한다면 말없이 고민하는 다수 의사의 의견이 드러나도록 노력해 주십시오. 당신 환자 중에 반드시 약을 먹어야 하는 환자가 있는데 단체행동 때문에 어떻게 하면 좋을지 모르겠다고 고민하셨지요? 아마 많은 의사들이 당신과 같은 고민을 하고 있을 것입니다. 압도적인 분위기 때문에 감히 말을 하지는 못하겠지요.

나는 오늘 당신이 텅 빈 응급실과 중환자실을 지키다가 지쳐 쓰러지는 한이 있더라도 당신만은 응급실과 중환자실을 지켜주시기를 간절히 바랍니다.

남에게 싫은 소리 한번 못하는 당신이지만, 응급실과 중환자실로 빨리 돌아오도록 간곡히 부탁해 주기 바랍니다. 오늘 아침 아버님께서 제게 전화를 하셨습니다. 제발 네가 설득해서 남편이 폐업에 동참하지 말게 해달라고. 이것이 바로 국민의 정서입니다.

2000년 6월 20일

그해 2월과 4월에 걸쳐 의약분업에 반대하는 목소리를 내기 위해 두 차례 진료를 거부했지만, 규모가 그렇게 크지 않았다. 동네 의원과 대형병원까지 모두 진료거부에 동참하자는 의견이 나돌기 시작했을 때까지만 해도, 모두들 '설마' 했다. 의사들은 대규모 단체행동을 쉽게 행동에 옮기는 이들이 아니었다. 나도 국민들도 의사들의 보수적 성향으로 인해 단체행동은 쉽지 않을 거라 믿었다.

설마 모든 의사가 진료 거부를?

기대는 허망했다. 6월 20일 전국의 병원과 의원이 진료거부에 돌입했다. 전국 동네 의원의 90%가 문을 닫았고, 90%의 전공의가 사직서를 제출했다. 23일에는 전국 의과대학 교수들이 사표를 내고 진료를 거부하기 시작했다. 훗날 '의료대란'이라 일컫는 사상 초유의 진료거부는 순식간에 한국 사회를 불안의 도가니로 몰아넣었다.

당시 전 남편은 대형 병원에서 환자를 보는 전임의였다. 진료거부와 의약분업을 놓고 계속 나와 의견이 엇갈렸다. 나는 가정의학과 전공의 과정을 4년 전에 마치고 정책연구를 하고 있었다. 인도주의실천의사협의회 활동도 내 중요한 일 가운데 하나였다. 의약분업이 내 연구과제는 아니었지만, 필요성에 나는 공감했다. 무엇보다도 그걸 이유로 전국이 집단적 진료거부를 해서는 안 된다는 '생각'은 분명했다.

하지만 생각하는 것과 의견을 표명하는 것은 다른 일이었다. 나는 이미 진료를 하는 의사가 아니었다. 의료현장에서 진료거부를 하느니 마느니 하는 목소리를 내는 것이 적절하지 않다고 여겼다. 내가 속한 집단인 의료계와 부딪치는 것도 두려웠다. 의료계의 불안한 반감이 너무 컸기에, 정면으로 맞설 수 없었다.

하지만 다른 감정이 동시에 일었다. 동료들과 맞서고 싶지 않다는 마음과 함께 총파업에 대한 두려움이 크게 솟아났다. 불과 몇 년 전까지도 병원과 응급실을 친정 드나들 듯했던 내게, 의사들은 동료이기도 했지만 내 건강을 지켜줄 마지막 보루였다. 그 보루들이 진료를 거부한다는 것에 격한 슬픔과 두려움, 서운함을 느꼈다. 정말 그 지경만큼은 막고 싶었다. 심한 내적 갈등 속에서 글을 써 내려갔다. 글은 남편에 대한 편지의 형태를 띠고 있었지만, 모든 동료들에 대한 원망과 바람을 품고 있었다.

마음이 이끄는 대로

〈한겨레신문〉에 실린 글이 국민뿐 아니라 의사들 사이에서도 반향을 일으켰다고 했다. 익명의 글로 끝이 나는가 보다 했다. 그런데 하루가 지나자, 나를 인터뷰하고 싶다는 이들이 있다는 말을 들었다. 주로 언론사였다. 이름이 날 것이 두려워 익명으로 원고를 썼는데 인터뷰는 안 될 말이었다.

한 방송사 작가가 유별나게 적극적이었다. 내 심경을 듣고 싶다고 했다. 몇 차례 거절했지만 작가는 집요했다. 멀리 내가 있는 곳으로 올 것, 그리고 얼굴과 음성을 변조한 채로 내보내는 것을 전제로 인터뷰 요청에 응했다.

해질 무렵 작가와 만났다.

"글을 쓰신 이유가 정확하게 어떻게 되시나요?"

"어려서부터 많이 아팠어요. 수술도 받고 병원에 오래 입원도 했고요. 제게 의사는 동료이기도 하지만 치료자이기도 합니다."

"심경은 어떠신지요?"

"마음이 많이 아프죠. 제발 총파업이 없기를 바라요."

의료정책 연구자이기도 했지만, 내가 밤새도록 눈물을 흘리며 글을 쓰던 순간 나는 아직도 환자였다. 인터뷰를 마친 작가가 다른 말을 건네 왔다.

"김 선생님, 이 영상에 꼭 모자이크 처리를 하셔야겠어요?"

"무슨 말씀이세요? 저를 밝히기 싫어서 익명으로 글을 썼는걸요."

"잘 압니다. 그렇지만, 선생님이 죄를 지으셨어요? 부끄러운 일을 하셨나요?"

말문이 막혔다. 글을 쓰던 내 마음은 진심이었다. 내가 유명하거나 중요한 인물도 아닌데, 그 인터뷰가 그리 큰 영향을 미치랴 싶기도 했다. 나이브한 생각이었다. 앵커가 나를 '평범한 의사 주부'로 소개한 것이 의사들 사이에서 문제가 됐다.

의사들만 들어가 볼 수 있는 폐쇄 인터넷 사이트는 나에 대한 비난으로 도배가 되었다. 곧이어 〈한겨레신문〉과의 실명 인터뷰를 통해 내가 보건산업진흥원 수석연구원이라 밝혔다. 하지만 이미 나는 '정체를 속이고 국민과 의사들을 선동하는 마녀'가 되어 버렸다. 비난 댓글은 이성적이지 않았다. 육두문자가 이어졌다.

댓글 전쟁이 무의미하다는 것은 알고 있었다. 하지만 외면하지 못했다. 쏟아지는 비난을 날선 대응으로 맞섰다. 밤이 새도록 자판을 두드렸다. 안개 속에서 익명의 비난자들과 전쟁을 하는 것 같았다. 논리적 대응으로는 아무것도 얻지 못했다. 몇 날 밤낮을 그렇게 폐인처럼 지내다가, 다니던 기관의 상사로부터 인터넷 접근 금지령을 듣고서야 정신을 차렸다. 그분은 일부러 나를 지방으로 출장을 보냈다. 그때서야 컴퓨터에서 눈을 뗐다.

6월 20일에 시작한 집단 폐업은, 정부가 약사법을 7월에 개정하고 건강보험수가를 대폭 인상하기로 약속하면서 25일 끝났다. 끝은 끝이 아니었다. 2000년 8월과 11월에 이런 대란이 더 있었고, 그때마다 진료를 받지 못한 환자들이 거리를 돌았다. 언론은

들끓었다.

2000년 이후 이삼년 동안, 의약분업 실시가 적절했는지에 대해 논란이 있었다. 특히 2001년 건강보험 당기적자가 2조 4천억 원에 이르게 되면서, 의약분업이 이를 초래했다는 비판에 직면했다. 그러나 학자들은 건강보험재정의 악화는 의약분업을 비롯한 개혁정책의 탓이 아니라 의료보장의 확대 과정에서 불가피한 현상이라고 진단했다. 정부와 건강보험기관들이 수립한 재정안정 대책이 효과를 발휘하게 되면서 이러한 비판도 잦아들었다.

시간을 되돌려도 같은 선택을

이십여 년이 흐른 지금, 의약분업이 잘못되었다는 비판은 아예찾을 수가 없다. 이미 2000년에 OECD 회원국 가운데 의약분업을 실시하지 않은 나라는 한국밖에 없었다. 아플 때 의사를 찾고, 의사의 처방에 따라 약사가 조제한 약과 복약지도를 받는 것은 환자의 당연한 권리다. 그 개혁이 없었다면, 아무리 급여를 확대해도 환자들은 양질의 의료서비스를 받지 못한 채, 약품비는 그것대로 높아지는 기현상이 지속되었을 것이다. 병원이나 약국에서 준 약을 먹으면서 그 약의 이름도, 효과도, 부작용도 모르는 상황은 상상만 해도 끔찍하다.

의약분업 이후 약품 관리는 계속 발전했다. 공적인 체계를 통해 수집한 처방정보를 분석하여 공개한다. 의약품 안전사용서비스 시스템DUR, Drug utilization review을 개발해 의약품 처방과 조제를 실시간으로 모니터링한다. 의약품 유통을 관리하기 위한 조직도 만들었다. 전체 건강보험 지출 가운데 30%를 차지하던 의약품 비용은 24%로 낮아졌다. 다시 돌아봐도 건강보험통합 일원화와 함께 2000년 7월 실시한 의약분업은 정확하게 시대를 읽어 한국 의료 시스템을 한 단계 진화시킨 개혁이었다.

내 글은 진심을 담았지만, 깊은 생각이 부족하고 거칠었다. 일필휘지 후 던지듯 보낸 글은 진료거부를 잠재우는 데 기여하지 못했다. 필화는 깊은 상처로 남았다. 처음에는 동료들로부터 비난을 받는 것 자체가 힘들었다. 행여 의사들이 알아볼까봐 병원에 진료 받으러 가기도 두려웠다. 사건이 잊혀진 이후에도 자책은 오래 남아 나를 괴롭혔다. 동료들이 잘 되는 꼴을 못 보는 성격파탄자가 아닌가 하는 마음까지 들었다. 의료대란이 정리되고 일 년 후인 2001년 11월 나는 전 남편과 이혼했다.

좋은 변화도 있었다. 그 후 생각하고 말할 때, 한 번 더 점검하는 습관이 생겼다. 말의 무게와 파장에 대해 고민하게 된다. 한번 반대의 길로 들어섰다는 이유로, 동료 의사들에게 사사건건 반대하는 꼴통의 모습을 보이는 것은 아닌지도 생각한다. 반대로 내 의견이 의사들의 이익과 일치할 때도, 무게가 실렸다. 심평원에 들어온 이후 참석한 대부분의 회의에는 의료계와 시민사회, 학자들이 모여서 첨예하게 대립했다. 자주 나서지는 않았지만, 내가 말하면 시민사회도 수긍하곤 했다. 원장이 된 이후에도 내 의견은 '그저 의사의 것'으로 가볍게 치부되지 않았다.

그때로 다시 돌아간다면 어떤 선택을 할까 여러 차례 생각해 보았다. 몇 번을 다시 생각해도 내 생각은 같다. 의약분업은 하는 것이 옳았다. 이익을 위해 집단으로 진료거부를 한다면 또 반대 의견을 낼 것이다. 내 선택은 환자를 위한 길이기도 하지만 의사를 위한 것이기도 하다.

의사도 노동자다. 파업할 수 있다. 하지만 대안을 마련하지 않은 채, 집단의 이익만을 위해 하는 파업은 국민들의 지지를 받을 수 없다. 12만 명 가운데 누구도 다른 목소리를 내지 않는다면, 그 집단을 국민들은 신뢰하지 않는다. 집단 진료거부 이후 의사에 대한 국민의 신뢰는 점점 멀어졌다. 나는 뜻하지 않게 제단에 밀어 올려졌지만, 마음 속 깊은 곳에서 나오는 소리를 따랐다는 사실을 후회한 적은 없다. 의사에 대한 국민의 신뢰에는 내 글이 도움이 되었을 것 같다.

2장

여자 이야기

여성운동가들에게서 차별의 문제를 배운 후, 비로소
그 인식으로 내 문제를 돌아보게 되었다. 누구보다 나
스스로가 차별의 피해자였다. 내 안의 여성성은 무찔러
없애야 할 것이 아니었다. 그러면서 비로소 한 걸음
나아갈 수 있었다. 편안해지기 시작했다.

최근 후배 여성들을 만나면서 가장 대견한 것은 이
지점이다. 젊은 시절 내가 책을 읽고 따로 세미나를
해야 '인지'하고 '느끼던' 것들을 그들은 상식으로 안다.
기를 쓰고 그 시대를 살아낸 선배 여성들도 대단하지만
앞 세대의 교훈을 놓치지 않고 이어받아 자신들의
삶을 개선하는 후배들이 자랑스럽다. 심평원 사거리
건널목을 무리지어 건너는 여성 직원들의 뒷모습이 늘
대견해 보였다. 함께 걷는 젊은 남성도 그렇게 보였다.
그들은 '남자다워야 한다'는 우리 세대의 억압으로부터
해방되어 간다.

사망 원인 = 여자라서

맞아 죽은 사람이 정말 있다

"선생님, P 씨가 곧 돌아가실 것 같아요."

1994년, 전공의 3년차로 시립병원에 처음 파견근무를 갔을 때 일이다. P는 중환자실 병상 한쪽에 자리하고 있던 여성 환자다. 그런 전화를 받으면 무엇을 해야 할지 잘 알고 있었다. 이제 중환자실로 가서 그녀의 사망을 지켜봐야 한다. 사망시각을 적고, 보호자를 불러 환자가 어떤 과정으로 돌아가셨는지를 설명해야 한다. 익숙해지기 어려운 일이다. 게다가 나는 그녀의 주치의도 아니었다. 정확히 어떤 병을 앓다가 왜 돌아가시는지는 이제 병상에 가서 찾아봐야 할 일이다.

"환자 보호자는 어디에 있어요?"

"선생님, 보호자 연락이 안 돼요."

"나중에 문제 삼지 않을까요?"

"그러지는 않을 거예요."

"환자 남편이 왔다 갔다 하지 않았어요? 전에 와서 환자 살려내라고 소리 지르던 그 유명한 분 아닌가요?"

"그분 이제 병원에 안 오세요. 기록 잘 보시면 아실 거예요."

환자의 모니터를 보니 아직 심장은 뛰고 있었다. 멈추기까지는 시간이 좀 걸릴 것 같았다. 의무기록을 볼 시간이었다. 기록을 다 읽고 나서 간호사가 하는 말을 이해했다.

환자의 기록은 덕지덕지 두꺼웠다. 앞부분에는 응급실에서 여러 차례 진료 받았던 이력이 있었다. 파견을 나왔던 선배 동료 의사들의 낯익은 서명이 섞여 있었다. 앞쪽에는 멍이 들었다고 했다. 조금 뒤에는 어디가 부러졌다. 어딘가가 찢어져 꿰맨 기록도 있었다. 호스로 맞았다고도 했다. 무언가에 머리를 심하게 부딪쳐 실려 온 마지막 응급실 방문이 중환자실 입원으로 이어졌다.

P는 상습적인 가정폭력의 피해자였다. 중환자실에 와서 '우리 마누라 살려내라!'고 소리 지르던 그 남자는 그녀의 동거인인 동시에 가해자였다. 병원 규정대로 중환자실에 올 때마다 초록색 면 마스크를 했지만, 그 너머로 술 냄새를 풍기곤 했다. 환자 상태가 나빠지면서 그는 병원에서 자취를 감췄다. 더 이상 병원의 전화도 받지 않았다.

사망을 지켜본 전공의는 사망진단서 초안을 써서 다음 날 아침 지도 전문의 사인을 받아야 한다. 의무기록에 의하면 환자는 지속적으로 가정 폭력에 시달려왔고, 동거남의 폭력으로 인한 뇌출혈이 생겨 사망에 이르렀다. 배운 대로 한다면, 사망의 종류는 '외인사外因死'였다. 사망진단서에 써야 할 근접사인近接死因은 뇌출혈, 원原사인은 외상이었다. 그렇게 초안을 썼다. 아침에 사망진단서 초안을 내밀자 지도 전문의가 말했다.

"김 선생, 무슨 말인지 알겠는데 그렇게 쓰면 경찰 조사받아야 해. 그거 얼마나 귀찮아지는데. 그리고 환자가 정말 맞았는지 김 선생이 봤어?"

"그럼 사망의 종류와 사인을 미상으로 쓸까요?"

"미쳤어? 미상으로 쓰면 정말 경찰 수사로 가는 거 몰라? 어쨌든 나는 질병사에 뇌출혈 쓴 진단서에 사인할 거니 그렇게 알라고!"

내가 무엇을 어떻게 할 수 있는지 몰랐지만 그대로 넘기고 싶지는 않았다. 그 여성을 두 번 죽이는 일에 동참하고 싶지 않았다. 불현듯 그 도시 지방검찰청 검사로 일한다는 오빠의 친구 L이 생각났다. 한 학년 선배인 그는 어려서부터 늘 의젓하고 반듯했다. 짓궂은 다른 선배들과 달리 어리고 키 작은 내게 언제나 관대하고 친절했다. 그러면 뭔가 해줄 것 같았다.

"오빠, 안녕하세요? 저 선민이에요."

"선민이, 정말 오랜만이구나. 잘 지내고 있니?"

"지금 저 ○○ 시립병원에 전공의로 파견 나와 있어요. 오빠는 ○○ 지검에 계시다면서요? 저 오빠한테 드릴 말씀이 있어서 전화 드렸어요."

"무슨 일일까?"

"병원에서 환자 한 명이 죽었어요. 동거하는 남자한테 맞았대요. 그것도 문제인데, 사망진단서를 질병사로 쓴대요. 이렇게 넘어가도 되나요? 제가 뭘 어떻게 해야 할지 모르겠어요."

"그래, 내가 한 번 알아볼게! 언제 밥이나 한 번 먹자."

정말 만나서 밥이라도 먹기에는, 지방검찰청 젊은 검사도 의료원 전공의도 너무 바빴다. 선배로부터 시원한 답을 들은 것도 아니었다. 이렇게밖에 할 수 없는 내가 무력하다 싶었지만, 정말 그때 내가 할 수 있는 최선이었다. 하소연이라도 하니, 끙끙 앓던 속이 좀 풀리는 것 같았다.

의도와는 다르게

병원 생활은 언제나 그랬다. 전날은 그렇게 큰 일이 있어 분기탱

천 했지만, 새로운 날은 새로운 환자와 함께 시작했다. 병동에서 바삐 움직이고 있는데, 지도 전문의에게서 호출이 왔다. 꼬불꼬불한 복도를 지나 전문의 방으로 들어가는데, 낯설고 건장한 남자가 거기서 나오고 있었다. 병원에 올 법한 모습이 아니었다. 방에 들어서자 전문의가 큰 소리를 내질렀다.

"도대체 뭐하자는 거야? 이렇게 당신 마음대로 할 것 같으면 우리가 서울대병원에서 전공의 파견을 받을 수 있겠어? 다시 한번 더 이런 일이 있으면 정식으로 본원에 항의할 거야!"

내가 뭘 잘못했는지는 몰랐지만, 전문의가 무엇 때문에 화가 났는지는 알 수 있었다. 방에서 나간 남자는 L 검사가 보낸 수사관이었다. 전공의 파견을 더 이상 받지 않겠다는 전문의의 말이 사실이라면, 내가 동료와 후배들에게 못할 짓을 하는 게 아닌가. 그 '협박'이 정작 작동하기 어려운 것이고, 잘못했다고 싹싹 빈다고 해서 상황이 달라지는 것은 아무것도 없었다. 그래도 잘못했다고 말하는 것 외에는 할 수 있는 게 없었다.

다시 전화하자고 했던 L 검사에게 더 이상 전화하지 않는 선에서 타협했다. 며칠이 지나 시립병원 파견이 끝나 그 도시를 떠나왔다. 그 수사가 계속 진행되었는지는 알지 못한다. 최근에 물어보니 L 검사도 기억하지 못했다. 더 이상 챙겨보지 않은 것에 나도 선배도 미안해했다.

그렇게 나는 어정쩡한 반걸음을 내딛다 말았다. 그마저도 공식적이고 정당한 절차가 아니고 알음알음에 의존했다. 개인적 친분이 닿는 유일한 검사가, 우연히도 그 지방검찰청에 있지 않았다면 내게 어떤 방법이 있었을지 모르겠다. 죽은 환자와 동거남에 대한 수사가 어찌되었는지 끝까지 확인하지 않은 것을 보면, 그저 치기稚氣라 해도 할 말이 없다.

내가 처음 만났던 폭력의 피해자는 누구의 도움도 받지 못하고 허망하게 갔다. 억울한 죽음의 원인이 밝혀지지도 않았다. 환자가 사망하던 날 하필 다혈질인 내가 당직을 할 확률, 그 일을 겪고 있을 때 개인적 친분을 가진 검사가 하필 그 지역에서 근무를 할 확률의 곱이 얼마나 될까? 선배는 삼십년 후 살아 있는 권력에 저항해 대통령을 탄핵에 이르게 하는 기여를 할 만큼 강직한 사람으로 나이 들어갔다. 유일하게 개인적으로 아는 검사가 그런 사람이었을 확률은 또 얼마나 될까? 기막힌 우연에도 불구하고 고인의 넋은 달래지 못했다.

이제 의사가 폭력을 만나면

내가 유달리 환자복이 많아서 드라마에 나올 법한 환자들을 본 것이 아니었다. 지방 병원 응급실에는 매 맞아 온 여성들이 드물지 않았다. 수십 년 동안 내 머리에서 지워지지 않는 장면들이 반복되어도 신문에는 한 줄도 나지 않았다. 우리는 의학의 영역을 벗어난 문제에 답을 하는 법은 배운 일이 없었다.

그 여성 환자를 보내고 난 다음 해, 인도주의실천의사협의회 신문 한 면에 가정폭력 특집을 낼 수 있었다. 피해자를 진료해 온 정신과 의사, 한국 여성의 전화 활동가, 피해자를 대변하는 변호사로 필진을 구성했다. 고맙게도 원고료 한 푼 없는 글쓰기를 거절하는 분이 없었다. 응급실에 자주 오는 가정폭력 피해자에게 터진 곳 꿰매주는 것 말고 별로 해 줄 수 있는 것이 없다는 무력한 하소연을 기획의도에 담았다.

기획기사의 마지막 문장은 '이제는 사회가 나서야 한다!'였다. 진심이었다. 기사를 몇 명이 읽었는지 모르겠다. 지금이라면 매체 영향력이 적어도, 인터넷에 있기만 하다면 찾아보고 싶은 이들이 읽을 수 있겠지만, 당시는 그렇지 않았다. 내가 할 수 있는 일은 그것밖에 없었다.

느리지만 세상은 전진했다. 1994년은 '한국여성의전화'가 가정폭력 방지를 위한 법률 제정운동을 시작한 해이기도 하다. 1996년 한국여성단체연합이 법 제정을 중점 과제로 설정했고, '가정폭력방지법 제정추진 범국민운동본부'를 설치하기에 이르렀다. 마침내 1997년, '가정폭력방지 및 피해자보호 등에 관한 법률'과 '가정폭력범죄의 처벌 등에 관한 특례법'이 제정되었다.

그 법은 가정폭력이 의심되는 환자를 만나면 신고해야 할 의무를 의료인에게 부여했다. 이제 더 이상 나와 같은 고민을 떠안게 된 의사가 '돌출 행동'을 할 필요가 없어진 것이었다. 법적 의무 안에서 하는 행동은 큰 결심과 엄청난 용기를 필요로 하는 일이 아니다.

변한 것은 의료인뿐이 아니었다. 경찰에게도 의무가 부여되었다. 가정폭력 신고를 받게 되면, 사법경찰관리가 현장에 가서 폭력행위를 제지하고 피해자와 가해자를 분리하는 등의 응급조치를 해야 할 의무가 있다. 검사檢事도 마찬가지다. 가정폭력범죄가 재발될 우려가 있다고 인정하는 경우에는 퇴거, 접근 금지, 의료기관 등에 위탁, 유치장 또는 구치소에 유치, 상담소등에 상담위탁 등의 임시조치를 판사에게 청구할 수 있다.

환자를 발견한 의사가 개인적 친분이 있는, 우연히 주변에 있는, 그것도 훗날 세상에 널리 알려질 강직한 검사를 찾아 어려운 전화를 하지 않아도 되는 것이다. 그 이야기를 들은 검사도 재량에 따라 수사관을 내보내는 것이 아니라, 법과 매뉴얼에 근거해서 사건을 처리하면 된다. 검사에게 전화해 문제를 키웠다며 파견 나온 전공의에게 소리를 지르는 지도 전문의에게 머리를 조아리지 않아도 된다.

서른 살의 나는 진료 현장에서 폭력의 문제에 직면했지만 해결하지 못했다. 매 맞아 죽어야만 했던 그녀들에게 늘 미안하다. 그러는 사이 여성계는 피땀 어린 노력을 기울인 끝에 가정폭력

방지법 제정을 이끌어냈다. 당시 85만 명이 넘는 국민들의 서명을 받아 국회에 청원을 냈다. 나 같은 무력한 분노 85만 개의 옷을 입고 역사는 발전했다고, 지금의 내가 서른 살의 나를 애써 위로해본다. 법 제정 이후 삼십 년 가까이 흐른 지금도 나와 우리는 그 무력과 분노를 완전히 해소하지 못했다.

한국여성의전화가 언론에 보도된 사건을 분석한 자료에 의하면, 2022년 남편이나 애인 등 친밀한 남성에 의해 살해된 여성이 최소 86명, 살인미수 등으로 살아남은 여성은 최소 225명이라고 추계했다. 여성가족부의 가정폭력 실태조사 보고서에 의하면, 만 19세 이상의 배우자가 있는 응답자(사실혼 포함) 가운데 지난 1년간 배우자에 의한 신체적·성적 폭력을 경험한 사람은 여성과 남성이 각기 5.9%와 1.3%인 것으로 나타났다. 신체적·성적·경제적·정서적 폭력 등 넓은 의미의 가정폭력을 경험한 피해자 가운데 85.7%는 어떤 외부 도움도 구하지 않았다. 여전히 많은 이들이 절망에 가까운 인생을 이어 나가고 있다.

오천년 한국 역사와 함께 했을 가정폭력이 세상의 조명을 받기 시작하고 30년의 시간이 흘렀다. 가장 친밀한 폭력인 가정 폭력의 본질은 세계도 한국도 해결하지 못했다. 오늘도 누군가는 가장 가까운 이로부터 살해의 위협을 받고 있다.

폭력의 당사자가 사회를 만나는 가장 흔한 접점은 의료기관이다. 앞에서 언급한 보고서에 의하면 신체적·성적 폭력을 받은 피해자 가운데, 의약품을 사는 등 의료이용을 한 사람은 46.6%(여성)와 23.9%(남성)에 달했다. 1994년 예상했던 것은 30년이 지나 통계로 증명되었다. 의료인에게 가장 먼저 가르쳐야 하는 것은 이런 것이다.

여자인데 왜 잘하니?

내 출발은 홍일점

'홍일점'이라는 단어를 처음 알게 된 것은 초등학교 때였다. 아이들의 시험 성적을 중요하게 여기던 초등학교에서 우리는 경시대회에 나갈 준비를 자주 했다. 대회를 앞두고 비슷한 시험을 쳐서 좋은 성적을 거둔 아이들을 선발해서 집중공부를 시켰다. '전 과목 학력 경시대회'라는, 지금 생각해도 목적을 알 수 없는 경시대회를 서울시 교육청에서 연다고 했다. 여기에 참가할 아이들을 선발하는 시험을 쳤는데, 나도 거기에 끼게 되었다. 열 명 중 여학생은 나 한 명이었다. 키 작은 여자아이는 홍일점이라는 수식어를 처음 갖게 되었다.

고등학교에 다니면서 학원에 다니기 시작했다. 그전까지는 여학생끼리 모여 과외를 받았다. 더 많은 아이들 속에서 공부하고 싶어져서 남녀학생을 같이 받는 학원의 문을 두드렸다. 학원은 성적에 따라 반을 나누었고, 상급반에 여학생은 나 혼자일 때가 많았다. 혼자 밥 먹고, 저녁 시간 내내 대화도 없이 수업을 듣는 것에 익숙해졌다. 그런 나를 부모님은 자랑스러워하셨고 선생님들은 대견해했다.

전문가로서 내 길에 들어서도 일을 잘하면, "여자인데 잘하네!" 하는 말이 돌아왔다. 공부나 업무 성과에 국한하지 않았다. 군대를 갔다 오지 않았는데도 조직과 잘 어울릴 때, 술을 잘 마실 때, 다른 취미활동을 잘 할 때, 여성들은 항상 듣는 말이다.

처음 들어간 예방의학교실에서 쥐를 잡는 실험을 했다. 정말 무서웠고 지금도 무섭다. "여선생이 전공의로 들어왔으니 이젠 쥐 실험 내가 계속 해야겠네!" 하는 선배의 푸념을 듣기가 싫었다. 악착같이 배웠다. 쥐를 잡는 방법이 무시무시했는데, 뇌 조직을 꺼내서 물질 농도를 측정해야 했기 때문에 단두^{斷頭}를 했다. 지금도 가끔 그 일을 하는 악몽을 꾼다. 그때도 내가 들은 말은 "여자인데 잘하네!"였다.

다른 곳에서도 그 말을 듣는다. 나는 컴퓨터나 오디오 기기 같은 것을 좋아한다. 얼리어답터^{Early-adopter}이기도 하다. 20대에는 용산 전자상가에서 컴퓨터 부품을 사서 조립해서 성능 좋은 것을 만들어 쓰기도 했다. 소프트웨어 저작권과 개인정보를 철저하게 보호하는 사회가 되어 내 개인의 하드 드라이브를 회사 컴퓨터에 연결해서 쓸 수 없게 되어서야, 조직에서 주는 대로 쓰기 시작했다. 대신 노트북과 아이패드 등은 항상 가지고 다닌다. 이런 내게 사람들은 "여성인데 기계를 좋아하시네요!"라고 말한다.

나와 상관없는 사람들에게 그 말은 별 뜻 없는 칭찬이다. 하지만 혹시라도 경쟁 관계에 놓이게 되는 사람들, 특히 남성들에게는 전혀 달갑지 않은 개인의 특성이 된다. '홍일점이네요', '여자인데도 이런 걸 잘하네요', 하는 칭찬들이 '되게 나대네!' 하는 불만 섞인 흠결이 되는 것은 찰나다.

홍일점이라는 수식어는 '여성 최초'라는 수식어로 이어졌다. 사십년도 더 지나 원주 혁신도시에서 열리는 공공기관장 모임에서도 여성은 나 혼자였다. 그 수식어는 내게 실질적인 이득도 가져다주지 않은 채, 때로는 남성 동료들에게 적개심과 경계심을 심어주기도 한다는 사실을 차츰 깨달아갔다.

현명하지 못했던 후남이들

1981년 대학입시가 크게 바뀌었다. 그 이전까지 시험은 예비고사와 본고사로 나뉘어 있었다. 예비고사에 합격하면 대학에 지원서를 내고 본고사를 쳐야 했다. 본고사는 대학마다 문제가 달랐다. 1981년 여름 어느 날 도둑과도 같이 제도가 바뀌었다. 먼저 학력고사를 치고 점수를 받은 후 입시원서를 냈다. 입학 여부는 학력고사 점수로 결정했다. 내신 성적이 반영되긴 했지만 학력고사 점수가 결정적이었다.

점수 분포에 대한 관심은 뜨거웠다. 매년 12월 말에는 그해 학력고사 점수를 340점 만점부터 정렬한 분포도가 종이 신문 일면에 발표되었다. 지금도 이유를 알 수 없는 것은 분포도를 그린 방식이었다. 분포도는 양쪽으로 나누어 남학생과 여학생의 분포를 따로 그렸다. 다른 구분도 있을 텐데 굳이 여학생과 남학생을 나눈 이유는 잘 모르겠다. 여자대학이 따로 있어서 그렇다고 하기에는 그 크기가 작았다. 분포도에서 항상 여학생의 평균은 남학생보다 낮았다.

그래프는 동시대 여성의 학업능력이 남성에 비해 떨어진다는 것을 아주 '과학적'으로 보여주었다. 여학생의 입장에서 그래프 자체는 기분이 상하는 일이었지만, 내 등수는 때에 따라 편한 대로 더 좋은 쪽으로 붙여졌다. 남녀학생 섞어서 몇 십 등일 것이 여학생 가운데 몇 등이라는 식으로 부풀려졌다. 그렇게 발표하는 것이 내게 나쁜 일 같지는 않았지만 이해할 수가 없었다. 대학입시를 위한 시험 점수 발표에서 여학생 몇 등은 아무 의미가 없는 숫자였다.

그래도 숫자에 의미를 두는 분은 부모님이었다. "아들만큼 과외비를 들이지 않았는데도 우리 딸이 전국 여학생 가운데 몇 등을 했어요."라고 주변 사람들에게 은근한 자랑을 하시기에는 참 좋은 숫자였다. 하지만 그 자랑에도 복합적인 감정이 섞여 있다는 것은 곧 알게 되었다. 내 학력고사 점수가 발표되어 서울의대 입학에 안정권이라는 것이 확인되던 날, 어머니는 내가 아니라 오빠에게 값나가는 선물을 사주셨다. 어머니에게 오빠는 이듬해 더 높은 점수를 받은 여동생을 둔 안쓰러운 아들이었다.

연년생 남매로 나와 처지가 비슷한 친구가 또 있었다. 그 친구도 서울대를 졸업하고 지금은 서울의 한 대학에서 교수로 일하고 있다. 그녀의 오빠도 공부를 잘했지만, 원하는 곳보다 커트라인이 조금 낮은 대학에 들어갔다. 재수를 하고 싶은 마음도 있었지만 여동생과 함께 입시를 다시 치르는 것을 부담스러워했다. 그녀의 부모님에게도 내 부모님에게도 공부 잘하는 딸은 자랑스럽기만 한 존재는 아니었다.

우리는 오빠 앞길을 막은 여동생이었다. 현명한 '후남이'들은 여학생들 가운데서나 공부를 잘하고, 남자 형제들보다 더 잘하는 것은 아닌, 적절한 수위를 맞추는 지혜를 홀로 익혀야 했다. 나는 그런 면에서 현명하지 못했다. 공부로 오빠나 남성 친구들을 곤란에 빠뜨리는 일이 종종 있었다.

그런 나도 조심하는 일들이 있었다. 새벽에 배달되는 종이 신문을 여자애가 먼저 열어보는 것이 불경스러운 일임은 잘 알고 있었다. 다른 텍스트 매체에 비해 신문 읽기를 상대적으로 소홀히 하는 버릇으로 남았다. 나도 클래식 음악을 좋아하고, 좋은 소리에 민감하지만 한 번도 부모님께 오디오 기기를 사달라고 말하지 않았다. 그런 말까지 하면 나는 결코 '착한 딸'이 될 수 없었다. 내가 돈을 벌기 시작한 이후에도 독일 '이베이'에서 산 80년대 기기를 이리 저리 수리해서 맞춰 놓은 것이 가장 좋은 것이었다. 내가 번 돈으로 그런 것들을 사는 것에 있어서도 자기검열의 철창은 지금도 턱턱 내려온다.

나이 들어가면서 홍일점이라는 칭찬 같은 수식어가 "사실은 너는 열등한 성에 속해 있어. 용케 여기까지 왔지만 말이야." 하는 뜻이었음을 제대로 이해하게 되었다. 더 이상은 그 쓸모없는 단어에 나도 친절하게 반응하지 않게 되었다.

세월이 흘러 많은 시험에서 여학생들이 더 좋은 성적을 거두고 있다. 심평원 채용시험에서도 여성들의 성적이 더 좋다고 했다. 내가 젊었을 때 여학생의 학력고사 점수가 낮은 것이 열등함을 의미하는 것이 아니었듯이, 입학이나 채용시험에서 점수를 잘 받은 여성들이 반드시 모든 면에서 우월한 것을 의미하지 않는다. 하지만 1980년대 내내 성을 분리해 시험점수 그래프를 그리던 신문사의 공개방법이 자취를 감추었다는 것은 흥미로운 사실이다. 여성들의 점수가 더 좋게 나오는 그림에 빈정 상한 신문사 남성 편집자들의 결정이 아니라 그 구분이 의미가 없다는 것을 깨달았기 때문이기를 바란다.

명예남성으로 버텼지만

홍일점으로 살아오는 동안 많은 세파에 시달렸다. 어떤 행동에
도 '여자라서!' 혹은 '여자인데?'라는 해석이 붙었다. 역시 홍일점
이던 첫 직장에서 은근한 따돌림을 받았다.

첫 아이 낳고 4주 만에 업무에 복귀했는데, 집에 일찍 간다고 타
박을 들었다. 퇴근 시간 전에 집에 간 일이 없었다. 적어도 지도
교수님이 사무실에 계시는 동안에는 자리를 지키고 있었다. 할
일을 못 마치고 집에 간 것도 아니었다. 나중에 보니 그게 더 문
제였다.

"겉으로 드러나는 일은 잘 마치는 척하면서 지도교수님만 퇴
근하시면 집에 가느냐?"였다. 지금 생각하면 내게 맡겨진 일은
마치면 되고, 지도교수님이 가시면 퇴근하는 것은 너무나 당연
한 일이다. 그 뒤에 남아서 딱히 할 일이 있는 것도 아니었다. 비
난을 듣던 당시 문제의 원인을 내게서 찾았다.

교수님이 계시든 아니든 늦게 퇴근하고 싶었지만, 출산 후 내
게는 그럴 체력이 없었다. 그러나 체력을 회복해 늦게까지 일을
하자, 이번에는 "교수로 남고 싶어 안간힘을 쓰냐?"는 비난을 들
었다.

몇 년이 지나 지방대학 교수로 일할 때, 박사 지도교수님으로
부터 모교 교수로 오라는 말씀을 들었다. 나는 정중히 사양했다.

여러 이유를 댔지만, 진짜 이유는 하나였다. 불에 덴 아이처럼 좁은 사회에 들어가 마주할지도 모를 폭력적 문화가 겁났다. '열심히 일한 것이 지도교수께 잘 보여 모교에 남고 싶은 욕망 때문이 아님'을 증명하고 싶기도 했다. 어처구니없는 일이다. 여성이 아니었다면 나는 큰 고민 없이 모교 교수가 되었을 것 같다. 어리석게도 평생을 자책하듯 피해 다녔다.

따돌림을 겪고 몇 년이 지나서는 완전히 다른 사람이 되었다. 공연히 직장에 오래 남아 있었다. 웬만해서는 집에 가지 않았다. 그런다고 생산성이 더 높아질 리 없었다. 머리를 짧게 깎았다. 치마는 입지 않았다. 못 먹는 술도 억지로 마셨다. 말도 공격적으로 했다. 노래방에 가면 내가 좋아하는 노래 대신, 분위기 맞추기 좋은 트로트를 목청 높여 불렀다. 공부 잘하는 모범생 여학생의 이미지를 벗어야 미움 받지 않는다는 것을 뼈아프게 알아갔다.

차별의 피해자가 되지 않기 위해서 선택했던 방식은 남성중심 사회에서 그들 못지않게 '권력'을 획득하는 것이었다. 그 과정에서 여성들과 연대하기는커녕, 주변의 다른 여성들을 소외시켜 왔다. 그 과정에서 가장 소외되었던 것은 나 자신이었다. 내 안에 있던 여성성은 내 안의 남성성에 의해 짓밟히고 있었다. 나는 명예남성이 되어갔다.

자기 차별을 자각한 시간

그런 나를 부추겼던 것은 '홍일점'이라는 지위였다. 예방의학교실에서도, 더 나중에 일한 의료관리학교실에서도 나는 첫 여성 전공의였다. 홍일점이라는 것은 억지로 붙여진 이름이었다. 내 내면은 유일한 '여의사'라는 것을 교묘하게 이용했다. 사실 내 주변에는 많은 여성이 있었다. 학교에는 여성 행정직원이 있었고, 병원에도 간호사가 있었다. 부끄럽게도 나는 한참동안 그녀들을 연대의 대상으로 여기지 않았다.

이런 방어기제가 무너진 것은 인권위에 들어가서였다. 당시 한국 인권 운동을 주도해 오던 흐름 가운데 중요한 줄기는 여성 운동 그룹이었다. 그들에게서 성차별에 대해 배웠다. 병원 안에서 이해하던 성차별은 가정폭력에 그치고 있었을 뿐, 스스로 성차별의 피해를 받고 있었음을 인지하지는 못했다. 여성운동가들에게서 차별의 문제를 배운 후, 비로소 그 인식으로 내 문제를 돌아보게 되었다. 누구보다 나 스스로가 차별의 피해자였다. 내 안의 여성성은 무찔러 없애야 할 것이 아니었다. 그러면서 비로소 한 걸음 나아갈 수 있었다. 편안해지기 시작했다.

최근 후배 여성들을 만나면서 가장 대견한 것은 이 지점이다. 젊은 시절 내가 책을 읽고 따로 세미나를 해야 '인지'하고 '느끼던' 것들을 그들은 상식으로 안다. 기를 쓰고 그 시대를 살아낸 선배 여성들도 대단하지만 앞 세대의 교훈을 놓치지 않고 이어받아 자신들의 삶을 개선하는 후배들이 자랑스럽다. 심평원 사거리 건널목을 무리 지어 건너는 여성 직원들의 뒷모습이 늘 대견해 보였다. 함께 걷는 젊은 남성들도 그렇게 보였다. 그들은 '남자다워야 한다'는 우리 세대의 억압으로부터 해방되어 간다.

여자니까 잘해야지!

서울의대의 주눅 든 여학생들

1982년 서울대학교 의예과 입학정원은 260명이었다. 그중 48
명이 여학생이었다. 여학생 비율이 20% 가까이 된다고 엄청나
게 화제가 되었다. 입시전문가들은 여학생이 과거보다 공부를
더 잘하게 된 것은 아니라고 강조했다. 그들이 찾아낸 이유는
'본고사 폐지'였다. 학원교사들도 비슷하게 말했다. 논리적인 문
제를 푸는 능력은 남학생이 탁월한데, 사지선다형 문제를 푸는
능력은 남녀가 비등하다고. 그 말을 오랫동안 진실이라 믿었다.
'본고사가 있었어도 서울의대에 입시원서를 냈겠느냐?'는 질문
을 나도 많이 받았다. 그 질문 앞에서 자신 있게 그렇다고 답하
지 못했던 여학생들은 스스로를 서울대 무임승차자로 여겼다.

대학에 들어가서도 여학생들을 걱정해주는 말을 졸업할 때까
지 들었다. 전문의가 되지 못하면 진짜 의사로 여기지 않는 한국

에서, 서울의대를 졸업해도 여학생들은 전공의 과정에 들어가기 어렵다고 선배들은 늘 역설했다. 그때까지 그건 사실로 보였다.

한국 병원의 전공의 수는 보건복지부가 병원협회와 협의해서 결정한다. 전체 전공의 수는 다시 '군의 요원'과 '비非 군의 요원'으로 나눈다. 나중에 군대에서 군의관으로 근무해야 할 전공의를 군의요원이라고 한다. 이 숫자는 국방부와 보건복지부가 협의해서 결정한다. 국방의 의무를 마치지 않은 남자 의사들이 군의 요원으로 선발된다. 전체 전공의 수에서 군의요원 수를 빼면 비 군의 요원 수가 된다. 비 군의 요원은 공중보건의 등으로 국방의 의무를 마쳤거나 군 의무를 면제받은 남자 의사와 여자 의사들 가운데 선발된다.

숫자는 이렇게 정하지만 비 군의요원 가운데 여의사 몫이 암암리에 정해져 있었다. 소아과 몇 명, 내과 몇 명, 이런 식으로 결정된 여의사 정원에 법적 근거가 있을 리 없었다. 하지만 여의사 할당은 우리를 주눅 들게 하기에 충분했다. '본고사 없앤 덕에 의대에 들어온 여학생들'은 할당제를 당연하게 받아들였다.

물러설 곳이 없다

6년 이상 같이 공부한 의대생들 사이에서 성적은 서로 빤한 정보였다. 당시에는 다른 의대를 졸업하고 서울대병원 전공의 시험을 치르는 의사들은 많지 않았다. 경쟁은 우리끼리라 해도 과언이 아니었다. 보통은 인턴 말기가 되면서 협의가 시작된다. 의대 성적과 인턴 근무 평가 그리고 시험 점수를 합산해서 합격 여부를 결정하는데, 의대성적이 좋은 친구들이 하나둘씩 희망 과목을 말하면서 자연스럽게 조정이 이뤄진다.

하지만 1989년 가을, 여자 인턴 사이에서 조정은 일찌감치 실패했다. 여자 전공의 할당은 제한된 반면 여학생 수는 넘쳐났기 때문이다. 여학생의 선호 과목인 소아과와 정신과는 특히 경쟁이 치열했다. 정신과 여자 전공의 할당은 한 명이었던 반면, 지원하는 여자 인턴은 3명이었다. 거기에 그전 해에 정신과에 들어가지 못한 친구 한 명까지 4명의 여의사가 한 자리를 놓고 경쟁하게 되었다.

경쟁이 있는 과목에 시험을 치를 여자 인턴들은 일이 끝나도 당직실에 들어오지 않았다. 당직실 옆 회의실은 시험 공부하는 인턴들이 밤을 밝혔다. 의대 성적이 중요한 요소였지만, 시험 점수에 따라 당락이 바뀔 수도 있었다. 공중보건의를 마쳤거나, 군 면제를 받은 남자 동료들은 상대적으로 한가했다. '무혈입성'이라는 단어를 이야기하면서, 도서관 앞에서 여유를 즐겼다. 그게 불합리하다는 생각은 하지 못했다.

의대를 졸업하고도 전공의가 되기 어려운 현실을 탓하기엔 우리의 열망이 너무 컸다. 많은 친구들이 그해 전공의 과정에 들어가지 못할 운명이었지만, 재수라도 해야 언젠가는 원하는 과목의 전문의가 될 것 같았다.

예상 밖의 선물

누군가는 합격하고 누군가는 떨어져야 했던 저녁, 여자 인턴들이 할 수 있는 일은 숨 죽이며 남은 병원 일을 하는 것뿐이었다. 합격해도 마음 놓고 좋아할 수 없고 떨어져도 어쩔 수 없었다. 누가 누구를 위로해야 할지도 모를 일이었다. 병원 3층 여자 당직실에 고요한 긴장이 흘렀다. 그 분위기를 깬 것은 소식 빠른 친구가 문을 열고 들어오면서 지른 환호성이었다.

"우리 모두 붙었대!"

어떻게 된 일일까? 채점을 마친 후 병원 교육수련부장이 의문을 제기했단다.

"성적 좋고 시험 잘 친 사람이 전공의 일을 더 잘할 텐데, 왜 남자 인턴을 뽑아야 하지?"

당사자인 우리들은 그 당연한 질문을 감히 입 밖에 내지 못했다. 전문의가 되어도 결코 자유롭지 못한 좁은 의료계 안에서 그런 의문을 제기하면 안 된다는 것을 어린 우리도 알고 있었다.

몇 년 후에라도 전문의가 되려면, 그 안에서 문제없이 살아가려면, 숨을 죽여야 했다.

그해 여자 인턴들에게 크나큰 선물을 안겨준 서울대학교병원 교육수련부장은, 한국 종양내과를 창시하고 이끌어온 고故 김노경 교수다. 나중에 가정의학과 전공의가 되어서 뵌 그분은 진료에서 논리를 강조하셨고, 원칙을 중요하게 여기셨다. 환자의 경제적 사정도 고려하셨다.

그분이 왜 여의사에게 문호를 열었는지 끝내 여쭤보지 못했다. 성차별이나 여성 인권 같은 단어를 의식하고 사셨을 것 같지는 않다. 그분이 남기셨다는 말씀 그대로, 의대 성적이 좋고 전공의 시험에서 성적이 좋으면 여성이든 남성이든 가리지 않고 전공의로 선발하는 것이 합리적이라는 생각을 하셨을 것 같다. 훌륭한 의사가 되는 데 성의 차이가 있을 수 없다는 당연한 사실을 합리적인 교수님께서 미리 간파하셨던 것이라 믿는다.

많은 영역에서 성차별의 모습은 비합리적이었다. 정형외과 수술을 하려면 힘이 좋아야 한다는 말, 출산을 하면 전공의가 배워야 할 것을 다 못 배운다는 말, 응급상황에서 여성은 냉철하게 반응하지 못한다는 말, 병원도 사회인데 군대를 갔다 와야 잘 적응한다는 말, 모두 그 당시에는 설득력이 있어 보였다. 여의사는 전문의가 되고 나서도 취직을 하려 하지 않아 거시적인 의료인력 정책에서 바람직하지 않다는 발언을 해도 큰 문제가 되지 않

왔다. 심지어 본고사가 없어져 여학생이 많아졌다는 개탄 앞에
서도 우리는 아무 말 하지 못했다. 더 이상 반론도 필요치 않아
보이는 이런 말들이 우리를 주눅 들게 했다.

저절로 되는 일은 없다

세상을 바꾼 것은 김노경 교수의 합리적 선택만이 아니었다. 그
분께서 의문을 품고, 결정을 내릴 수 있기까지 어린 여의사들의
무모한 도전이 필요했다. 어렵게 의대를 졸업하고 자신의 꿈을
접지 않고 도전했던 친구들이 아니었다면 여성 할당만 따로 정
하는 비합리성이 얼마나 더 오래 지속되었을지는 알 수 없는 일
이다.

　코로나19 시기 동안 방역을 책임진 정은경 전 질병관리청장
도 그런 도전자 중 한 명이었다. 1987년까지만 해도 서울대학교
병원 가정의학과 여성 할당은 한 해 한 명으로 암암리에 알려져
있었다. 1988년 여학생들의 도전이 늘어났다. 그 도전에 응답이
라도 하듯, 두 명의 여의사가 가정의학과 전공의 과정에 들어갈
수 있었다. 1989년 정 청장도 가정의학과에 들어갔다. 그때 여
의사에게 문호를 확대하지 않았다면 2020년의 한국이 정은경이
라는 보물을 만날 수 없었을지도 모를 일이다.

전문직 성차별은 병원 전공의에 국한한 것이 아니었다. 기관 설립 후 사십 년이 지나 내게 최초의 여성원장이라는 수식어를 안겨준 건강보험심사평가원도 마찬가지였다. 심평원 안에는 여러 직종의 직원이 근무한다. 이름이 심사평가원인 만큼, '심사직'이 여러 면에서 핵심적인 역할을 한다. 2023년 9월 현재, 심사직 직원 가운데 91.2%는 간호사, 2.9%는 약사다. 당연히 전체 직원 가운데 여성이 74.8%에 달한다.

여성 인력 없이 심평원은 본질적인 기관 업무를 추진하기 어렵다. 보건복지부 산하 공공 기관 가운데, 내부 승진 여성 기관장을 배출한 기관은 처음이었다. 전체 공공기관으로 눈을 돌려도 자체 승진 여성 기관장은 몇 개 되지 않는다. 내가 심평원장에 도전할 때 정작 조직 내부에서는 여성이라는 것이 크게 문제되지 않았다. 정부에서 여성 기관장을 적극적으로 원해서 그러기도 했지만, 내부에서도 큰 걱정을 하지 않았다. 일찌감치 성차별이 완화되었기 때문이다. 남성 직원들은 여성 상사와 일하는 것에 이미 익숙했다. 나는 여성원장이라는 것을 크게 의식하지 않고 일할 수 있었다.

심평원도 처음부터 그랬던 것은 아니다. 나와 함께 일하던 여성 이사가 젊은 시절을 회상하면서 사진을 한 장 보여줬다. 그 사진의 인물들은 이제는 심평원에서 없어서는 안 될 기둥들이다. 그런데 사진 속 그녀들을 구별하기기 쉽지 않았다.

"어머, 여성들 옷이 다 같아요."

"유니폼을 입었던 때니까요."

"그럼 이 옷을 남성 직원들도 입었어요?"

"아뇨, 남자들은 안 입었어요. 재킷 비슷한 것을 지급했는데, 잘 안 입고 다녔어요. 겨울에 추우면 덧입기는 했던 거 같고."

"여성 직원 가운데 심사직이 아닌 행정직도 유니폼을 입었나요?"

"예, 입었지요."

"그럼 직종에 따라 입은 게 아니라 여성만 입었다는 이야기네요. 반발은 없었나요?"

"입기 싫다는 사람도 있었고, 유니폼 있어서 편하다는 사람들도 있었어요."

"그러다가 언제 유니폼이 없어졌나요?"

"글쎄요. 기억이 잘 나지 않네요."

정말로 궁금했다. 왜 여직원들에게만 유니폼을 입혔는지, 유니폼에 반발하는 직원들은 없었는지, 그리고 유니폼은 어떤 경과를 거쳐 없어졌는지, 노조 위원장에게서 답을 얻었다. 1994년 어느 여름날, 업무를 마치고 노동조합원들을 중심으로 유니폼을 모두 버리는 퍼포먼스를 펼쳤다. 그다음 날부터 여성 직원들이 더 이상 유니폼을 입지 않았다. 단순해 보이는 이 변화가 한국 사회 민주화에 힘입었다는 사실에 많은 이들이 공감했다. 현재 핵심 간부들이 기억을 못하는 이유도 설명이 되었다. 그 당시 이미 승진을 해서 유니폼을 입지 않아도 된 이들은 관심이 없었다.

없어진 것 같았던 유니폼은, 내가 기획이사직을 맡은 2018년에도 일부 남아 있었다. 임원 비서실에 근무하는 여성 직원들은 관례적으로 유니폼을 입었다. 내가 본 임원 비서들은 대개 일머리가 좋고 기관이 돌아가는 상황을 영민하게 파악하고 있었다. 인사부서에서도 비서실 배치 인력에 신경을 썼다.

문제는 그들이 비서실을 나와서 다른 부서에 배치된 이후였다. 유능한 그들이 다른 부서에 배치되어 자유 복장을 입고 근무를 하게 되어도, 유니폼 입었던 직원의 이미지가 덧씌워졌다. 행정이나 사무업무를 하는 이들 사이에서 유니폼은 상대적으로 낮은 전문성을 의미한다. 유니폼 입었던 여성들이 관리직에 오르기는 쉽지 않았다. 승진을 하더라도, 다른 이들로부터 리더십을 인정받기 어렵다. 나는 기획이사를 맡으면서 비서실 근무자들에게도 유니폼을 없앴다. 비서실에 남성 직원을 배치하기 시작했다. 아무 문제도 발생하지 않았다.

지금은 당연해 보이는 성 평등의 역사는 그리 오랜 뿌리를 갖고 있지 않다. 그 역사가 있기까지 정말 많은 이들의 선택이 있었다. 그 선택들은 콜럼버스의 달걀처럼, 당연하지만 엄청난 발상의 전환이었다. 다 되었다고 여겨도 세밀한 부분에서 불평등은 남아 있다. 어딘가는 충분하지만 또 다른 어딘가는 부족하다.

여성과 남성이 평등한 사회는 거기에서 끝나지 않는다. 다른 분야의 차별을 해소하는 것도 거기서 출발한다. 오늘 돌아보고 바꾸는 조그만 걸음들이 모이고 쌓여 훗날 큰 변화를 가져올 것이다.

당당하게 관계 맺기

터널을 나서니

긴 질병의 터널에서 빠져나온 것은 나이 오십이 다 되어서다. 더이상 병원 갈 일이 없어졌다는 이야기가 아니다. 끝을 알 수 없는 불확실성, 죽음 앞에서 느낀 공포, 그 모든 것이 초래한 바닥 깊은 우울이 일단락 지어졌을 뿐이다. 그 후로도 소소하게 아팠고, 만성질환을 관리해야 했다. 세 차례의 개복 수술 탓에 내 장은 가끔 막힌다. 몇 년에 한 번 장폐색으로 입원을 했다. 앞으로 또 언제 아플지 모를 일이다. 하지만 더 이상 아픈 나를 자책하거나 그것으로 해서 다른 이들에게 미안해하는 일은 없어졌다.

젊어서는 아플 수 있다는 사실 자체를 부정했다. 다음 날 응급실에 실려 가는 한이 있어도 전력을 다해 진이 빠지도록 일했다. 그렇게 해서라도 애써 건강을 증명하고 싶어 했다. 그게 될 리 없었다. 병원에 입원을 해도 컴퓨터를 가져다달라 해서 일을 했다. 아프고 나면 그 사실을 감췄다. 아픈 나를 스스로 용서하기가 어려웠다.

어느 날부터인가 다른 사람들은 어떤가 관찰하기 시작했다. 남들도 하나둘씩 병원에 가기 시작했다. 빙판에 넘어지기도 하고, 담석증에 걸려 수술하는 이들도 많았다. 고위직에 올라간 사람들 가운데 심장병으로 스텐트stent를 넣는 이들이 많았다. 가만 보니 나만 아픈 게 아니었다. 기계가 아닌 사람인 이상 평생 아프지 않고 사는 게 아니었다. 아파도 병과 화해하면서 살아가고 있었다. 각자 자기의 방식이 있었다.

직장에서는 연차 사용을 장려하기 시작했다. 처음엔 말뿐이라 여겼지만, 날이 갈수록 잘 쉬는 직원이 능력 있는 사람으로 여겨진다. 이제 아파서 입원을 해도 내게 허락한 휴가를 쓰면 될 일이었다. 물론 병가도 충분히 허락되어 있다. 최근 들어 암에 걸리는 직원들은 유급휴직을 신청하기도 했다. 물론 모든 직장에서 가능한 일은 아니지만 허락되는 직장이 급속도로 늘고 있다.

나도 내가 가진 병에 당당하기로 마음먹었다. 아프면 쉬면 될 일이다. 인권위에서 별정직으로 일하며 대장암을 앓을 때는 그러지 않았지만, 살아난 이후 심평원도, 세계보건기구도, 내 의료 이용을 보장했다. 그건 '나'라는 사람을 고용한 직장이 보장해야 할 의무다. 내가 아프다고 직장에 미안할 일이 아니다. 함께 일하는 다른 직원들이 아파서 쉬어도 그들을 탓하지 않는 문화가 자리 잡았다. 이런 변화는 코로나 위기를 겪으면서 새로운 노멀로 자리 잡았다. 앞으로도 우리 모두 아파도 당당하면 좋겠다.

안타깝게도 그런 변화가 내가 만나는 모든 환자들에게 허락된 것은 아니다. 많은 이들이 퇴직을 앞두고 산재요양급여를 신청한다. 왜 그런가 물었더니, 자꾸 아프다고 하는 사람은 직장에서 오래 일하기 어렵다는 답이 가장 많다. 대개 중소기업이나 영세하청업체에 속한 이들이다. 몸은 골병이 들어가도 퇴직을 앞두고서야 아프다는 이야기를 제대로 한다. 미뤄뒀다 말하는 이들 가운데는 모든 것을 직장에서 보상받고 싶어 하는 이들도 있다. 산재에 해당하는지 아닌지에 따라서 환자가 누릴 수 있는 것은 크게 달라진다. 그때부터 산재 인정을 위한 사투가 벌어진다. 산재든 아니든 평소에 충분히 치료받을 수 있고 충분히 쉴 수 있다면 벌어지지 않을 소모적인 갈등이다.

바꿀 수 있는 것은 오직 나

나이 오십이 될 무렵 바뀐 것은 질병과 직장에 대한 인식만이 아니었다. 사람에 대한 내 인식도 왜곡되어 있다는 것을 깨달았다. 특히 우울증에 맞서 오랫동안 내 심리를 들여다보면서 생각이 근본적으로 바뀌었다. 그때까지 다른 사람들을 많이 원망하고 살았다. 당연한 일이지만 가까이 있는 사람들에게 바라는 것이 더 많았다.

찬찬히 보니 내 원망은 애정의 다른 얼굴이었다. 물론 이 치환은 옳지 않았다. 나는 그 동안 사람들과 친해질 때 '모든 것'을 쏟아 붓기 위해 노력했다. 상대방 역시 내게 그래야 한다고 여겼다. 모든 것을 바치겠다는 마음이 실천에 이르렀을 리 없다. 모든 것을 바치고 싶었지만 그러지 못하는 나를 자책했고, 많은 것을 바친 대상이 내게 충분히 보답하지 않는 것 같아 원망이 커졌다. 그런 바람이 관계를 망쳐왔다.

사람과의 관계에서 한 발짝 떨어져 내게 집중하는 동안, 다른 것들이 보였다. 이런 내 집착은 옳고 그름을 떠나 애당초 가능한 것이 아니었다. 바란다고 얻을 것 같으면 백년 천년이라도 바라겠지만, 그럴 일이 아니었다. 집착을 걷어내는 일은 살을 떼어내는 것처럼 어려웠지만 내 인생의 가장 큰 과제였다.

남에게 봉사하기 위해 내가 태어난 것이 아니듯, 나도 그 누군가에게 강요할 권리가 없었다. 각자 태어나 독립적인 삶을 살아가는 사람들은 모두들 존중받아야 할 사람들이었다. 나를 위해 존재하는 사람들이 아니었다. 가장 가까운 가족들에게 품는 원망은, 그래서 부질없는 것이었다. 사람 사이에서 갈등이 일어날 때 내가 할 수 있는 것은 상대방의 행동을 바꾸는 것이 아니었다. 내가 바꿀 수 있는 것은 내 행동뿐이었다.

다른 사람에 대한 집착이 없어지자, 독립심이 더 커졌다. 내게 독립심은 홀로 밥 먹고 홀로 여행하는 것을 넘어선 그 무엇이었다. 인생 전반의 책임을 나 스스로 지는 것이다. 가진 것에 감사하지만 갖지 못한 것에 대한 미련도 버려야 했다. 실패한 일이 남 탓이 아니듯, 내 탓도 부질없었다. 몸이 가벼워지듯 차츰 마음도 가벼워졌다.

진화하는 결혼생활

그러고 보니 이혼으로 끝난 첫 결혼도 실패라 할 수 없었다. 이혼은 결혼을 통해 만난 사람이 이별하는 한 형태일 뿐이다. 사별이든 이혼이든 결혼이란 관계는 언젠가 끝나게 되어 있다. 관계의 유지를 위해 필요한 것은 서약서가 아니라, 매일 현재진행형으로 상대방에게 필요한 존재가 되는 일이다. 서로 다른 집에서 태어나 한 가정을 이루고 사는 사람에게 기꺼이 내 '일부'를 바칠지 말지를 결정하고, 그럴 용의가 충분하다고 판단하면 결혼에 이르러야 할 일이었다. 그럴 용의가 있었다가 한 사람에게 먼저 없어졌대도, 어쩔 수 없는 일이다.

그 무렵 한 남자가 내 인생에 다가왔다. 2012년 5월, 서로 알고 지내라고 선배 부부가 자리를 마련했다. 경제신문 기자라는 그를 만나기 전, 큰 기대는 없었다. 권유를 무시하기에는 선배 부부를 너무 좋아했었다. 취소하거나 미루는 것보다는 한번 만나고 지나가는 편이 덜 번거로울 것도 같았다.

예상 밖으로 첫 만남에서 인상이 나쁘지 않았다. 기자는 날카롭고 신경질적일 것이라는 편견이 무색하게 그의 웃음은 둥글었다. 보수적이지도 가부장적이지도 않았다. 김광석을 좋아하는 것도 세상을 보는 견해도 비슷했다. 자주 만나 이야기를 나눴다. 기자인 그는 여러 가지로 내게 도움을 주었다. 사춘기 딸 둘을 키우는 그에게 의사인 나도 도움이 되었다. 딱히 결혼을 해야겠다는 생각은 하지 않았다. 함께 하고 싶은 시간이 많아졌다. 둘다 여행을 좋아했기에 그저 함께 여행을 다닐 수 있다면 좋겠다고 생각했다.

하지만 좋은 시간을 딸들에게 숨겨가며 함께하기는 싫었다. 내가 낳은 두 딸도, 그의 두 딸도 독립하기 전이었다. 특히 사춘기 딸들에게는 설명이 필요했다. 고민이 시작되었다. 특히 내 지인 가운데 말리는 이들이 많았다. 이제 겨우 자유롭게 살 만한데 결혼이라는 틀로 스스로를 얽맬 이유가 있느냐고 했다. 반대로 나이 들어 아프면 함께할 배우자가 있어야 한다는 의견들도 만만치 않았다. 내가 원하는 것이 무엇인지 생각해 보기 시작했다. 결혼이 내 욕구들을 채워줄 수 있을까를 따져보았다. 결혼이라는 제도로 진입하는 것을 생각만 해도 몸 전체가 무거워졌다.

그때 누군가 재혼한 개그우먼 김미화 씨의 사는 방식 이야기를 전해주었다. 그녀는 결혼 후 한참동안 각자의 공간을 유지했다고 했다. 그럴 수도 있겠구나 싶었다. 내가 원하는 결혼의 모습을 구체적으로 그려 보았다. 분명한 것은 나도 그도 서로에 대한 독점적 지위를 부여하고 싶다는 것이었다. 그가 아닌 다른 사람과 남녀관계를 맺고 싶지는 않았다.

그러려면 사회에 알리는 것이 필요했다. 그냥 사석에서 '좋아하는 사람이 생겼어요' 하고 말하는 것만으로는 부족한 것 같았다. 특히 어린 딸들을 위해 점 하나를 찍어야겠다고 생각했다. 여러 사람들을 모시고 하는 의식이 중요하다 생각했다. 그 의식의 주인공은 나와 그뿐 아니라 네 딸이어야 했다. 그게 바로 결혼식이었다. 2013년 8월 결혼식을 올렸다. 네 딸들이 함께 드레스를 입었다. 결혼식의 정점은 딸들의 축사였다.

내가 이 남자에게 기꺼이 공유할 영역과 비율이 어느 정도인지를 찬찬히 생각했다. 그리고 그것에 대해 논의했다. 각자 살던 공간은 그대로 유지하기로 했다. 남편과 함께 살던 부모님, 그리고 네 딸을 욱여넣어 굳이 한 가족을 만들겠다는 것은 우리 둘의 욕심일 뿐이었다. 그 많은 가족이 함께 살 집을 마련하는 것도 우리 자산으로 불가능했다. 다행히 집이 서로 가까워 걸어서 왕래할 만했다.

남편도 나도 서로에게 어떤 것도 강요하지 않았다. 조금씩 공유하고 그게 친숙해지면 그다음으로 나갔다. 결혼식 이후 6년이 지난 2019년이 되어서야 남편과 나는 한 공간에서 살기 시작했다. 내 딸들이 독립을 하면서 자연스럽게 기회가 열렸다. 합가를 할 때 가장 먼저 고려한 것은 내가 기꺼이 바칠 수 있는 내 한계가 어디까지인가 점검하는 일이었다. 양보할 수 없다 싶은 선을 명확히 했다. 그것을 명시적으로 말했다.

나도 남편도 서로에게 요구하는 것을 당연하게 여기지 않는다. 돈은 물론이고 시간도 감정도 그렇다. 이제 우리는 서로 안다. 조금의 여유만 생겨도 서로와 기꺼이 공유하고 싶어 한다는 것을. 결혼은 서로에게 원하는 것이 있을 때 하는 것이 아니다. 기꺼이 내 일부를 떼어 바쳐도 아깝지 않다 싶을 때 하는 것이다. 내가 기꺼이 바쳐야 하는 것은 '모든' 것이 아니라 '일부'다.

결혼에는 여러 요소가 있다. 법적, 사회적, 경제적, 성적, 공간적 등등 다양한 측면이 결혼이라는 하나의 사건이 가진 얼굴이다. 내가 이십대를 지나고 있을 때는 이런 측면들을 따로따로 분리할 수 있다는 생각을 하지 못했다. 두 번째 결혼이 되어서야 이 다양한 것들을 분리해서 생각했다. 그랬더니 오히려 건강한 결혼의 시간이 이어졌다.

내가 두 번의 결혼을 통해서야 얻은 지혜를 최근 젊은이들은 비교적 빨리 아는 것 같다. 결혼식과 동거, 혼인신고를 분리하는 이들이 많아졌다. 결혼 이후 경제적으로도 각자 독립생활을 유지하는 이들도 많다고 한다. 현명한 일이다.

　내 부족한 부분을 채우기 위해 하는 결혼은 행복에 이르기 어렵다. 성인이 되어 독립된 생활을 유지하고도 넘쳐나 그것을 누군가와 공유하고 싶어질 때 해야 비로소 결혼이 풍요를 낳는다. 그런 마음을 먹어도 순간순간 갈등이 넘쳐난다. 갈등의 순간마다 한 개인이 해야 할 것은 '지금 내가 무엇을 버릴 수 있는가?' 하는 질문에 솔직하게 답하는 것이다. 무엇을 포기하고 무엇을 어떻게 공유할 것인가를 매일 고민하는 내 결혼의 진화는 현재 진행형이다.

가방을 바꾸려다 생각을 바꿨다

원장 가방은 남성용?

심평원장으로 취임하기 전 주말, 백화점에서 가방을 새로 샀다. 기관장이 되면 가방부터 남성용으로 바꾸라는 선배의 조언이 마음에 남았기 때문이다. 취임 당일부터 유관기관에 다니며 인사를 해야 하는데 다른 이들이 악수하고 명함을 건넬 때 가방을 비서실장이 들고 있는 것을 여러 차례 보았다. 남성복과 달리 여성복은 휴대전화나 명함 같은 것을 넣을 수가 없어 가방은 필요했다.

이미 가진 가방을 둘러보니 모두 여성용이었다. 비서실장을 누구로 할지 취임 전 찾아보았는데, 최종 후보가 남성이었다. 잠시라도 그에게 여성용 가방을 들게 하고 싶지 않았다. 백화점 매장을 돌아다닌 끝에 짙은 갈색 서류 가방을 골랐다. 국회와 보건복지부, 의료계와 시민단체를 방문할 때 그 가방을 비서실장에게 맡겼다.

하지만 정말이지 그 가방이 나는 마음에 들지 않았다. 급하게 산 남성용 가방은 내가 좋아하는 스타일이 아니었고, 내 옷차림에 어울리지도 않았다. 몇 주 지나서 마음을 바꿔먹었다. 원래 들던 가방을 다시 쓰기 시작했다. 그때부터 그냥 내가 가방을 들었다. 가방을 들기 어려울 때엔 아예 차에 두고 내렸다. 휴대전화를 놓고 다녀 보았더니 오히려 좋았다. 가끔은 전화기만 비서실장에게 맡겼다.

크게 마음먹고 여성용 가방을 다시 들기 시작했는데 직원들은 알아보는 것 같지 않았다. 남성 비서실장에게 여성 가방을 들게 하고 싶지 않다는 배려가 나름 세심하다고 자부했는데, 가만 보니 누구에게도 중요한 일이 아니었다. 나와 비서실장 말고는 내 가방에 관심을 갖는 사람 자체가 없었다.

철의 여인 마가렛 대처 전 영국총리가 핸드백을 들고 다녔다는 기사를 나중에 읽었다. 그는 중요한 결단의 수단에 가방을 열고, 그 속에 든 비밀 병기들을 꺼내어 상대방을 추궁했다고 한다. 기자들이 그를 보고 '핸드배깅handbagging'이라는 단어까지 만들어 냈다. 남성 중심 사회에서 최정점最頂點의 성공을 거둔 여성에게 조차 리더십의 상징은 남성용 가방에 있지 않았다. 어울리지도 않는 가방을 돈 주고 사서 들고 다닌 내 모습이 우스웠다.

지금 내 가방은 배낭이다. 서류뭉치를 둘러메고 다녀야 할 만큼 원장은 일이 많았다. 내 또래 여성들이 그러하듯이, 시간이 지나자 어깨가 아파 무거운 가방을 더 이상 들 수 없었다. 무게감이 덜한 가방을 찾다보니 배낭으로 귀결되었다. 임기 마지막 일 년 동안 배낭을 메고 다녔다. 지금도 그렇다.

원장 업무를 하는 데 크게 중요하지 않은, 하지만 관행으로 내려오던 것들은 그것뿐이 아니었다. 2015년 심평원이 원주로 이전했을 때 임원용 관사는 회사에서 먼 곳에 얻어 두었다. 직원들을 위한 사택이 본사 건물과 가까운 것과 대조적이었다. 임원들과 가급적 섞이고 싶지 않은 직원들의 마음이 보였다. 사생활을 노출하고 싶지 않은 임원들의 생각과도 맞아떨어졌다.

2018년 기획이사가 되고 나서 사옥 바로 건너편 블록으로 임원 관사를 모두 옮겼다. 주 52시간 근무를 의무화한 이후, 운전원들의 노동시간을 줄여야 했기 때문이다. 원주 안에서라도 출퇴근을 위해 차를 운행하지 않는 방법이 우선 필요했다. 출퇴근 길에 만나는 직원들이 처음에는 어색해하더니 이내 익숙해졌다. 슈퍼마켓에 들러 먹을 것이라도 살 것 같으면 배낭에 넣어 두었던 시장바구니를 꺼내 들었다.

"원장님도 시장 보세요?"

처음엔 얼토당토않은 질문도 받았지만, 시간이 지나면서 직원들도 나도 차츰 익숙해졌다. 이른바 '꿀템'에 대한 정보도 주고받았다. 엄마, 아빠와 사내 어린이집에 함께 가는 직원 자녀들은 나를 할머니라 불렀다. 친근한 원장에게 직원들은 이런 저런 조직 돌아가는 이야기를 들려주었다. 문제를 미리 발견하고 해결하는 데 큰 도움이 되었다.

그래도 직원들과 마주칠까봐 퇴근 후에는 관사에 콕 박혀 지냈다. 점점 살이 쪘다. 건강에 이상 징후가 나타났다. 더 이상은 안 되겠다 싶어 걷기를 시작했다. '원장이 걷는다'는 소문은 금세 퍼졌다. 직원들 눈을 피해 모자를 쓰고 걷기 시작했다. 소문은 '원장이 모자 쓰고 걷는다'로 바뀌었을 뿐이다. '모자를 쓰면 알아보지 못할 거라 생각하는 원장이 어리석다'고 했다는 후문은 나중에 들었다.

알아보든 말든 그냥 걸었는데, 나중에 보니 기관을 운영하는 데 크게 중요한 일이 아니었다. 원장의 삶이 자신들의 것과 크게 다르지 않다는 것을 알게 되자, 직원들은 오히려 더 마음을 여는 것 같았다. 사택이 가까워지자 강풍이 예상되는 날에 건물에 들러 대비상황을 둘러보기도 좋았다. 그때도 운동복에 모자차림으로 갔다.

내 앞을 산 여성들

내게도 오랜 기간 리더의 전형은 '무채색의 과묵한 남성'이었다.

사적인 모습을 직원들에게 노출하면 안 된다고 생각하기도 했다. 1970년대 어린 내가 언론을 통해 보던 여성 정치인의 외양은 '남장' 아니면 '한복 차림'이었다. 1975년 박정희 대통령을 독재자로 비판해 뉴스에 자주 나오던 신민당 김옥선 의원은 늘 남성 정장을 하고 있었다. 국회의원에 이어 1982년부터 3년간 보건사회부 장관을 역임한 김정례 장관은 한복 차림이었다.

어린 나는 국회의원이나 장관이 되면 복장을 어떻게 해야 한다는 법률이 있는 줄 알았다. 그런 법이 없다는 것은 2003년 보궐선거에 당선된 유시민 의원이 국회에 흰 바지를 입고 들어가 '물의'를 일으켰을 때 알았다. 법이 없는데도 정장에 넥타이를 매지 않았다는 이유로 그토록 거센 비판을 받는 것이 모순 같았다.

2003년 노무현 대통령 취임 이후 내각 전면에 등장한 여성 국무위원들은 그런 면에서 이전과 다른 유형의 리더십을 보여주었다. 노 대통령이 첫 법무부 장관으로 임명한 강금실 변호사는, 보라색 스타킹과 진한 화장으로 인구에 회자되었다. 그분을 처음 가까이서 본 것은 국가인권위원회 설립준비를 하던 2001년 가을 무렵이었다. 이혼이란 일생일대 사건을 앞두고 그분을 찾아갔다. 법적인 도움을 준 변호사는 따로 있었다. 굳이 현실적인 질문을 할 것도 아닌데 물어물어 그분을 찾아갔던 이유는 정서적 지지였다. 이혼하고 잘 사는 여성을 가까이에서 한 명이라도 알고 싶었다. 롤 모델을 찾고 싶었던 것이었다.

그해 겨울 제주 인권회의가 열렸을 때 그분을 다시 만났다. 굴지의 법무법인 대표인 그가 회의에서 맡았던 일은 뜻밖에도 뒤치다꺼리 하는 자원봉사자를 이끄는 일이었다. 다른 변호사들이 인권법에 대한 의견을 보태는 동안 그분은 '당당하게' 허드렛일을 했다. 회의의 진정한 주인 같아 보였다. 신선한 충격이었다. 곧이어 그분의 책을 만났다. 2008년 서울시장 선거에서 낙선한 후로도 정치적 목소리를 내고 있다. 선후배들을 지지하는 것으로 영향력을 행사한다.

또 다른 여성 지도자, 한명숙 전 총리의 인터뷰도 명언으로 남았다. 한국 최초 여성 총리로 지명되었을 때, 국정 장악력이 있겠냐는 기자들의 질문에 그분은 통쾌하게 응수했다.

"장악하지 않겠다."

한국 현대사에서 유일한 여성총리라는 화려한 경력을 가진 그분은 내내 온화하고 강직한 리더십을 보여주었다. 한 총리가 새로운 유형의 리더십을 보여준 것은 우연이 아니다. 한 총리는 김대중 대통령의 권유로 2000년 국회에 입문하기 전, 여성민우회 회장과 여성단체연합 공동대표를 역임했다. 일세대 한국 여성운동가인 이희호 여사, 박영숙 전 국회의원의 업적을 이어받아 다양한 여성운동가들을 배출했다. 정치에 입문한 이후에도 초대 여성부 장관과 환경부 장관을 역임하면서 조직의 이끌어 왔다. 박근혜 대통령 다음으로 화려한 경력을 가진 여성이라 일컬어지는 한 총리의 리더십은 여성성을 억누르며 만들어진 것이 아니었다.

의료계 대표 여성리더인 이길여 가천대 총장도 마찬가지다. 서울의대를 졸업하고 인천에서 산부인과를 개원해 규모를 지속적으로 확장해왔다. 길병원을 경기권 중요 상급종합병원으로 키운 이 총장은 가천대학교 설립까지 성공했다. 남성 중심의 극단을 보이는 서울의대 동창회장을 1995년부터 10년간 역임했다. 이 총장은 동창회관 건립이라는 혁혁한 공헌을 남겼다. 역대 남성 동창회장들이 꾸지 못했던 꿈을 목표로 세우고 이뤄냈다. 지금도 이 총장은 여성으로서의 정체성을 감추지 않는다.

나다운 것이 답이다

어렸을 때부터 색깔놀이를 좋아했다. 병으로 휴학을 했을 때, 울긋불긋한 색의 실로 한 땀 한 땀 수를 놓으며 상실감을 달랬다. 박경리 선생의 소설 '토지'의 주인공 최서희가 수를 놓으며 분노를 삭이는 모습이 멋져 보여 시작했지만, 그건 이유를 설명할 필요 없는 내 '유희'였다. 최근에도 마음의 말을 다 하지 못해 병이 날 것 같을 때마다 무엇이든 색깔로 표현하고 싶은 욕구가 마음 깊은 곳에서 솟아오른다.

집 한 구석에는 잘 쓰지 않는 물감이 있다. 가장 중요한 사치는 여러 색의 잉크를 넣은 플라스틱 만년필이다. 종이와 만나 사각거리는 소리를 내며 쓰는 글씨들은 색깔에 따라 기도祈禱가 되기도 하고 꼭 추진해야 할 업무가 되기도 한다. 직원들과의 약속은 튀는 색으로 써서 별표까지 해둔다. 그건 그 자체로 나다.

1982년 관악캠퍼스에서 대학생활을 시작하면서부터 색깔로 표현하고 싶은 이런 욕구는 좌절되기 시작했다. 1980년 광주민주화 운동을 '확실'하게 제압한 신군부 정권은, 학교 앞에도 물대포차를 상주케 했다. 수업을 하는 교실 안에 사복 경찰이 들어와도 누구도 이상해하지 않았다. 웃음소리도 내면 안 될 것 같은 숨 막히는 분위기의 캠퍼스 안에서 색깔 있는 옷을 입는 것은 금기시되었다. 늘 장례식장 같았다.

화려한 컬러의 옷은 시위에도 좋지 않았다. '빨간 점퍼,' '파란 셔츠'와 같이 한마디로 표현하기 쉬운 옷을 입으면 도망을 치다가 잡히기 쉽다는 선배의 말이 설득력 있었다. 내 복장은 늘 무채색이어야 했다. 머리는 짧게 '이발'한 것 같이 하고 다녔다. 그래야 죄책감이 들지 않았다. 액세서리는 여성을 상품화하는 도구로만 여겼다.

민주화, 인권, 여성운동 이런 단어들이 화려한 색의 옷과 화장 등과 양립할 수 있다는 것은 2001년 국가인권위에 합류하면서 알았다. 강금실 변호사도 놀라웠지만, 인권위에서 만난 젊은 운동권 출신 직원들도 그랬다. "귀걸이 하고도 시민운동 할 수 있어요?" 하는 내 질문에 여성평화운동을 하던 직원은 대답 대신 어처구니없다는 표정을 지을 뿐이었다.

2002년 겨울 나는 귀를 뚫었다. 인류 역사와 함께 해 왔던 장신구는 여성성을 상품화하기 위한 도구만은 아니었다. 금속과 돌을 연마하기 위해 엄청난 노동력을 필요로 했던 과거와는 달리, 싼 값으로 다양하게 살 수 있는 그것들은 내 재력을 과시하는 용도와도 거리가 멀었다. 때로 맛있는 음식을 즐기듯, 나를 표현하는 도구에 불과했다. 거울에 비친 내가 좋으면 그걸로 효용은 충분하다. 남의 눈치를 볼 일이 아니다 싶은 마음이 들었을 때 화려한 색을 좋아하는 본래 취향과 다시 화해했다.

타고난 성향 때문인지 유년기의 훈련 탓인지는 모르겠으나, 원색을 좋아하는 취향은 점점 더 분명해졌다. 원장이 된 이후에는 더 즐겨 입었다. 원주에 있는 열 세 개의 공공기관장들은 자주 모였다. 보건의료 분야의 스무 명 넘는 기관장들도 정기적으로 모여 소통했다. 행사에서 다른 기관장들과 단체사진을 찍을 일도 많았다. 머리가 희끗희끗하고 감색이나 회색의 전형적 정장에 넥타이를 매면 누구에게도 기관장으로 보이는 남성들과 나는 달랐다. 키 작고 아직 머리가 까만 내가 남들과 비슷한 옷을 입으면 기관장을 배석한 간부 정도로 여기는 것 같았다.

이미 나를 잘 아는 이들에겐 문제가 되지 않았지만, 직원들에게는 최소한의 예의를 지키고 싶었다. 내 예의는 그저 무난하게 입는 것이 아니라, 다른 기관장들과 마찬가지로 당당한 기관장으로 '보이는' 것이었다. 원색의 정장은 그런 점에서 나쁘지 않았다. 그때 유행하던 색깔 진단을 받아보니 내게 가장 잘 어울리는 색은 채도 높은 원색들이었다. 내가 원색에 끌리는 것은 당연한 일이었다. 원색 옷을 입을 때 나는 행복하고 자연스러웠다. 어울리는 분명한 색의 옷을 입는 것이, 나를 위해서도 남을 위해서도 최선의 드레스 코드 같았다.

리더의 전형이 남성적인 외형에 있지 않다는 것을 깨닫기까지 오랜 세월이 걸렸다. 처음에는 여성 리더의 롤 모델이 없어서 그런 줄 알았다. 그런데 그게 아니었다. 솔직하게 말하자면, 그때 그때 상황에서 튀고 싶지 않다는 비겁한 타협이었다. 그 결과 내가 편안했던 것도 아니다. 틀에 욱여넣은 나는 자신과 어울리지 않아 늘 어색했다. 나다운 것을 찾았을 때 자연스럽고 편안했다. 정형화된 나보다 자연스러운 나를 사람들도 편하게 받아들였다. 여성 리더의 롤 모델이 주변에 없다면 '왜 없을까' 하고 탄식할 일이 아니었다. 내가 그 모델이 되면 될 일이었다.

여성 원장이 일하는 법 1:
술과 청탁에서 자유로울 것

당신 성격에 임원을 하겠다고?

심평원 기획이사 공채에 응하고자 처음 마음먹었을 때, 가장 가까운 두 사람이 걱정을 했다.

한 사람은 남편이었다. 내 건강과 성격을 잘 아는 남편은 잦은 술자리와 그 판에서 벌어질 부적절한 상황들을 인내할 수 있겠느냐고 걱정을 했다. 다른 한 명은 제네바 이웃 동네에 살며 가족처럼 교류하던 후배였다.

그때 나는 스위스의 세계보건기구 수석기술관의 임기를 거의 마쳐가고 있었다. 공무원으로 오래 일해서 상황을 잘 아는 그의 걱정도 업무 자체가 아니었다.

"기획이사가 되어서 그 복잡하고 많은 청탁들을 잘 견딜 수 있으시겠어요? 물론 일은 잘 하시겠지만요."

두 사람 모두 내 업무 능력 자체를 문제 삼은 게 아니었다. 특히 정책적 방향 잡기가 중요했던 당시 상황에서 내 역량을 걱정하지는 않았다. 그들의 걱정은 질펀한 술자리와 이런 저런 청탁이 있게 마련이고, 그 부당함을 참을성 있게 견뎌야 한다는 것으로 들렸다. 내가 싫다고 거부할 수 있는 것들이 아니라고 말하는 것 같았다.

실제로 그 이전에 다른 경영진들이 일하는 것을 보면서 나는 죽었다 깨어나도 저런 일을 내 업으로 삼지는 못할 것 같다고 생각한 적이 많았다. 그러나 막상 기회가 왔을 때 그런 두려움보다는 간절함이 컸다.

심평원이라는 기관의 정체성과 방향에 대해 누구 못지않게 오래 고민했다. 내가 심평원의 임원으로 일하게 된다면 조직과 나 양측의 지평과 경계가 넓어질 것 같았다.

얼마 지나지 않아 주변과 내 걱정은 기우로 드러났다. 내가 기관장 본연의 업무에 열중할 수 있었던 것은 청탁 등을 잘 견딜 수 있어서가 아니었다. 한국에서 더 이상 그런 일들이 일어나지 않았다. 몇 명의 투쟁 덕이었다. 사회가 그렇게 변하는 데 큰 역할을 했던 분들과 개인적 인연은 없다. 결과적으로 나를 도운 상징적인 한 분과 한 기관에게 지금이라도 감사의 뜻을 전하고 싶다.

견딜 필요를 없앤 사람, 서지현

서지현 검사의 얼굴을 본 것은 방송국 뉴스 프로그램을 통해서다. 그녀는 2010년 당했던 자신의 성폭력 사건을 검찰청 내부 게시판에 올린 동시에 당시 가장 영향력 있는 뉴스룸에 얼굴을 드러냈다. 피해를 입고 8년이 지난 2018년이 되어서였다. 사건을 말하기 전 그녀가 한 말이 놀라웠다.

"성폭력을 당한 내가 문제가 있는 것 아닌가 하고 자책했어요. 하지만 이제 더 이상 성폭력은 당한 피해자 탓이 아닙니다."

이전의 어떤 폭로보다 영향력 있었던 서 검사의 인터뷰 이후, 우리 사회 여기저기서 '나도 당했다'는 고백이 이어졌다. 그 방송을 보고 나서, 나도 몇 날을 신열에 들떠 앓았다. 내 인생 곳곳에 검은 삽화처럼 자리 잡고 있던 장면이 의식 위로 떠올랐다.

그런 장면의 기억이 남아 있지 않은 여성이 우리 사회에 몇 명이나 될까? '왜 그 자리에서 떨쳐 일어나지 못했을까?' '왜 나는 그와 둘만 있는 자리를 만들었을까?' 혹은 '별것도 아닌데 왜 그렇게 참지 못하고 파르르 떨고 분위기를 썰렁하게 만들었을까?' 하는 자책으로 덮어버린 사건 몇 개씩을 갖고 있지 않은 여성은 또 몇 명이나 될까?

서 검사의 인터뷰 이후 질펀한 술자리는 빠른 속도로 자취를 감추었다. 저녁 회식 때 술 한 잔 마신 이가 부적절한 이야기를 꺼내면, 참석자들이 일제히 '띠~' 하는 경고음을 보내며 손가락으로 가위표를 만들었다. 더 이상 술자리를 '견딜' 필요가 없었다. 술을 강권하는 일도 없었다. 술 마시지 않아도 되는 저녁 회식, 성희롱 없는 술자리는 내 건강을 해치지 않았다.

사건의 영향은 나 개인에 국한하지 않았다. 여성이 전 직원의 80%에 달하는 심평원에서도 피해 사례를 공식화하는 이들이 늘었다. 노래방으로 가는 2차는 아예 없어졌다. 여성들이 더 이상 성폭력 난무하는 상황에 처하는 일 자체가 급격하게 줄었다. 서 검사에 이어 사회 저명인사들이 연달아 폭탄을 날리자, 보통의 평범한 여성들이 더 이상 자책에 쌓이지 않게 되었다. "그거 성희롱입니다." 하고 말하는 것이 거부감 없이 받아들여졌다. 원주 내 공공기관 젊은 여성 가운데 성폭력이 발생하면 그 자리에서 경찰에 신고를 하는 이들도 있었다.

새롭게 제기되는 성폭력 사건을 연이어 강력한 징계로 대처하자, 상급자들의 문화는 빛의 속도로 바뀌었다. 여성 상사에 의한 남성 성희롱도 같이 없어졌다. 경영진이 성폭력을 근절하겠다는 철학적 의지를 갖고 있더라도 그것만으로는 조직의 문화 전체를 바꾸기 어렵다. 사회전반적인 분위기와 바닥에서 올라오는 의식이 없다면, 성폭력을 없애려는 임원의 노력은 조직원 분위기와 겉돌기 일쑤다. 사회적 분위기가 아니었다면 기관장 홀로 해내기 어려웠을 것이다. 물론 사회의 변화를 조직에 접목하는 것은 기관장의 몫이다.

서 검사는 끝내 원하지 않는 상황에서 사직을 했다고 들었다. 사표를 내기 전에도 계속 심적 고통을 받았다는 인터뷰 기사를 읽었다. 그때 그가 어두운 아픔과 두려움 가운데 터뜨린 핵폭탄 같은 선언 덕분에, 나 같은 사람들이 얼마나 더 본질의 임무에 충실할 수 있었는지, 우리 사회 전체에는 어떤 변화가 있었는지 를 그에게 꼭 전해주고 싶다.

청탁은 사절입니다

2016년 2월 13일 시사저널의 보도가 시작이었다. 시사저널은 강원랜드 감사실이 작성한 '㈜강원랜드 내부 특정감사 결과 보 고' 제목의 보고서를 입수해, '2013년 서류 및 면접전형을 할 때, 당시 C 대표이사의 지시로 일부 응시자를 부정 평가해 하이원 교육생으로 선발했다'고 보도했다. 이듬해 이어진 국정감사에서 '2012~13년 강원랜드에서는 518명을 채용했지만, 그중 95%가 넘는 493명이 청탁을 뒷배 삼은' 것으로 확인되었다.

지금 생각하면 공공기관에서 어떻게 이런 일이 벌어질까 하고 혀를 찰 노릇이다. 2022년 대법원 판결에서 강원랜드 사장은 징 역 3년 형을 선고받았다. 청탁을 한 이들은 증거를 찾을 수 없다는 이유로 무혐의 처리되었다.

내가 심평원의 임원(기획이사)가 된 것은 이 사건이 벌어진 뒤였다. 채용 청탁은 감옥 갈 일이 되었다. 강원랜드 사건 직후에는 기관에 영향력을 미칠 만한 이들 가운데, 소통창구를 기어이 찾아내 접촉해오는 이들이 있었다고 했다. "아이고, 아시면서 그러십니까? 저 잡혀갑니다." 하고 몇 번 응수했더니, 이내 사라졌다고들 했다. 내가 인사 담당 이사와 원장을 하는 동안 직간접으로 채용을 부탁한 이는 단언컨대 한 명도 없었다.

퇴임 직전인 2022년 심평원은 248명의 직원을 신규로 채용했다. 7,713명이 지원했다. 17대 1인 채용 시험에서 직원을 필기시험과 면접 점수 순으로 열거해서 채용한다. 채용 시험을 통과한 이들이, 그들보다 시험성적이 조금 나빠 떨어진 이들보다 꼭 기관에 기여를 더 할 것이라는 확신은 누구도 할 수가 없다. 실력 있는 응시생이 마침 그날 아침 교통사고라도 났다면 점수를 낮게 받을 수도 있는 일이다.

실력이 비슷비슷한 젊은이들 가운데 누군가에 대해 기관에 영향력을 행사할 만한 유력 인사가 채용청탁을 한다면 기관 경영진 입장에서 고민 없이 무시할 수 있을까? 공공기관은 젊은이들 사이에 안정적인 꿈의 직장이기도 하지만 임직원에게는 국정감사, 예산, 경영평가 등으로 여기 저기 아쉬운 소리 할 데가 많은 곳이다. 국회의원 한 명이 내게 "이번에 이런 사람이 심평원 채용 시험에 응했다고 하네요. 뭐 꼭 합격시켜 달라는 것은 아니고, 그냥 한번 알아봐주세요." 하고 은근한 말을 건네기라도 한다면 나는 어땠을까? 조직에 도움이 된다면 무슨 일이라도 할 자세가 되어 있는 기관장으로서 우회적인 청탁을 단칼에 거절할 수 있었을까? 사회적 분위기가 형성되지 않았다면 고민이 컸을 일이다.

다행히 내가 원장이 되었을 때엔 그런 갈등을 할 필요가 없었다. 이미 채용 청탁은 중범죄라는 인식이 각인되어 있었다. 누구도 감히 그런 청탁을 하지 않았다. 강원랜드 채용비리에 따른 공공기관 채용실태 전수조사 이후 이런 걱정은 필요치 않았다. 내가 신경 써야 했던 것은 정해진 절차를 꼼꼼히 문구 하나하나까지 따져서 준수하는가 여부였다. 청탁이 많아서 심리적 갈등이 심할 지도 모른다는 남편과 후배의 걱정은 기우杞憂로 드러났다. 특히 채용과 관련해서 공정한 조직은 눈을 가린 정의의 여신 디케처럼 좌고우면하지 않는 리더십을 필요로 한다.

공정의 실천, 전원 재시험

기획이사 일을 시작하고 일 년쯤 지나, 웬만한 일에 익숙해질 무렵, 큰 어려움에 직면했다. 직원 채용 시험이 있었던 토요일 오후, 인사부로부터 보고를 받았다. 그 당시는 이미 공정한 채용절차가 사회의 큰 이슈였다. 채용의 공정성을 높이기 위해 기관 내부 직원들이 구체적인 채용 과정에서 분리된 이후였다. 인사대행 업체에서 대부분의 일을 도맡아 진행했다. 인사부 직원들이 전날까지 점검했지만, 일부 시험장에서 답을 기재하는 전산용지에 문제가 있다고 밝혀졌다.

전산용지를 급하게 조달하려 했지만 시간을 맞추지 못했다. 먼저 다른 종이에 적게 한 후, 늦게 도착한 전산용지에 옮겨 적게 했다. 시험이 끝나고 수험생들의 소셜네트워크 공간이 시끄러워졌다. 사건이 불공정한 채용으로 이어진다고도, 아니라고도 단언하기 어려웠다. 밤새 임원회의가 열렸다. 여러 가지 방안이 제시되었다. 직원들을 불러서 의견을 듣기도 했다. 늘 그렇듯이 이런 위기 앞에서는 조용히 덮고 가자는 편과 있을 수 있는 문제 전반에 대처하기 위해 근원적으로 해결하자는 편으로 나뉜다.

인사담당 이사로서 나는 근원적으로 해결하자는 의견을 제시했다. 다시 시험을 치는 것뿐이었다. 재시에도 어려움이 많았다. 시간과 비용이 더 들 것이었다. 지금은 응시생만 아는 일이지만 재시험을 치게 되면 온 세상이 다 알게 된다. 그렇더라도 채용 관련해서만은 어떤 오점도 남기면 안 된다고 생각했다. 기관의 신뢰에 큰 영향을 줄 것이라고 믿었다. 그 결정에도 강원랜드 사건이 큰 영향을 미쳤다. 의사결정권자인 당시 원장은 내 견해를 채택했다.

긴 고난의 출발이었다. 수험생에게 재시 결정을 일일이 알려야 했다. 콜센터 직원들에게 아웃바운드 콜을 부탁해 그들의 업무량이 늘었다. 과정마다 법적 공정성을 새로이 판단해야 했다. 중앙일간지에서 이 사건을 다뤘다. 국정감사에서 질의가 있었던 것은 말할 것도 없다. 취업준비생의 소셜네트워크 방에 올라온 한 문장이 그 많은 고생을 잊게 해주었다.

"심평원이 정말 어려운 결정을 하셨네요. 돈도 많이 들고, 고생이 많을 텐데 그래도 용기 있게 재시험을 선택해 주셔서 멋진 조직이라 생각합니다. 저는 이번 재시는 다시 못 보겠지만, 다음번 공채 때 다시 응시해서 꼭 들어가겠습니다."

공정한 채용은 이런 효과를 낳는다. 단기적으로는 모인 사람 중에서 시험을 잘 친 이들을 선발할 수 있다는 점에서 조직의 경쟁력을 높인다. 그것만이 전부가 아니다. 그 어떤 시험도 한 사람의 업무 능력을 백퍼센트 객관적으로 평가할 수 없다. 하지만 모두가 동의할 수 있고 예측할 수 있는 채용과정이 널리 알려지게 되면, 그 조직에는 유능한 이들이 시험을 치기 위해 모여든다. 조직의 수준은 이렇게 높아진다.

질펀한 술자리, 청탁을 적당히 해결하는 것은 기관장 업무의 본질이 아니다. 마땅히 없어져야 할 구시대의 유물이다. 그보다는 기관이 나아가야 할 방향을 오래 고민하고, 닥친 위기를 극복

하는 데 전념해야 한다. 본질에 천착하는 사람이 리더에 도전할
수 있기까지 용기 있는 이들이 지난하게 싸웠다. 나는 언제나 서
지현 검사에게 감사한다. 강원랜드 감사실에도 감사한다. 새로
운 그들이 목소리를 내기를 바란다.

일하는 엄마를 위하여

나도 일하는 엄마였다

2015년 12월 새로 이전한 원주 심평원 1사옥에 직장 어린이집이 문을 열었다. 퇴근 무렵 엄마아빠의 손을 잡고 깔깔 웃는 아이들의 소리가 처음에는 낯설었지만, 이내 자연스러워졌다. 2019년 새로 완공한 제2사옥은, 아예 3개 층으로 된 독립된 날개 한쪽 전체를 어린이집으로 설계했다. 사옥 신축 담당 직원들이 특별한 공을 들였다.

법정 최대 정원 300명 규모의 어린이집이 새로 열렸다. 놀 것이 많은 어린이집을 아이들이 무척이나 좋아한다. 넓은 공간에서 많이 뛰어놀게 된 아이들이 귀가해 한 시간쯤 일찍 잠든다며 부모들이 반겼다. 쨱쨱거리는 병아리 같은 아이들의 소리를 들으면, 퇴임 무렵에도 눈시울이 붉어졌다. 아이들의 웃음소리 뒤편으로, 1994년 9월 동대구역을 출발해 서울로 향하는 기차 안의 나를 떠올렸다.

1990년 결혼하고 그해 가을 아이를 가졌다. 임신으로 복압이 높아지면, 전에 앓았던 담도폐쇄가 다시 오지 않을까 걱정했다. 아무도 모를 일이었다. 임신 중반에 조기 진통이 있어 단기간 입원을 했지만, 정상 분만으로 딸을 낳았다. 다른 의대 친구들이 그랬던 것처럼 전공의를 하는 동안 나도 양육의 부담에서 면제되었다. 의대에 딸을 보낸 부모들은 으레 손자를 키워주었다. 다른 직역 여성들에게 잘 허락되지 않는 특혜였다.

임신을 할 때도, 아이를 낳을 때도, 나는 환자 진료를 해서 큰돈을 벌겠다는 생각을 하지 못했다. 그러면서도 다른 여의사들에게 허락된 양육 면제에 올라탔다. 건강하게 아이 낳는 내 모습을 바랐던 부모님의 전적인 지원이 내 무대책을 보완해 주었다. 남들이 부러워하는 대학을 나왔다는 평계로 부모님의 노동력을 한동안 착취한 셈이었다.

다시 3년 뒤, 가정의학과 전공의 2년 차 때 둘째 딸을 낳았다. 뾰족한 대책이 있는 것도 아니었다. 대구의 시댁에서 산후조리를 하고 4주 만에 돌아와서야, 부모님 건강상태 때문에 한 달 된 둘째 아이를 친정에 맡길 수 없다는 것을 깨달았다. 일주일 만에 다시 대구행 기차를 탔다. 주섬주섬 싸간 보따리와 함께 아이를 대구 시댁에 놓고 돌아왔다. 홀로 기차를 타고 오는 내내 눈물이 멈추지 않았다. 흐느끼다 지쳐 잠이 들었다. 서울역에서 역무원이 나를 흔들어 깨웠다. 다시 눈물이 나기 시작했다. 친정집으로 돌아와 큰아이를 부둥켜안고 또 울었다.

며칠 지나 출근을 시작할 무렵, 큰 돌덩이 하나가 마음 밑바닥으로 풍덩 가라앉는 것 같았다. 극심한 심적 고통을 마주하지 못한 채 그것을 의식 아래로 가라앉혀 회피했다. 미숙하던 시절 내 습성이었다.

둘째 낳기 전과 완전히 다른 사람이 되었다. 기차 안에서 그렇게 통곡하며 울었건만, 둘째딸을 보고 싶다는 마음을 돌덩이로 눌러 숨겨버렸다. 그 감정을 대면하면 아이를 멀리 보내버린 나를 용서할 수가 없었다. 먼 도시에 두고 온 둘째를 생각하면, 첫째아이만 자주 돌보는 것도 미안했다. 일을 향해 맹렬하게 돌진했다. 아이와 생이별을 하고도 성과를 내지 못하는 나를 용서하기 어려웠다. 남자 의사들보다 야간 당직을 자주 섰다. 악착같이 학위논문도 썼다. 늘 누군가에게 나를 증명해야 했다. 누군가는 아이들이기도 했고, 아이들을 돌봐주는 양쪽 부모님이기도 했다. 언제나 피곤하게 스스로를 몰아세운 나 자신이기도 했다.

내가 엄마라서 정말 미안해

가정의학과 전공의를 마치고 일 년이 더 지나 둘째를 서울로 데

려왔다. 입주 돌보미를 고용했는데, 주말에는 내가 아이들을 돌봤다. 당시 나는 전임의(전공의 마친 후 부가적인 수련을 위한 과정)로 일하고 있었다. 당직은 없었지만 일요일에도 두 아이를 데리고 출근하는 것이 일상이었다. 아이들에게 좋은지 나쁜지 생각할 여유가 없었다. 일요일 출근이 얼마나 생산적인지 헤아리지도 못했다. 남성 동료들이 일요일에도 출근하니, 나만 안 나가면 뒤처지는 것 같았다. 아이들에게도 내게도 지독했다.

특별히 미안한 장면이 떠오른다. 한 달에 한 번 꼴로 두 아이들을 데리고 일요일 외국인노동자 진료에 참여했다. 외국인 노동자는 당시 대표적인 의료 취약층이었다. 진료소를 찾는 그들의 하소연을 들어주고, 약을 무료로 주곤 했다. 전 국민 건강보험이 달성되어 내국인들은 비싸지 않은 가격에 쉽게 구할 수 있었지만, 외국인 특히 불법체류자는 그러지 못했다. 하지만 그들의 건강문제를 언제까지나 무료 진료에 의존할 수는 없었다.

공론화를 위해서 정책 세미나를 기획했다. 주제는 〈외국인노동자의 건강을 어떻게 보호할 것인가〉. 나는 사회를 맡아 연단에 올라있어야 했다. 진료시간 내내 잘 놀던 아이가 토론이 시작될 무렵 졸린 내색을 했다. 행사장 한 편에 의자 여러 개를 이어 붙여 아이를 눕혔다. 아이가 잠들었으니 토론회에 집중할 수 있어 다행이라 생각했다. 토론이 무르익을 무렵 쿵 소리에 이어 아이 울음소리가 들렸다. 잠결에 뒤척이다가 아이가 바닥으로 구른 것이다. 나도 다른 참가자도 잠시 멈칫했지만, 후배가 아이를 들쳐 업고 밖으로 나가고 나는 그냥 사회를 이어갔다.

자다가 난데없이 떨어진 딸아이가 얼마나 아팠을까? 선잠이 깨어서 본 풍경은 도대체 얼마나 낯설었을까? 그때의 추락이 그저 의자에서 떨어진 것이었을까? 엄마라는 존재를 빼앗긴 채 살아온 인생의 추락은 아니었을까? 정말 나는 그렇게까지 해야 했을까? 내 또래 일하는 엄마들 사이에 이런 일화 하나쯤 없는 이들이 있을까?

"엄마가 암에 걸려서 참 좋아. 이제 엄마가 매일 집에 있잖아!"

아프게 마음에 남은 또 다른 장면이다. 암 발병 후 어쩔 수 없이 직장을 그만두었을 때, 초등학교 저학년이던 둘째 딸이 해맑게 건넨 말. 내가 성장을 위해 활동하는 동안 딸들은 상처를 받았다. 내가 주지 못한 돌봄의 절대량도 문제였겠지만, 다른 친구 엄마와 비교한 끝에 오는 상실감이 더 컸다. 이혼과 투병이 아이들의 상처를 더 크게 했다.

덕분에 딸들이 일찍 철들고 독립적인 생활을 할 수 있기도 했지만, 딸들에게도 내게도 그건 싱크홀과도 같은 시커먼 상처로 남았다. 똑같이 직장에 다녀도, 똑같이 경제활동을 해도, 똑같이 성장을 위한 투자를 해도, 늘 아이에게 미안한 건 나였다. 성취를 지향하는 아빠의 부재는 아이들에게 상실감으로 남는 것 같지 않았다. 내가 엄마인 것이 아이들에게 늘 미안했다.

달라진 육아 풍경

큰딸이 딸을 낳은 뒤에야 미안함을 조금 덜었다. 딸은 삼 개월의 출산 휴가에 육아휴직을 이어 일 년 간 육아에 몰두했다. 생애 첫 해 모녀가 집에서 함께 하는 모습을 보는 것이 너무 좋았다. 육아휴직이 끝날 무렵 대기에 올려 놓은 공립 어린이집 입소가 허가되었고, 이듬해 3월부터 등 하원을 시작했다. 어린이집은 출퇴근길에 아파트 현관에서 200미터 거리다. 딸의 모녀 관계는 내가 딸을 키울 때와 근본적으로 다르다.

"그렇게 돌봐주면 얼마를 내니?"

"국공립이잖아. 매달 몇 만 원만 내고 나머지는 다 나라에서 주지."

딸아이는 무지한 내 질문을 의아해하는 눈치였다. 오밤중에 배가 아파 병원에 가기 위해 구급차를 부르고 나서 그게 무료라는 것을 알았을 때처럼 신기했다. 공짜로 어린이집에 보낼 수 있음을 당연하게 여기는 딸이 그저 대견했다.

삼십 년 전의 나는 일과 육아를 병행할 수 없었다. 내 부모님과 달리 지금의 나는 손녀를 돌볼 수도 없다. 대신 육아를 오로지 한 개인에게, 정확히는 한 여성에게 맡기지 않는 사회를 만들기 위해 나도 힘을 보탰다. 한국은 바뀌었다. 피눈물 나는 바람들이 모여 바꾼 세상은 삼십 년 동안 모두가 노력한 결실이다. 그것도 없었다면, 딸들에 대한 미안함을 어떻게 덜 수 있었을지 모르겠다.

2007년 제정된 남녀고용평등법은 모든 국민에게 육아휴직을 떠날 권리를 보장했다. 보건복지부 보육통계에 의하면, 육아휴직을 떠나는 근로자 수가 2010년 72,967명이었다가 2021년 17만 3,631명으로 증가했다. 2018년 현재 전체 어린이의 82.2%가 어린이집이나 유치원을 다니고 있는 것으로 조사되었다. 특히 다른 유형에 비해 국공립 어린이집의 비율이 2015년 이후 빠르게 증가하고 있다. 보육 서비스의 향상을 국공립 어린이집이 주도하고 있다는 것으로 해석할 수 있다. 부모들의 신뢰 정도를 감안하면 괄목할 만한 성장이다.

여성 직원이 75%를 상회하는 심평원에서도 육아휴직에 들어가는 이들이 많아졌다. 처음에는 부서장들의 불만이 컸다. '입사해서 일할 만하면 애 낳으러 들어가네,' '우리 애 낳을 때는 3주밖에 못 쉬었는데 말이야,' 하는 말들이 공공연하게 들려왔다. 젊은이들은 참지 않았다. 그런 말을 하는 상사를 익명 게시판에 올렸다. 이내 간부들은 공식적인 자리에서 말을 삼갔다. 눈치 보이는 말들은 회식자리에서 넋두리로만 했다. 내가 퇴임할 무렵에는 아예 입 밖에 내지 않았다.

육아는 매년 채용에도 고려된다. 육아휴직 인원만큼 신규 직원을 채용했다. 때에 따라 다르지만, 4,000명 정원의 조직에서 대략 500명은 장기 휴직 중이다. 육아휴직 등 장기 휴직이 생기면 다음번 채용공고 때 반영한다. 부서장의 임무는 장기 휴직을 막는 것이 아니라 발생할 공백에 대해 인사부서와 미리 협의하는 것으로 바뀌었다.

어린이집과 육아휴직으로 공공기관으로서 최소한을 했다 싶었는데 그게 아니었다. 아이를 키우는 직원들을 만나 물었더니 공통으로 초등학교 입학 후가 더 문제라고 했다. 어린이집에 다니는 동안은 출근할 때 데려와 퇴근할 때 데려가면 되지만, 일찍 집에 오는 초등학생들을 둔 부모들은 오후가 되면 좌불안석이 된다고 했다. 과외나 학원들을 돌게 하는 것도 고학년이 되어서야 가능하다. 안전한 곳에 있기만 해도 좋겠다고 했다.

심평원 안에 공간을 만들어내고 공동육아 협동조합 같은 사업을 할 방안을 찾았다. 마침 보건복지부 시범사업으로 운영하고 있는 '초등돌보미 시범사업'에 대한 이야기를 들었다. 중앙정부와 지방자치단체의 매칭펀드로 운영하는데, 공공기관에서 장소를 제공하면 전체 인원의 절반은 기관 직원의 자녀에게 할당한다고 했다. 보건복지부 담당 실장은 사업 실적을 높이기 위해 자원하는 기관을 환영한다 했다. 원주시를 설득한 끝에 예산을 배정받았다. 스무 명의 초등학교 저학년 학생을 돌볼 수 있는 프로그램을 만들 수 있었다.

직원들에게 공고를 하니 경쟁률이 어마어마했다. 하는 수 없이 우선순위를 정했다. 남편과 떨어져 원주에서 독박육아를 하는 여성 직원을 우선으로 했다. 열 명의 어린이를 선발해 돌보기 시작했다. 심평원 인근의 지역 어린이 열 명도 함께 돌보았다. 평이 좋았고, 다음 해 정원을 30명까지 확대하는 것으로 결정했다.

아직 부족하다

이런 권리를 한국의 모든 여성과 어린이가 누리는 것은 아니다. 고용노동부의 일가정 양립 실태조사에 의하면, 상시 근로자 300인 이상의 사업체 근로자 가운데 육아휴직을 '자유롭게 활용가능하다'는 응답한 이가 95.5%인 반면, 5~9인의 사업체에서는 3.8%에 불과했다. 비교적 믿고 맡길 수 있는 국공립이나 직장 어린이집에 다니는 어린이는 많게 잡아 30%에 불과하다. 지역에 따른 격차도 여전하다. 수도권 대도시에 거주하는 어린이의 38.4%가 국공립 혹은 직장 어린이집에 다니는 것에 비해, 비수도권 대도시 거주 어린이의 16.6%만이 같은 유형의 어린이집에 다니는 것으로 조사되었다.

육아휴직과 좋은 어린이집은 육아를 위한 조건 중 극히 일부일 뿐이다. 아이를 낳아 키우면서도 여성이 사회에 기여하려면, 노동시간을 줄이는 것이 무엇보다 중요하다. 최소한의 안전한 주거 공간도 필요하다. 어린이집에 데리고 갈 자동차는 기본이다. 무엇보다도 아이가 자라나, 살인적인 경쟁을 거치지 않아도 소소한 행복을 누리며 살 수 있다는 믿음이 사회 구석구석에 미쳐야 한다. 이 대목에 이르면, 아직 현실은 거의 절망에 가깝다.

육아휴직도 5인 미만 사업장에 근무하는 이들에게는 먼 나라 이야기다. 자영업자나 프리랜서는 말할 것도 없다. 육아휴직이 여성의 전유물인 한, 여성들의 출산 의욕은 높아질 수 없다. 남편이 육아휴직을 떠날 수 없다면 가정에서도 육아를 위한 노동은 여성이 뒤집어쓰게 된다. 직장에서는 육아휴직을 떠나는 여성들보다 그러지 않는 남성들의 승진을 우선하게 된다. 집에서도 직장에서도 아이 낳는 여성들이 설 자리가 줄어든다.

한국 사회에서 여전히 육아휴직은 여성들의 몫이다. 2022년 육아휴직을 쓴 직장인 가운데 남성은 3만 8천 명으로, 여전히 전체 육아휴직자 가운데 29%다. 제도로 보장하지 않은 탓이다. 여전히 민간 기업에서는 남성 직원의 육아휴직은 승진 포기로 간주한다. 육아휴직을 떠났다가 경력을 이어갈 수 있는 부서에 다시 돌아오는 것을 보장받지 못하는 기관도 많다. 누군가 육아휴직을 떠나면 나머지 직원들이 일을 분담하는 경우가 대부분이니 휴직자가 눈치를 볼 수밖에 없다. 일본에서는 이런 현상에 대처하기 위해 육아휴직을 떠난 부서의 직원들에게 수당을 주기도 한다.

공공기관이라고 다를까. 10년 전 심평원에서도 남성 직원이 육아휴직을 떠나면 화젯거리가 되었다. 기획재정부가 실시하는 경영평가에서 남성 직원 육아휴직 사용률을 지표로 도입한 이후 공공기관 남성직원의 육아휴직율은 상승했다. 문화는 제도를 따라간다.

일하는 엄마로 간절하던 때 나는 육아휴직도 어린이집도 생각해내지 못했다. 그건 북유럽의 먼 이야기로만 여겼다. 내가 엄마인 것이 미안할 따름이었다. 다른 엄마들과 이야기할 여유도 없었다. 아이를 낳았다는 사실만으로도 모든 어머니는 보호받아야 했지만 나는 그러지 못했다.

한 세대를 넘어서며 아이 낳는 여성이 보호받는 것이 '어느 정도' 당연한 사회가 되었다. 하지만 갈 길이 멀다. 상처받은 내 딸들의 마음은 치유되지 않았지만, 그들이 그들의 딸에게 새로운 상처를 주는 일이 반복되지 않으리나는 희망을 갖게 되었다. 엄마라도 미안하지 않은 사회를 만들어야 저출생의 출구가 보인다.

여성 원장이 일하는 법 3:
성폭력과의 싸움

징계결정의 무게

2018년 4월 심평원 기획이사 임명장을 받았다. 원주 본원과 서울사옥 사무실 전체를 다니며 직원들에게 인사를 하는 것으로 일정을 시작했다. 연이어 유관기관에 인사를 했고, 부서 업무보고가 이어졌다. 빽빽하게 일정이 잡혔다.

원장이 되고 보니 몸을 더 많이 움직인 것은 기획이사 시절이었다. 물론 조직의 가장 어려운 의사결정은 원장 몫이다. 원장을 보좌하는 임원이 다섯 명 있으니 책임감의 무게는 정확히 다섯 배인 셈이었다. 그럼에도 기획이사에게 맡겨진 어려운 의사결정이 있었는데, 징계위원장으로서의 역할이었다.

이사로 취임하기 이전에 이미 징계위원회 소집 건수가 급격하게 늘고 있었다. 여러 요인이 있었다. 2012년 조직의 내부 통제 시스템을 구축하기 위한 목적으로 세워진 기업 '레드휘슬'과 심평원도 2014년 계약을 맺은 것이 중요한 요인이었다. 레드휘슬은 심평원 같은 기관과 계약을 맺어 계약사나 하청업체 직원 등에게서 민원을 받는다. 고발자의 신분을 보호하기 위해 받은 내용을 암호화하여 계약사에 전달한다. 심평원 같은 큰 조직은 상임 감사를 통한다. 징계나 개선이 필요하다고 판단하면 감사는 기관장에게 요청한다. 동시에 고발자에게 조치내역을 통보한다.

때를 같이 해서 성폭력 관련한 사회적 고백들이 이어졌다. 과거에는 묻고 넘어가던 문제들을 하나씩 공식적으로 제기하기 시작했다. 심평원에서도 마찬가지였다. 임명장을 받은 직후, 기획이사가 주재해야 하는 징계위원회가 예정되어 있다는 보고를 받았다. 성폭력 사건이었다. 내게 맡겨진 일이 얼마나 심각하고 무거운지 처음에는 느끼지 못했다. 사건의 내용을 파악하고 징계 규정과 외부 사례를 찾기 시작하면서 마음이 무거워졌다.

성폭력은 성희롱과 성추행, 그리고 성폭행으로 구분한다. 대개 언어적인 폭력에서 끝나면 희롱으로 간주하고, 손 등으로 직접 신체 접촉이 있었는지 여부에 대한 사실관계를 파악해서 그럴 것 같으면 추행으로 본다. 물론 언어폭력이라도 정도와 반복 여부에 따라 판단은 달라진다. 보면 볼수록 어려웠다.

결정해야 할 날이 하루하루 가까워졌다. 회의를 이끄는 것이야 이력이 날대로 났지만, 회의의 결과에 따라 가해자와 피해자의 인생이 바뀌는 일 앞에서 부담이 너무 컸다. 여성으로서 임원

으로서 오만가지 생각이 들었다. 조직도 웅성거렸다. 징계위원
장인 내게 관심이 집중되는 것을 느꼈다.

원칙대로 간다

내가 이사로 취임하기 직전에도 성폭력으로 중징계에 처한 다
른 직원이 있었다. 중징계를 받은 이들이 대부분 그렇듯 그 직원
은 징계무효소송을 제기했다. 중징계를 염두에 둔다면, 그 이후
에 있을 소송에도 대비해야 했다. 아무리 징계를 무겁게 해도, 소
송에 진다면 기관에 부정적 영향이 미칠 것은 불을 보듯 뻔했다.
소송에서 가장 중요하게 여기는 것은 절차적 정당성이다. 성폭
력 자체가 인정되더라도 절차적 하자가 있는 징계는 대개 무효
로 여겨진다. 허투루 감정대로 하면 안 되겠다는 경종이 머릿속
에 울렸다.

　여성계에 오래 몸담아온 지인에게 물었다. 성폭력이라면 펄쩍
뛸 것으로 생각했던 그녀는 오히려 차분했다. 우리 원의 관련 징
계 양정을 우선 물었다. 다른 기관의 징계 현황에 대한 많은 정
보를 가진 그녀가 조언했다.

　"감정에 휘둘리지 말고, 가해자의 행위가 어느 유형에 해당하
는지를 냉철하게 판단하세요. 가해자의 평소 언행도 다각도로

살펴야 하고요. 무엇보다 기관의 징계 양정표를 어기면 절대 안됩니다."

징계위원회의 구성부터 신중을 기했다. 규정에 의하면 징계위원회는 기관 내 일급 이상 간부와 외부 전문가로 구성하게 되어 있다. 내부 실장들은 징계위원회에서 말을 아끼는 경우가 많았다. 서로 잘 알고 지내던 이를 '판단'하고 '정죄'하는 일은 쉬운 일이 아니었다. 특히 성폭력 관련 징계는 성비가 중요했다. 여성 변호사를 추천받았다. 실장 가운데서도 여성을 찾았다.

회의를 소집했는데 참가자들의 입을 열기가 쉽지 않았다. 나는 질문을 이어갔다. 내외부 위원들이 입을 열게 하려면 단정적인 닫힌 문장이 아니라 열린 질문을 형태를 바꿔가며 계속해야 했다. 어떤 회의보다 진행은 더디고 어려웠다. 우선 사실 관계를 확인했다. 그 사실 하나하나를 징계 양정표와 맞추었다. 몇 시간의 회의 끝에 '강등'이라는 결정을 내렸다. 징계위원회를 마치고 그 주말 내내 끙끙 앓았다. 남성 간부들이 술렁이는 것도 느껴졌다. 예상했지만 징계 당사자는 재심을 요청했다. 구성원을 바꿔서 징계위원회를 다시 열었지만 위원들의 견해는 같았다.

재심이 끝난 후 징계무효소송이 이어졌다. 소송이 제기되면 공공기관도 법률대리인을 지정하게 된다. 변호사가 얼마나 사건에 대해 얼마나 전문적이며 열의가 있느냐에 따라 같은 사안이라도 판결은 천차만별이다. 서지현 검사가 핵폭탄 같은 고백을

한 이후 사회분위기는 성난 파도와도 같이 바뀌었지만, 그 영향
이 지방법원까지 미칠지는 확신할 수 없었다.

징계무효소송 제기 소식을 듣자마자, 성폭력 사건 경험이 많
은 변호사를 찾았다. 심평원이 이 사건을 얼마나 엄중하게 받아
들이고 있는지 직접 설명도 했다. 개별 사건을 임원들이 직접 챙
기는 경우는 흔치 않았다. 진심이 통했다. 변호사는 춘천지법 원
주지원을 멀다 않고 방문했다. 2018년 12월과 2019년 1월, 두
사건에 대해 춘천지방법원 원주지원은 징계무효소송을 기각했
다. 원내 변호사의 판단에 의하면 결코 승소를 자신할 수 없는
상황이었다. 술렁이던 분위기가 정리되었다.

젊은 여성 직원들의 연대

그 후로도 성폭력 사건은 계속 발생했다. 정확하게 말하면 과거
에 겪었던 성폭력 사건을 수면 위로 끌어올려 적극적으로 제기
하기 시작했다. 성폭력과 관련된 일들은 교과서처럼 흘러갔다.
심평원 안에서도 초반에 문제를 제기한 여성들은 진취적이고 주
장이 강한 이들이었다. 그들은 그 문제와 맞서 싸울 용기를 가진
'센 언니'들이었다. 어느 조직에서나 그렇듯이 이들에 대한 시선
은 곱지 않다. 하지만 그 눈초리를 뚫고 당차게 문제를 제기하는

그녀들 덕분에 기관의 성 비위 대응능력은 개선된다.

용감한 여성들의 문제제기로 강력한 징계가 두 차례 이어진 후에 다른 양상이 전개되었다. 참고 지내던 이들이 문제를 제기하기 시작했다. 호소하면 기관이 대처해준다는 믿음을 가지게 되자 망설임을 끝내고 작은 목소리를 냈다. 그들이 원하는 것은 상대방을 '처벌'하는 것이 아니었다. 더 이상 같은 피해를 입는 여성들이 없기를 바라는 마음이었다.

매뉴얼대로 문제가 제기되면 즉각 분리조치를 했다. 이어서 조사를 시도했지만, 담력이 약한 피해자들이 추가적인 조사를 원치 않는 경우가 많았다. 연이어 엄한 징계를 한 경영진 입장에서는 새로 제기된 문제들도 같은 수준으로 처리하는 것이 필요했다. 상당 시간이 지난 후 호소한 사건들은, 내용이 사실이라면 더 중한 일이었다. 오래 묻어둔 피해자들의 상처는 더 큰 것 같았다. 기관의 조사로는 사실관계를 밝히기도 어려웠다. 경찰의 수사가 필요했다. 기관의 고민은 더 깊어졌다.

마음 약한 피해자들을 우격다짐으로 조사한다면 그것 자체로 이차 피해가 될 일이었다. 다시 여러 외부 전문가들에게 물었다. 피해자 의견과 무관하게 수사를 의뢰하는 기관장이 더러 있다고들 했다. 기관 책임을 면하기 위한 수사의뢰는 피해자 구제에 도움이 되지 않는다는 견해가 많았다. 징계위원회를 한 차례 열었지만, 오래 걸리더라도 피해자의 동의를 받아 기관 내에서 조사를 하고, 필요하면 수사의뢰를 하라고 했다. 절차는 중단되는 것 같았다. 그런 가운데 지각변동이 일어났다. 젊은 여성 직원들이 연대하기 시작한 것이다.

"너도 이야기하면 회사에서 도와줄 거야. 더 참지 말고 얘기해. 우리가 도와줄게!"

주변에서 응원하는 여성 동료들이 나타나기 시작했다. 조사와 징계 관련 부서 여성 직원들도 참을성 있게 기다리며 다독였다. 경영진이 인지하고 몇 주가 지나도록 입을 떼지 않던 피해자의 입이 한 번 열리자 둑이 무너진 것과 같았다. 주고받은 문자들을 꺼내고 어떤 피해가 있었는지를 구체적으로 말하기 시작했다. 피해자의 진술은 일관되고 구체적이었다. 육하원칙을 갖춰 갔다. 그 사이 힘을 얻은 피해자는 경찰 수사의뢰에도 동의했다. 꼬박 일 년의 시간이 지나 춘천지방법원 원주지원에서 유죄판결을 내렸다. 중단했던 징계절차를 다시 시작했고 징계위원들은 갈등 없이 '파면'으로 결론을 냈다.

흔들리며 배운다

수사나 조사를 원치 않는 피해자는 계속 나왔다. 수사의뢰를 하기는 상대적으로 가볍고 그냥 지나치기에는 중한 사건들이 정작 큰 숙제를 안겨주었다. 대개의 간부급 직원들은 기관 안에서 이런저런 이해관계에 얽혀있게 마련이다. 기관 안에서 사건을 전문적으로 조사할 인력을 찾기도 어려웠다. 피해자도 기관 내 직원의 조사를 꺼렸다.

징계위원회를 열기 전에 '성폭력성희롱고충심의위원회'를 열었다. 외부에서 모신 위원들은 객관적이며 절차적인 하자가 없는 조사가 우선이라고 강조했다. 법무법인에 조사 자체를 의뢰한 경우도 있었다. 기관이 아닌 제3의 장소에서 하는 조사는 피해자도 편안해했다. 여러 건의 성폭력 사건이 흘러가면서 내 감정도 담담해지기 시작했다.

성폭력과의 지난한 싸움에서 뼈아프게 체득한 것들이 있다. 첫째, 최고경영자의 철학과 방침이 무엇보다 중요하다. 경영자도 지속적으로 교육을 받아야 현실감을 갖게 된다. 설득력 있는 강사를 불러 강의를 듣는 것은 기본이다. 배움은 실천해야 내 것이 된다. 회식자리에서 문제행동이 눈에 들어오면 '그건 성희롱인데요.' 하며 가볍지만 확신 있는 표현도 필요하다. 기관장의 이런 지적은 금세 소문이 난다. 원장 앞에서라도 주의하다 보면 습관이 된다. 원장이 타고 있는지 모를 노릇이니, 승강기 안에서도 조심해야 했다고 직원들이 말했다. 경영진의 철학은 무관용에 기반한 강력한 징계로 이어져야 효과를 발한다.

기획이사에서 원장까지 5년을 지속하니 간부들의 문화 개선은 성공적이었다. 젊은 직원 간의 문화도 바뀌었다고 들었다. 어린 직원들이 참고 넘어가지 않고 의제화하기 시작했다는 점에서, 분명 내 이삼십 대와 다른 시간이 흘러가고 있다. 사회 전반에서 변화가 일어나도, 한 개인이 변화를 체험하려면 그건 개별 기관과 조직의 변화로 이어져야 한다.

둘째, 성폭력 사건이 발생하면 철저하게 피해자 중심 원칙을 견지해야 한다. 징계를 마무리하고 피해자를 불러서 따뜻한 위로를 전하고 싶었다. 그러나 주변 직원들에게 물었더니, 그러지 않는 것이 좋겠다고 했다. 이것 역시 2차피해의 하나로 이어질 수 있다는 것이다. 퇴임하기 직전 피해자 주변에서 그들을 도왔던 직원들에게 따로 고맙다는 인사를 전하는 것으로 내 마음을 표현했다.

마지막으로 강조하는 것이 절차적 정당성이다. 경영진의 의욕이 앞선 나머지, 조사나 징계과정에서 절차적 정당성을 잃는 경우가 많다고 들었다. 징계무효소송에서 법원이 우선 판단하는 것은 절차적 정당성이다. 절차가 정당하지 않은 모든 징계는 무효다. 가해자와 업무관련성이 있는 이가 징계위원으로 들어가는 경우, 사실관계 조사가 부족한 경우, 경영진이나 징계에 임하는 이가 위원회가 열리기 전에 사적인 견해를 발설하는 경우 등등 절차적 정당성을 의심하게 하는 일이 한두 가지가 아니다. 실제로 사회적으로 알려진 성폭력 사건들이 절차적 정당성 문제로 대법원에서 징계무효가 인용되었다는 기사를 여러 차례 접했다. 절차적 정당성이 훼손되어 나중에 징계 결과가 뒤집어지면 우선 피해자에게는 씻을 수 없는 상처가 남는다. 기관 전체의 경각심은 당연히 없어진다.

성폭력을 엄단하다 보면, 무고하게 가해자로 지목되는 사례와도 만나게 된다. 이 역시 경영진의 섣부른 예단은 금물이다. 정말로 '혼내주고 싶은' 사례일수록, 반대로 '무고임이 분명해 보이는' 사례일수록 절차적으로 하자가 없어야 한다. 섣부른 의욕이 화를 부른다. 성폭력과의 지난한 싸움은 '사람과의 싸움'이 아니다. 성희롱이 사람 사이의 관계를 부드럽게 이어준다는 어이없는 인식, 뜻이 좋으면 민주적 절차를 보장하지 않아도 좋다는 전근대성, 훌륭한 리더라는 평가를 받기 위해 내가 재임하는 동안 문제를 해결해야 한다는 조급함, 이런 모든 것과의 싸움이다.

싸움의 열매가 재임하는 동안 내게 돌아온 것은 아니다. 열심히 싸웠지만, 성폭력 사건이 많다고 국회로부터 질책을 받기도 했다. 성폭력 징계 건수가 많다고 해서 결코 기관의 노력이 부족한 것이 아니며, 그것은 지난한 전투의 상흔이라고 외쳐야 했다.

3장

의료는
더 넓은 세상과
만나고

돈벌이가 되진 않았지만 나는 새로운 것을 배우며
성장할 수 있었다. 인식의 폭이 넓어졌다. 진료실
안에서는 배우기 어려운 경험들이었다. 그렇게 쌓은
사람과의 관계는 오래남아 내게 안식처가 되었다.
정말 큰돈을 벌고 싶다면, 인맥을 쌓고 싶다면,
사회적으로 성공하고 싶다면, 누군가에게 어른으로
대접받고 싶다면, 내면의 충만한 의미를 찾고 싶다면,
젊은 날 밥벌이와 무관한 헌신에 자신의 일부를 투자해
보라고 권한다.

팬심이 일이 될 때

인생의 노래를 만나다

1987년 휴학을 하고 가장 좋은 것은 나 홀로 늦잠을 잘 수 있다는 사실이었다. 위층에서 출근준비를 하는 오빠는 집이 쩌렁쩌렁 울리도록 음악을 크게 틀어놓곤 했다. 오빠가 큰 소리로 틀어놓는 노래는 그 어떤 것도 다 멋졌다. 베토벤 피아노 협주곡 〈황제〉만큼이나 이문세의 〈광화문연가〉도 내 마음을 움직였다. 오빠가 출근한 낮 시간 동안, 레코드판을 꺼내 집안을 음악으로 채우면서 병으로 인한 무력감을 달랬다.

하지만 '인생의 음악'을 만난 것은 한참 뒤의 일이었다. 가정의학과 2년 차 어느 봄날 평소보다 늦은 출근길, 택시에 몸을 맡겼다. 늘 그렇듯 일은 많고 쉼은 짧았다. 정리되지 않는 생각에 마음도 불편했다. 그때 라디오 속 노래의 가사가 귀를 파고들었다. 처음 듣는 강렬한 노래였다. 멜로디만이 아니라 가사 한마디 한

마디가 마음 한가운데 박혔다.

"검은 밤의 가운데 서 있어／ 한 치 앞도 보이질 않아／ 어디로 가야 하나／ 어디에 있을까／ 둘러봐도 소용없었지／ 인생이란 강물 위를 끝없이 부초처럼 떠다니다가／ 어느 고요한 호수가에 닿으면／ 물과 함께 썩어가겠지!"*

후렴구가 나오자 기댄 몸이 저절로 일으켜졌다.

"일어나!／ 일어나!／ 다시 한 번 해보는 거야／ 일어나!／ 일어나!／ 봄의 새싹들처럼!"

시대의 전설인 된 가수 김광석. 그를 사랑한 수많은 팬들의 무리에 기꺼이 참여하게 되었다. 그의 이름으로 발매된 카세트테이프를 모두 사들였다. 전공의 수련 동안 이 병원 저 당직실로 옮겨 다닐 때마다 소중하게 챙겨서 들었다. 지방병원 여자 당직실을 홀로 지키던 때에는 테이프가 늘어지도록 밤새도록 틀어 놓고 들었다. 그의 노래 거의 모든 가사를 외우게 되었다.

김광석은 대학로의 소극장 '학전'에서 콘서트를 이어가고 있

* 〈일어나〉, 김광석 4집 '네번째' 수록, 작사·작곡 김광석, KOMCA 승인필

었다. 서울대학교병원에서 길 하나만 건너면 갈 수 있었다. 덕분에 전공의 시절에도 그의 공연은 놓치지 않고 참석했다. 소극장을 가득 채우는 가수의 노랫소리는 혼자 듣는 테이프나 음반의 소리 그 이상이었다. 김광석은 공연 중에 중간 중간 주옥같은 멘트를 보탰는데, 그것까지 하나의 작품이었다. 노래 동아리에서 시작해 서정적인 노래까지 섭렵한 가수, 자유로운 정신세계를 추구하는 그에게 동질감을 느낀 것은 너무도 당연한 일이었다.

그를 멀리서 팬으로만 보자니 성에 차지 않았다. 어떻게든 직접 만나 그의 세계를 알아보고 싶었다. 아무리 생각해도 방법이 떠오르지 않았다. 같은 해에 태어나 같은 해 대학에 들어갔다는 점 이외에 어떤 접점도 발견할 수 없었다. '하고 싶은 일을 모두 하고 살 수는 없는 일이니' 하며 마음을 접었다. 신문이며 잡지며 그의 인터뷰가 실린 인쇄물을 다 찾아 읽으며, 마음을 먹으면 모든 이들과 만날 수 있는 신문 기자들을 부러워했다.

인의협 기자로 둔갑

예방의학 전공의를 마치고 가정의학과 수련과정에 들어간 나는 다양한 프로젝트에 참여하며 여러 논문 작성에 참여하고 있었다. 〈근로자 건강검진과 보건관리 대행서비스의 질 평가〉라는 제법 규모 있는 공동 프로젝트도 그중 하나였다. 프로젝트의 연구결과를 논문으로 쓰는 일은 협업이 필수다. 여러 공저자에게 임무가 부가되었는데 어느 순간 진척이 되지 않았다. 중요한 부분을 담당하기로 후배 J의 일이 특히 더뎠다.

"J 선생, 무슨 문제가 있어요? J 선생이 도와주어야 진행이 될 텐데요."

"사실은요, 제가 다른 일을 하나 하고 있는데 그게 일이 만만치 않네요."

"무슨 일이에요?"

"인의협에서 제가 신문 편집을 맡고 있어요. 원고 써주기로 한 사람들이 잘 안 써줘서 제가 그걸 다 메꾸려니 힘이 들어요. 죄송해요, 선생님."

인도주의실천의사협의회, 약칭 인의협은 1987년 6월 항쟁에 힘입어 만들어진 진보적 의사들의 단체였다. 이름은 많이 듣고 있었지만, 병으로 입원과 수술을 반복하고 있던 나와는 인연이 닿지 않았다. 게다가 의과대학의 주류 교수들은 인의협에 비판적이었다.

"의사는 원래 인도주의를 실천하는 직업이야. 그런 인도주의를 자기들만 실천한다고?"

학생 시절 지도교수께 직접 들었던 불평 섞인 평가였다. 하지만 후배의 말을 듣고 번개처럼 생각이 하나 스쳤다. '멀리서 보면 주류 교수들의 질시를 살 만큼 고고해 보이는 인의협이 신문 발행도 어려울 정도라니. 저 후배가 인의협 신문을 도맡아서 만든다고? 그렇다면 내가 기사를 써도 실어주겠네!' 과거 노래운동을 했던 김광석이라면 인의협 신문에서 온 인터뷰 요청을 거부하지 않을지도 모를 일이었다.

생각이 여기에 이르자, 나는 과감하게 행동으로 옮겼다. 우선 후배에게 제안을 했다.

"내가 인의협 신문 기사 하나를 채워주면, 우리 연구에 시간을 좀 할애할 수 있겠어요?"

"그럼요. 근데 어떤 기사를 쓰시게요?"

"나한테 인의협 신문 기자 자격을 준다면, 가수 김광석 씨를 인터뷰해 볼게요."

"해주신다면 정말 감사하지요. 그게 가능하시겠어요?"

'감사할 것까지야. 기자를 사칭해 내가 좋아하는 가수를 만날 수 있는데 내가 감사해야지요.' 이 말은 목 안으로 삼켰다. 친하게 지냈던 전공의 한 명이 김광석 씨와 인연이 닿는다는 것이 생각났다. 그를 통해 김광석 씨의 휴대전화 번호를 알아냈다.

"안녕하세요? 인의협 신문기자 김선민이라고 합니다. 가수님을 찾아뵙고 인터뷰를 하고 싶은데 시간을 내주실 수 있으신지요?"

"예, 그러죠. 만나서 술이나 한잔하죠, 뭐!"

그는 흔쾌히 수락했다! 가슴이 쿵쾅거렸다. 가수 김광석을 일대일로 만나 이야기를 할 수 있다는 사실에 며칠 동안 잠을 못 이루었다. 겁도 났다. 국민의 사랑을 받는 당대 최고의 인기 가수에게 사기를 친 것 같았다. 인의협을 들먹였지만 나는 회원도 아니었다. 그것도 신문기자라고 이야기했으니. 그가 일간지 기자로 이해했을지도 모를 일이었다. 인의협도 사실은 많은 고민을 안고 있다는 것도 애써 이야기하지 않았다.

꿈은 이루어진다, 김광석 인터뷰

인터뷰 날짜는 하루하루 다가왔다. 그의 노래야 거의 전곡을 외우고 있으니 별도의 공부가 필요치 않았다. 인의협과 김광석을 어떻게 인터뷰로 녹여낼 수 있을지가 고민이었다. 인의협 사무실을 찾아 조직의 역사부터 공부했다.

1982년 대학에 입학해서 만난 사회는 억압 그 자체였다. 정의 사회 구현을 내세웠던 집권세력은 전혀 정의롭지 않았다. 꽃다운 청춘들이 목숨을 잃었다. 박종철과 이한열은 민주화 운동에 일평생을 바쳐온 투사가 아니라 솜털이 보송보송한 어린 학생들이었다. 한 명은 고문을 받다가, 또 한 명은 최루탄에 맞아 세상을 떠났다.

어린 학생들의 죽음은 평범한 시민들의 마음에 빚을 안겼다. 소시민들이 거리에 나섰다. 1987년 6월 항쟁을 겪으며 민주화 열망은 커졌다. 노태우 대통령 때 철권통치는 체감할 정도로 누그러들었다. 김영삼 대통령 취임 후에는 한걸음 더 나갔다.

노동 현장과 민주화 현장을 지켜왔던 인의협도, 10년 차가 되면서 정체성의 고민을 하게 되었다. 회원들은 의사로서의 기득권을 쌓아가고 있었다. 의사 사회 안에서 변화의 흐름을 이끌어 내지도 못하고 있었다. 훗날 의약분업을 거치면서 선명한 존재감을 드러내게 되었지만, 1990년대 중반의 인의협은 이러지도 저러지도 못하고 있었다. 변화의 시절 인의협의 고민은 서른 살에 접어든 김광석의 그것과 유사했다. 내 고민과도 비슷했다. 김광석의 대표곡 '서른 즈음에' 가사처럼 인의협도 나도 새로 채워야 했다.

유려한 필치는 아니었지만, 그런대로 마음에 드는 기사를 썼다. 깊은 고민 덕이었다. 아쉬웠지만, 그와의 대화가 술자리로 이어지지는 않았다. 의료의 질을 연구하기 시작한 내게 그의 말은 큰 울림으로 남았다.

"가수는 노래를 잘해야 하고, 의사는 환자를 잘 봐야 해요."

개미 같은 배짱이 - 가수 김광석

서울대학교병원 가정의학과 전공의 김선민

김광석 하면, 그를 아는 사람이면, 떠오르는 공통의 느낌이 있다. 그에게는 무언가 한 시대를 살고 있다는 '우리'로서의 느낌이 있다. 그는 참으로 상징적인 가수이다. 1982년 대학에 들어갔고, 1987년부터 '노래를 찾는 사람들'에서 활동하였고, 1990년대가 지나면서 그들 중 거의 유일하게 성공한 가수가 되었다.

(중략) 가수로서의 김광석과 의사로서의 우리 사이에 어쩐지 공통점이 있을 것 같아 그와의 인터뷰를 준비하였다. 준비하면서 내심 걱정을 했다. 그에게서 만족할 만한 대답을 얻지 못할 것에 대하여, 그리고 함께 한 시대를 살아가는 사람으로서 아무런 공통점을 발견하지 못하고 결국은 그에 관한 조작된 인상을 심어주는 거짓 기사를 쓰게 될 가능성에 대하여.

Q   신문에서는 운동권출신의 가수라 이름 붙였는데 거기에 대해서 어떻게 생각하십니까?

A   네, 틀리진 않아요. 그저 함께 잘 살아보자는 생각이었다면 맞게 표현하는 것인지 모르겠네요. 그 기본적인 생각에는 지금도 변함이 없어요. 대학 때 연합메아리에서 활동하였고, 1984년에 김민기 씨와 뮤지컬을 함께 준비했고, 1987년에는 '노래를 찾는 사람들'과 함께했어요. 그리고는 주로 재야에서 하는 행사의 무대에 오르곤 했지요. 1988년 1월에는 친구들과 어울려 장난삼아 동물원이라는 그룹을 만들었어요. 당시에 상업적인 의도는 없었는데 음반은 성공했어요.

Q   노래 운동에 관하여 어떻게 생각하십니까?

A   80년대 소위 운동가요라는 것들 중에 사실은 구태의연하고 노래 같지 않은 노래가 많았어요. 실제로는 그렇게 알려지지 않은 분들 중에서 진정한 운동권 가수가 있어요. 정태춘 씨라든가 하덕규 씨라든가. 노래는 결국 많은

사람들에게 불려야 하고 그래야 노래가 노래의 기능을 한다고 생각해요. 억지로 무슨 의도를 갖고 만든 노래들 결국 오래 가지는 않았지요. 문화라는 게 어떤 소수가 이끌어 나가는 것이 아니라 자연스럽게 만들어지는 것이거든요.

Q   앞으로 본인의 노래세계는 어떻게 이끌어 나가실지요?
A   결국은 여러 사람에게 불려질 수 있는 노래를 부르고 싶어요. 그리고 그 한가운데에 인권문제를 잘 담아내고 싶어요.

Q   지금까지 불러오신 노래를 살펴보면 인기를 끈 노래와 직접 작곡하여 부르신 노래는 약간 다르고 후자 쪽에 더 애착을 가진 것이 아닌가 싶은 느낌이 드는데요.
A   네 맞아요. 가장 인기를 끈 노래는 '사랑했지만'이지만 제가 가장 좋아하는 노래는 '일어나'입니다. 그 노래운동의 문제로 한참 고민하고 힘들었을 때 만들어서 불렀어요.

(중략)

Q   그래서 말씀인데요, 노래의 주제가 무척 다양하달까, 일관성이 없달까 싶은 구석이 있는 것 같은데요.
A.   사랑타령 말씀하시는 거지요? 맞아요. 그렇지만 사랑 노래도 잘 불러야 되는 것 아닌가요? 대중이 사랑노래를 원하면 가수는 그걸 불러야 한다고 생각해요.

Q   혹시 의사들에게 바라는 점이 있으십니까?
A.   제발 설명을 좀 자세히 해주는 의사가 있었으면 좋겠어요. 제 처가 출산할 때 산부인과에 입원해 있었는데 새벽에 아이를 낳았어요. 그런데 의사는 출근을 하지 않고 간호사는 의사 부르러 가고, 그래서 결국 아이를 제가 직접 받았어요.

할 말이 없었다. 하필이면 내가 의사일까 싶었다. 내가 그에게 바라는 점을 이야기하였다.

Q 저는 김광석 씨에게 부탁드리고 싶은 것이 있어요. 개인적으로 90년대 끝나도록 그리고 2000년대가 오도록 오래오래 살아남으셔서 가능하면 좋은 노래 많이 불러주실 것을 부탁드리겠어요.

인터뷰를 마치고 나오면서 처음에 하였던 걱정들이 기우임을 알고 안심하였다. 실제 그와 인의협은 비슷한 점들이 아주 많았다. 어정쩡하다고 누군가 표현한, 그래서 살아 있는 우리의 모습과 같은 점들이다. 80년대 대중문화운동을 하다가 지금은 돈을 꽤 벌어서 고급 승용차를 타고 다니지만 상업주의의 냄새가 풍기지 않는다.

그 이유는 그가 모은 돈이 노래를 미끼로 하여 다른 데서 큰 건으로 수입을 올리는 것이 아니라, 한 장 한 장 노래집을 팔고 매일 저녁 꼬박 네 시간씩 생음악으로 공연하여 벌기 때문이다. 그의 표현대로 '공연장에 오는 사람들이 한 숟가락씩 보태주어서 잘 먹고 있다.' 자본주의 체계 안에서 돈을 번다는 것에 대하여 크게 부끄러워하지 않는다. 그러나 돈을 벌어도 부동산으로 버는 것이 아니라 한 건 한 건 보험 청구해서 버는 우리의 모습과 유사해서 어쩐지 밉지가 않다.

무엇보다 우리와 비슷한 것은 95년이 삼분의 이나 지나간 오늘, 무엇으로 스스로를 이끌어 나갈지를 고민하고 있다는 점이다. 더불어 함께 산다는 것의 의미에 대하여, 그리고 현재 스스로만을 납득시키기 위하여 궁색한 운동논리를 펴지 않겠다고 한다. 그는 어떤 노래로 더불어 함께 살아가는 것을 들려줄지, 그리고 과연 우리는 무엇으로 '인도주의'를 '실천'해 나갈지 한참을 고민하여야 한다는 무거운 공감으로 그의 사무실을 나왔다.

- 1995년 11월 18일자 인의협 소식 중

내 관심은 영화와 드라마로 이어졌다. 이거다 싶은 드라마를 만나면 반복해서 본다. 2016년 7월부터 2년간 스위스 제네바의 세계보건기구WHO에서 수석기술관으로 일했다. 홀로 살던 2년간 내 드라마 사랑은 정점을 찍었다. 스위스에서는 일이 많아도 사무실에서 야근하는 직원을 찾아볼 수 없다. 회식문화도 없다. 하루 종일 한국말을 하지 않은 날이 많았다. 밤은 길었다. 퇴근하면 한국방송을 배경음악처럼 틀어놓았다. 매력적인 캐릭터가 나오는 드라마를 특히 즐겼다. 가상의 인물들이 가족 같았다.

스위스 생활 2년 차에 드라마 〈비밀의 숲〉이 나를 사로잡았다. 감정을 느끼지 못하는 검사 '황시목'이 정면으로 만나는 한국의 정치·사법 비리를 다룬 드라마다. 스릴 있는 전개와 뚜렷한 메시지, 배우들의 뛰어난 연기가 일품이었다. 명배우 조승우가 연기한 검사 황시목은 냉철한 판단력의 정수를 보여주었다. 국정농단을 멀리서 홀로 바라봐야 했던 내게 드라마 〈비밀의 숲〉이 말을 거는 것 같았다. 큰 위로였다.

드라마에 푹 빠져 지내던 2017년의 가을, 방송국 PD인 친구에게서 뜻밖의 메일을 받았다.

"잘 지내고 계세요? 혹시 〈비밀의 숲〉이라는 드라마 아세요? 그걸 쓰신 이수연 작가님과 이야기를 나누다 선생님 생각을 했어요. 그분이 지금 의학 드라마를 준비하고 있어요. 임상 자문은 다른 의사들에게서 많이 받았대요. 이 작가님은 병원에서 연애하는 드라마가 아니라 병원 판 비밀의 숲을 쓰고 싶어하세요. 심평원에서 오래 일하신 선생님을 소개하고 싶은데, 연락처를 드려도 되겠지요?"

마다할 이유가 없었다. 열과 성을 다해 보고 있던 드라마 작가가 자문을 의뢰한다니 영광이었다. 우선 전화 통화를 했다. 이수연 작가에 대한 팬심에 내가 아는 것을 쏟아내고 싶은 욕심이 보태졌다. 말은 두서없이 길어졌지만, 내 열정을 이 작가에게 전달하기에 충분했다.

통화는 한 시간 넘게 이어졌다. 글로 써서 전할 수 있는 내용과 그 근거자료들을 제공하기로 했다. 의료 제도의 모순을 단적으로 보여주는 사례들을 추렸다. 그 사건들에 관한 기사 가운데 객관적이고 자세한 것들을 링크했다. 추가로 인터뷰할 전문가들도 추렸다. 그분들의 연락처를 정리했다. 연락처를 제공하기 전에 한 분씩 전화나 이메일을 드려 허락을 구했다.

자문에 응하면서 걱정도 따라붙었다. 내 자문으로 인해 의사들의 부정적인 측면만 부각되면 어쩌나 싶었다. 젊은 날의 나는 집단 진료거부를 접하며 내가 속한 집단과 대치했었지만 나는 역시 의사였다. 심평원에서 일하면서 다른 면을 보기도 했다. 어느 사회나 그렇듯이, 실력 있고 합리적인 의사들이 있었다. 그들은 큰 목소리를 내지 않으나 의료의 일상을 채우고 있었다. '극'을 지향하는 드라마에서는 다양한 측면을 담기 어려울지도 몰랐다.

심평원의 이미지도 걱정이었다. 의학드라마에 나올 때마다 심평원은 피도 눈물도 없이 의사들을 찍어 누르는 냉혈한으로 묘사됐다. 자문을 시작하고 드라마가 방영이 되기 전, 심평원 기획이사직에 도전했었다. 홍보는 기획이사의 업무 가운데 하나다. 그런 내가 자문을 맡은 드라마에서 심평원이 부정적으로 묘사되는 것은 부담이었다. 이 작가에게 매달려 부탁이라도 하고 싶었다. 그러나 입장을 바꾸어서 생각해보니 그런 부탁을 한다면 도리어 거부감이 들 것 같았다. 작가에게 성실하게 자문을 제공하는 것 외에는 방법이 없었다. 나를 통해 심평원과 의사들의 이미지가 심어질 터였다. 사례의 다면성을 보여주고, 다양한 고민거리를 제공하는 것이 내가 할 수 있는 최선이었다.

드라마는 〈라이프〉라는 제목으로 방영되었다. 매주 두근거리는 마음으로 본방을 사수했다. 내 예상과 기대는 맞았다. 중요 인물 가운데 한 명이 심평원 직원으로 나왔다. 이규형 배우가 분한 예선우 선생이었다. 정형외과 의사인 그는 심평원 심사위원으로 나왔다. 드라마 주인공이자 '상국대학병원' 응급의학과 의사 예진우(이동욱 분)의 동생이었다. 극중 예선우는 어려서 당한 교통사고로 휠체어에 의존해서 살고 있었다. 그는 치밀한 논리와 강직한 정의감을 발휘해, 대학병원의 부원장이며 비리의 온상인 김태상(문성근 분)과 정면으로 대치했다. 마침내 그는 병원의 비리를 척결하는 데 성공했다.

대 선배에 맞설 용기를 가진 심평원 심사위원, 그것도 장애를 가진 의사라는 설정에 감정을 이입했다. (나중에 안 사실이다. 이수연 작가가 예선우라는 캐릭터를 만들 때 내 어렸을 적의 투병은 몰랐다. 심평원에서 일하는 의사에게 어떤 사연이 있을까 상상하다가 예선우의 캐릭터를 만들어냈단다. 더 신기했다.) 상국대학병원 의사들이 보여준 자정능력도 멋졌다. 배우 천호진과 유재명, 문소리 등이 연기한 의사들은 이 나이의 내가 봐도 닮고 싶은 이들이었다. 악역인 김태상(문성근 분) 조차도 머리에 뿔이 난 괴물로 묘사되지 않았다. 각성하지 않고 살아간다면 누구나 될 수 있는 모습으로 묘사되었다.

〈비밀의 숲〉에 비해 〈라이프〉는 큰 인기를 끌지는 못했지만 나름의 마니아층을 형성했다. 병원 안의 제도적인 모순들을 밀도 있게 보여주었다. 영웅 같이 수술하는 의사를 그리지도, '병원에서 하는 연애'만을 보여주지도 않았다. 〈라이프〉의 장면을 클립해 직원과 학생 교육에 썼다. 이론 설명이 아무리 장황해도, 잘 만든 드라마 한 편이 주는 영감에 미치지 못한다.

대중문화의 흐름에 나를 맡기고 호흡해 온 시간이 길다. 수동적 시청자를 벗어나기도 했다. 심평원장이 되어서도 이런 시간

은 크게 도움이 되었다. 메시지를 전달하는 데 대중문화 인용은
효과적이다. 앞으로도 대중문화 사랑을 이어갈 생각이다.

병원 밖 사회

〈사람과 의료〉편집실장 김선민입니다

가수 김광석을 만나고 싶다는 불순한 마음으로 시작한 '기자흉내'를 계속하고 싶어졌다. 인의협 신문이 다루어야 할 분야는 많았다. 뒤집어 말하면 내가 쓸 수 있는 것도 많았다. 돈 받고 하는 일이 아니니, 못 쓴다고 타박할 사람도 없을 것 같았다. 인의협 신문 편집을 맡아서 하던 후배 J가 더 적극적으로 기사를 요청했다. 김광석 인터뷰에 대한 반응이 좋다고 했다.

시립병원에서 목도한 가정폭력 문제를 외면하기 어려워 특집기사를 냈다. 많은 사람이 읽지는 않았지만, 기사를 쓰는 일도, 기획하는 일도 재미있고 뿌듯했다. 그 무렵 인의협 지도부가 바뀌었다. 기획국장을 맡게 된 선배가 전화를 걸어왔다.

"김 선생, 이참에 인의협 편집실장을 맡아주는 건 어떨까?"

"제가요? 저는 아직 회비도 안 내고 있는데 편집실장이라니요.

저는 그냥 이름 안 내걸고 조용히 기여할게요. 회비는 다음달부터 내고요."

"요즘 인의협은 이름 거는 것 자체가 기여야."

얼결에 인의협 '고위직'이 되었다. 민주화를 이뤄가는 사회에서, 인의협 활동을 이유로 타박을 받지는 않았다. 매주 여는 인의협 간부회의는 단출했지만 밀도 있었다. 이전 인의협에 고문 피해자나 산재 노동자 등, 소외 계층의 건강문제 '고발'이 맡겨졌다면, 1990년대 중반은 달랐다. 건강보험을 포함한 사회보장이 확대되면서 정책 의견 제시가 주를 이루었다. 회의는 현장 정책 교과서 같았다.

내 의료정책 경험은 인의협 회의에서 쌓여갔다. 선배들은 신중했다. 소외계층 건강 문제가 과학의 영역이라면, 정책 사안은 복잡다기했다. 건강보험 몸집이 커지면서 의료정책을 설계하고 평가하는 일은 고차방정식 같다. 어느 실타래도 술술 풀리지 않는다. 하나를 잡아당기면 또 다른 실이 엉켜 따라 나온다. 입장 표명을 요구받는 일이 많았지만, 쉽게 결론을 내기 어려웠다

매체도 달라져야 했다. 그전까지는 일간지 크기의 종이에 인쇄해서 보냈지만, 정책과 관련된 다양한 입장들을 보여주기에는 잡지 형태가 적절했다. 김광석이 흔쾌히 만나줄 정도로 영향력 '있어 보이는' 단체라면 작명도 잘해야 했다. 어려운 결정을 했다. 격월로 24~32쪽 분량의 매거진을 발간할 것, 시의성 있는

정책 이슈와 정론을 동시에 다룰 것, 의료계 내외의 다양한 필진을 구성할 것, 이름은 〈사람과 의료〉로 할 것이었다. 그해 송년회에서 기라성 같은 선배들 앞에서 말했다.

"새로 편집실장을 맡게 된 김선민입니다. 인사드립니다. 제가 오늘 드릴 말씀은 딱 하나입니다. 앞으로 선배님들께 원고를 계속 부탁드릴 겁니다. 제가 빚을 아주 잘 받아내는 사람입니다. 제가 원고를 부탁드리면, 미루시는 것보다는 차라리 그냥 써주고 마는 편이 나으실 겁니다. 잘 부탁드립니다."

나는 약속을 잘 지켰다. 한번 청탁하면 써줄 때까지 계속 전화를 했다. 글을 잘 쓸 것 같은 사람을 새로운 회원으로 모집했다. 단체 활동보다 글 쓰는 것에 관심을 보이는 이들은 많았다. 그때 글을 주었던 이들 가운데 의사 작가가 되어 명성을 떨치고 있는 이들도 있다. 시간이 지나면서 이 전략도 약발이 떨어져갔다. 내가 쓰는 분량이 많아졌다. 그만큼 지식이 쌓였고 쓰는 속도도 빨라졌다.

2년 동안 이름을 걸고 활동을 했다. 지방대학 교수로 가면서 편집실장 직을 내려놓았다. 하지만 병원 밖 사회활동을 계속하고 싶었다. 지방에서도 할 수 있는 일이 생겨났다. 인터넷이 널리 보급되기 시작했다. 단체활동도 만나서 하는 것에 국한하지 않고 사이버 공간으로 넓혀야 했다. 정보통신실을 만들자고 인의협 간부회의에 건의했다. 받아들이지 않을 리가 없었다. 고민하면 답은 나온다.

천리안에 회원들을 위한 폐쇄사용자공간Closed User Group, CUG를 만들었다. 지방 도시에서 지내는 내게 CUG 운영은 딱 맞는 일이었다. 인터넷이 익숙한 젊은 의사와 의대생들이 함께하며 온라인 토론이 활발해졌다.

더 넓어진 의료의 역할

1999년 활동의 반경은 더 넓어졌다. 직장을 서울로 옮겼기 때문이기도 했고 사회가 필요로 하는 일이 많아졌기 때문이기도 했다. 1997년 대선에서 김대중 후보는 '건강보험통합일원화', '국민기초생활보장법', '의약분업' 등 굵직굵직한 사회보장 정책을 공약으로 내세웠다. 당선 직후 대통령직인수위원회를 구성하자마자 사회정책의 지각변동이 일어나기 시작했다.

정부수립 이후 처음으로 평화적 정권교체에 성공한 대통령은 1998년 2월 취임하자마자, 공약들을 성큼성큼 추진했다. 해방 이후 최대의 사회정책 지각변동이었다. 10년 넘게 어렵게 추진하던 국민건강보험통합일원화가 마지막 고비를 넘겼다. 직장조합과 국민의료보험관리공단을 통합하는 하나의 조직이 재탄생했다. 진료비 심사를 위한 별도의 조직이 만들어졌다. 2017년에 발간된 〈국민건강보험 40년사〉는 이 변화를 이렇게 기술하고 있다.

> 1998년 10월에는 공무원 및 사립학교교직원 의료보험관리공단(이하 공·교공단)과 227개 지역의료보험조합(이하 지역조합)을 통합해 국민의료보험관리공단을 출범시켰고, 2000년 7월에는 다시 국민의료보험관리공단과 139개 직장조합을 통합해 국민건강보험공단을 출범시킨 데 이어, 2003년 7월에는 보험재정까지 통합함으로써 보다 체계적이고 효율적인 단일보험자체계를 확립했다. 〈중략〉
> 1988년 1월 보험자별로 분산되어 있던 진료비 심사기구를 의료보험연합회로 일원화하여 심사기준의 일관성을 확보하는 등 전문심사기관으로서의 기틀을 마련하였으나, 진료비 심사의 공정성과 객관성, 전문성을 어떻게 확보할 것인지는 여전히 논의의 대상으로 남아있었다. 이후, 1998년 노사정위원회에서 의료보험 통합을 결정하면서 독립된 심사기구에 대한 필요성이 다시 부각되었고, 의료기관과 보험자 간 사회적 합의 끝에 건강보험심사평가원 설립을 국민건강보험법에 규정함으로써 논쟁이 마무리되었다.

이 과정 뒤에는 시민사회단체의 지난한 노력이 있었다. '의료보험통합일원화와 보험적용확대를 위한 범국민 연대회의(이하 의보연대회의)'가 논의를 주도했다. 의보연대회의는 1994년 4월 노동, 농민, 시민, 보건의료 단체 등 총 77개 단체와 6개 지역연대회의가 모여 결성했다. 2000년 7월 완전한 국민건강보험 통합으로 그 역사적 소임을 다한 연대회의는 해산되었다.

보건의료의 새로운 개혁을 견인하기 위해 '국민건강권확보를 위한 범국민연대(이하 건강연대)'가 1999년 9월 출범했다. 건강연대는 국민의 정부 초기 많은 개혁과제의 화두를 사회에 던졌다. 종합 시민사회단체인 참여연대도 보건의료 정책에 힘을 쏟기 시작했다. 정치문제에 집중하던 단체들이 개혁과 복지에도 관심을 가지기 시작한 것이다.

춘천에서 서울로 직장을 옮긴 나는 좀 더 넓은 세상으로 나가고 싶었다. 건강연대의 일원으로 활동하기 시작했다. 한국보건산업진흥원에 입사해 정책연구가 밥벌이가 되었으니, 건강연대의 일은 더 익숙해졌다. 3년 가까이 인의협 일과 함께해온 정책논의 경험도 큰 도움이 되었다. 낮 동안 하는 정책연구와 저녁 시간에 하는 시민단체에서의 논의는 결이 달랐다. 양측은 상호 보완해가며 각기 발전해갔다. 상이한 입장에서 생각하는 습관은 큰 자산이 되었다.

그런 가운데 정말 나를 필요로 하는 영역을 찾았다. 건강보험 영역에서는 경험 많은 선배들이 충분한 역할을 하고 있었다. 빈 곳이 보였다. '의료보호(지금의 의료급여)'였다. 의료보험료를 낼 처지가 못 되는 가난한 이들에게는 사회적 관심이 미치지 않고 있었다.

김대중 대통령은 새로운 사회복지 패러다임을 적용해, 국민

기초생활보장법을 제정했다. 모든 국민에게 소득과 의료를 포함한 7개 분야에서 기초생활을 보장한다는 개념이었다. 과거 저소득층에게 국가가 시혜적으로 베풀던 공적 부조와는 차원이 달랐다. 그렇지만 이것을 자기 일로 생각하는 전문가는 거의 없었다. 여러 일에 치이는 시민사회단체는 상황이 더 급했다. 마침 새로 들어간 정책연구기관에서 '의료보호' 정책연구 책임자가 되었다. 밥벌이와 사회 활동이 합일하는 것을 기꺼이 내 역할로 받아 안았다.

더 낮은 곳으로

하지만 날이 갈수록 갈증을 느꼈다. 여러 정책 이슈들 가운데 하나로 다루기에는 소득 하위 3% 국민의 건강문제는 너무 컸다. 안타깝게도 가난한 이들의 목소리는 사회로 퍼져나가지도 못했다. 건강연대 안에서조차 그랬다. 새로운 논의와 활동의 장이 필요할 것 같았다. 그 장의 주인은 보건의료 전체를 개혁해야 한다고 생각하는 진보적 학자들이 아니었다. 정말 가난한 이들과 그들의 목소리를 직접 대변하는 이들이어야 했다.

가난한 이들은 어디에 있는지 찾아보니 그들은 '지역'에 있었다. 생각이 거기에 이르러 건강연대 구성원과는 다른, 빈민운동가와 지역운동가를 찾아다니기 시작했다. 달동네 지역 주민 활동가, 70년대부터 도시빈민운동을 전개해 오던 활동가, 노숙자 활동가 등을 찾아다녔다. 이들을 건강권의 이름으로 다시 엮어 연대회의를 결성했다. '가난한 이들의 건강권확보를 위한 연대회의'가 발족되었다. 인권위로 옮기느라 나는 공식으로 일하지 못했지만 그 어떤 활동보다 뿌듯했다.

학생들도 관심을 가졌다. 의료급여의 제도 개선, 노숙자 건강, 쪽방 주민들의 건강을 개선하기 위한 논의를 시작했다. 그분들의 건강을 평가하기 위해 쪽방과 노숙자 건강검진을 열었다. 건강검진을 시작하니 '손석희의 시선집중'에서 인터뷰 요청이 왔다. 새벽 여섯시에 하는 인터뷰를 들은 이가 많지 않았지만 영광이었다.

돈벌이가 되진 않았지만 나는 새로운 것을 배우며 성장할 수 있었다. 인식의 폭이 넓어졌다. 진료실 안에서는 배우기 어려운 경험들이었다. 그렇게 쌓은 사람과의 관계는 오래남아 내게 안식처가 되었다.

정말 큰돈을 벌고 싶다면, 인맥을 쌓고 싶다면, 사회적으로 성공하고 싶다면, 누군가에게 어른으로 대접받고 싶다면, 내면의 충만한 의미를 찾고 싶다면, 젊은 날 밥벌이와 무관한 헌신에 자신의 일부를 투자해 보라고 권한다.

국가인권위로 간 의사

의사가 인권위 가는 게 이상해요?

"새로 만들어지는 국가인권위원회에서 사람을 뽑는다던데. 김 선생이 와서 사회권 관련된 일을 해주면 좋겠다는 의견들이 있네요. 한번 생각해 볼래요?"

2001년 7월 더위가 기승을 부리던 여름밤, 연구 모임을 마치고 집에 가려고 나서는데 한 선배가 말을 던졌다. 당시 국가인권위원회가 어떤 상황인지, 인권위에 합류하면 어떤 일을 하게 될지 알지 못했다. 그렇지만 그날 잠을 이루지 못했다. 살면서 몇 차례 이런 선택 앞에 놓여본 적이 있다. 구체적인 의미도 모르는 채 어느 날 갑자기 내 앞에 던져진 선택들은 때로는 두려움의, 때로는 설렘의 옷을 입고 있었다.

다음 날 선배에게 말을 전한 K에게 전화를 했다. K는 인권위 설립에 기여했고, 김창국 초대인권위원장을 도와 시민단체에서도 오래 일했던 사람이었다. 그는 내게 당시 설립준비기획단의 실무를 이끄는 C변호사를 연결해주었다.

결정을 위해 며칠의 시간을 달라고 했다. 사실 '합류한다'는 결정 자체에는 몇 분이 걸리지 않았다. 며칠의 말미는 이 결정이 합당한가를 곱씹어보고, 가족을 포함한 주변 사람들을 설득하기 위해 필요한 시간이었다. 의료와 관련된 일보다 인생의 경계와 지평을 넓힐 일이라는 점에는 반론의 여지가 없었다. 하지만 한참 정책연구에서 기여도가 높아지고 있던 내 이직에 선배들이 반대할 것이 분명했다. 그때 나는 건강보험 수가 연구를 시작해서 곧 그 연구의 책임자가 될 예정이었다.

말을 꺼내자 예상대로 거의 모든 이가 반대했다. 하지만 나는 인권위로 오라는 제안에 이끌렸다. 의료 수가 연구는 하고 싶어 하는 이들이 더 있겠지만, 인권위에 가려는 의사는 나 말고 있을 것 같지 않았다.

1980년대 짧은 예과 생활 동안 운동권 언저리에 있었다. 부모님의 극심한 통제에 부딪혀 짧게 맛만 본 운동권 경험을 접으며 생긴 죄책감은 오랫동안 나를 짓누르고 있었다. 연구자의 길을 접고 인권위로 가면 마음의 짐을 덜 것 같았다.

인권위에 가겠다고 하니, 김창국 위원장이 직접 얼굴을 보자셨다. 내 이력서를 본 후 "이 사람 진짜로 오겠다는 게 맞느냐?"고 반문하셨단다. 첫 만남이었다.

"의사가, 그것도 전문의 자격증이 세 개나 있는 의사가 왜 인권위에서 일하려는 거죠?"

"의료문제도 결국 인권 차원에서 접근해야 해결할 수 있습니다."

교과서 같은 답을 했지만, 정확한 것은 아니었다. 그 이후에도 나는 왜 의사가 인권위에 갔느냐는 물음 앞에서 답이 궁해졌다. 당시 마음을 그대로 표현하자면, '환자 보는 것보다 더 재미있을 것 같아서요'였다. 그리 답하는 건 '있어 보이지' 않았다. 하지만 내뱉지 못한 그 말이 솔직한 답이다. 의미 있는 일들이 재밌기까지 했다. 훗날 같은 질문을 받으면 이렇게 반문하곤 했다.

"의사가 인권위에 가는 게 왜 이상한가요?"

맨땅에서 시작하기

국가인권기구를 설립하자는 목소리가 처음 나온 것은, 1993년 비엔나 세계인권회의 참여한 '한국 민간단체 공동대책위원회'가 정부에 '독립적인' 국가인권기구를 설치할 것을 요구하면서부터다. 1998년 취임한 김대중 대통령은 정부 100대 국정과제에 '국가인권위원회' 설립을 포함했다. 가보지 않은 길이었다.

국가인권기구의 지위와 권한 문제 등으로 법무부와 인권단체는 3년 동안 갈등했다. 법무부는 산하기구로 설치하겠다 했고, 인권단체는 강력하게 반대했다. 실랑이 끝에 입법·사법·행정부 어디에도 속하지 않는 독립된 인권기구를 설치한다는 법안이 2001년 4월에 국회를 통과했다. 정부는 5월에 이 법을 공포했다.

그해 8월 25일에 나는 국가인권위원회 설립준비기획단원으로 위촉되었다. 법 제정 이후에도 인권위 설립은 난항을 거듭하고 있었다. 인권위법은 시행령을 갖추지 못했고, 사무처직제와 예산 협의는 시작도 못했다. 새로 만들어져 정부가 하는 일을 하나하나 꼬투리잡고 간섭하겠다는 국가기구를, 법무부도 행정자치부도, 기획재정부도 좋아할 리 없었다. 그런 채로 법안이 효력을 발생할 11월 25일은 하루하루 다가오고 있었다.

이런 일엔 정답이 없다. 어느 정도 선에서 타협을 해야 한다. 어떤 선이더라도 비난은 받게 되어 있다. 당시 설립준비기획 단원들, 특히 민간인 출신 단원들은 결사대 같았다. 그 비장한 분위기에 적응하기 어려웠지만, 10년 가까이 함께 노력했던 인권 시민단체가 느낄 감정에 나도 동화했다. 호락호락 협상할 수 없는 상황이었다. 모두 고슴도치처럼 뾰족하게 곤두서 있었다.

법안 효력 발생일이 다가오자 위원장과 사무총장 내정자께서 어려운 결정을 했다. 시행령도 만들어지지 않았고 사무처도 구성되지 않았지만, 위원장을 비롯한 인권위원들이 직접 진정서를 받기로 했다. 설립준비기획단도 11월 26일 사무처준비단으로 이름을 바꾸어 달게 되었다. 여전히 우리는 사무처 정식 직원이 아닌 '위촉된 민간단원'일 뿐이었다. 법대로 하자면, 위원장이 그 업무를 위임할 사람이 없는 상황이었다. 결정을 하고 2주 남짓의 시간이 주어졌다. 나는 사업기획팀장이라는 보직을 받았다. 내게 주어지는 모든 일을 책임지고 '진행시키라'는 정도의 의미였다.

인권침해와 차별사건 진정을 받는다면, 해야 할 준비가 많았다. 화이트보드를 구해달라고 행정자치부에서 파견 온 직원에게 부탁했다. 보드 두 개를 나란히 놓고 가로로 열네 개의 칼럼이 있는 테이블을 그렸다. 칼럼 맨 위에 날짜를 적어 넣었다. 26일 상담센터를 열기 위해 14일 동안 해야 할 일들을 날짜 아래 칸에 적어 내렸다. 공간 확보, 상담부스 제작, 비품 구입, 사건 번호 부여 방식 결정, 보도자료 작성 등등 가보지 않은 길을 만들다 보니 열거에 두서가 없었다. 그래도 표를 그리니 다른 단원들이 생각을 더 채워갔다.

상담센터를 운영해 본 L과 형사사건을 담당해 본 J 변호사의 경험이 크게 도움이 되었다. 언론과 협력을 잘 해오던 N의 준비도 치밀했다. 평생 공무원을 하던 이들의 실행력은 대단했다. 나에게는 탱크라는 별명이 붙었다.

우리 그냥 도망갈까요?

11월 25일이 일요일인 것을 다행으로 생각했다. 휴일이니 공공기관을 열 수 없었고, 그런 만큼 준비할 날을 하루 더 벌었다. 날이 가까워오자 전화가 많아졌다. 아침 몇 시에 가면 되는지, 직원들은 몇 시에 출근하는지를 묻는 이들이 많은 것으로 보아, 새벽부터 줄을 설 것 같았다. 그저 일찍 오시라고 답하는 것밖에 방법이 없었다.

일요일 아침에도 L과 나는 설립준비기획단이 있는 이마빌딩으로 출근했다. 내일 아침이면 인권상담센터가 열리고, 우리 역사상 처음으로 '이런 일로 인권 침해를 당했어요!' 하고 호소할 '국가기관'이 일을 시작하게 될 터였다. 취재진들을 위한 '보도' 표찰을 만들어 입구 탁자 부근에 두었다. 아침에 줄 설 사람들을 위해 대기 번호표도 만들었다. 우리가 무슨 일을 하고 있는지 비로소 실감이 났다.

실무가 미비해 상담센터가 문을 열지 못하면 안 된다는 생각으로 준비에 여념이 없었는데, 막상 상담을 받을 수 있겠다 싶어지자 더럭 겁이 났다. 상담은 어찌 어찌 받는다고 해도, 그걸 어찌 다 처리할까 걱정이 됐다. 공식적으로 일할 수 있는 사람은 위원장과 상임위원 세 분, 비상근으로 임명된 비상임위원 일곱 분이었다.

사무처가 구성되지 않은 상황에서 설립준비기획단 단원들이 업무를 수행할 법적 근거가 없었다. 진정 접수만 받고, 조사를 진행하지 못하면 진정인들은 다시 실망할 것이 분명했다.

"2주일 동안 열심히 준비하긴 했는데, 위원장님께서 혹시 우리가 못할 거라 생각하고 시키신 것은 아닐까요? 우리가 준비를 다 한 게 나중에 더 큰 문제가 되지 않을까요?"

L이 내게 조심스럽게 물었다. 속으로 은근히 걱정을 했지만 차마 입 밖에 내지 못했던 말이었다. 한참을 이야기가 오고가다 두 마음이 합일했다.

"우리 그냥 도망갈까요?"

그녀의 흰 차를 타고 멀리 가려 했지만, 광화문 이마빌딩을 출발한 차가 도착한 곳은 삼청동의 음식점이었다. 가을이면 노란 은행잎이 창밖으로 보이는 아름다운 음식점에서 우리는 한참 동안 넋두리를 했다.

"차라리 우리가 없어져서 상담을 못 받게 하는 게 낫지 않을까요?"

'내 말이 그 말이에요.' 이 말을 하고 싶었지만, 그러면 안 될 것 같았다.

"늦었어요. 우리가 없어도 상담은 어떻게든 받을 수 있을 거예요. 도망친 우리만 욕을 바가지로 먹겠지요."

나는 타협적이었다. 그만큼 비겁했다는 것이기도 하다. 고민이 덜 근원적일지도 몰랐다. 그래도 다음 날 새벽, 사무실로 출근했다. 어이없게도 우리가 도망을 쳤던 것을 아무도 몰랐다.

11월 하순 밤이 길었던 그 새벽, 아직도 깜깜한 시각에 진정인들이 오기 시작했다. 일곱 시 무렵에는 상담센터에 발을 들여놓을 틈이 없었다. 장애를 이유로 보건소장 임용에서 차별을 당했다는 제자를 대신해 제삼자 진정을 한 의대 교수가 1호 사건이었다.

그분은 내 은사님이었다. 작정하고 진정을 하셨는데, 몇 시에 가야 1호 사건이 될 수 있느냐고 물으셨다. 6시도 안 된 시간에 오셔서 번호표를 갖고 근처 어딘가에 있다 오셨다. 민주노총 간부, 양심적 병역거부로 징역형을 살고 있는 아들을 대신해서 온 유명 성우, '살색'이라는 크레파스 명칭이 외국인 노동자에 대한 차별이라는 진정을 낸 목사, 국가보안법에 대한 진정….

그 이후 한참동안 우리 사회를 뜨겁게 달군 의제들은 모두 11월 26일 인권위로 모였다. 인권 상담 첫날 총 진정 건수는 122건이었다. 비좁은 상담센터 여기저기에서 언론과의 인터뷰가 열렸다. 모든 사건을 다루기에는 한국의 언론매체가 부족했다. 상담을 시작하고 4개월 후, 사무처 직제와 시행령안 협의를 마쳤다. 인권위는 자리를 잡아갔다.

2002년 5월 28일 오후, 인권위 정책총괄과 사무관이 내게 〈동아일보〉 단신을 이메일로 전달했다.

〈전략〉

(국민)보험공단은 치매 등 정신질환자 관리가 제대로 이루어지지 않는다는 감사원의 지적사항을 근거로 경찰청이 지난해 11월 개인 진료기록을 요청해와 올 2월에 1만3452명에 대한 개인의료정보를 보내줬다고 밝혔다.

공단 관계자는 "경찰청에서 자료를 요청했을 때 법률 자문을 거쳐 별문제가 없다는 것을 확인하고 자료를 줬지만 그 이후 민원이 자주 발생, 최근 경찰청에 자료관리에 신중을 기해달라는 공문을 보냈다."고 주장했다. 경찰청은 이들 정신질환자 개인 진료기록을 운전면허 적성검사 등에 활용하고 있는 것으로 알려졌다.

〈후략〉   〈동아일보〉(2002.05.28.)

나는 인권연구담당관인 동시에 정책총괄과장 업무 대행을 맡고 있었다. 의사들이 전말을 더 알고 있을 것 같아 알고 지내던 정신과 후배에게 전화를 했다. 기다렸다는 듯이 그는 불평을 쏟아냈다.

"그렇잖아도 선배에게 전화하려 했어요. 환자들이 항의를 해서 저도 처음 알았어요. 정신과 의사들 모임에 가보니 항의 받은 의사들이 제법 있더라고요. 환자 비밀유지는 우리의 기본 원칙인데 말예요."

"학회 차원에서 알아봤어요?

"물론이죠. (국민건강보험)공단에서 정보를 제공했다는 거예요. 이러면 환자가 치료받으러 오겠어요?"

"피해 사례를 더 알아봐 주세요. 저도 더 알아볼게요."

전화를 끊고, 직원들을 소집했다. 이와 관련해 인권위에 진정을 낸 이는 아직 없었다. "아직 진정 접수한 사람도 없는데 우리가 이것까지 할 여력이 있나요?" 직원들이 난색을 표했다. 인권위법에는 '진정이 없는 경우에도 인권침해나 차별행위가 있다고 믿을 만한 상당한 근거가 있고 그 내용이 중대하다고 인정할 때에는 직권으로 조사할 수 있다'는 조항을 포함하고 있지만 직원들의 우려는 타당했다.

우리 사회 온갖 문제들이 인권위에 진정 사건으로 접수되고 있었다. 인권상담센터를 개소한지 6개월이 지났지만, 사건 조사관이나 사무처 직원도 정원을 채우지 못했다. 피해자 스스로 진정을 제기하지 않은 사건을, 우리가 찾아서 할 만큼 여력이 있는가가 문제였다. 하게 된다면 누가 할 것인가도 숙제였다. 하지만 곧이어 내가 정작 맞닥뜨린 가장 큰 장벽은 그런 문제가 아니라는 것을 알게 되었다.

"과장님, 그런데 정신질환자는 운전 못 하게 해야 하는 거 아닌가요? 전에도 여의도 광장에서 한 정신질환자가 자신의 처지를 비관해서 차를 몰고 들어가 많은 사람을 죽게 했잖아요. 이렇게 단속해야 하는 거 아니에요? 비합리적인 인권침해 맞아요?"

나와 정신과 의사들의 견해와 직원들의 인식은 크게 달랐다. 국가인권위조차 그랬다. 정신질환자의 운전 여부뿐 아니라, 민감한 의료정보가 개인 동의 없이 경찰에게 넘겨졌다는 점은 큰 문제였지만, 멀리서 보면 문제로 보이지 않았다. 사건에 치어 있는 직원들에게 하나하나 배워가면서 사건 보고서를 작성하라고 할 수도 없었다. 하는 수 없이 사건보고서를 내가 직접 작성했다. 직원에게는 경찰청에 연락해 기초정보를 모으라고 했다. 그가 기막힌 일들을 더 알아냈다.

"감사원에서 나와서 수시 적성 검사 실적이 저조하다고 지적을 했대요. '나 정신이 이상하니 수시 적성 검사 해주세요.' 하는 국민이 어디 있냐고 항의를 했다네요. 그랬더니 감사관이 건강보험공단에 치매와 정신분열증 치료 이력이 있다며 그 정보 갖다 쓰라고 권고를 한 겁니다. 경찰청은 자기네 잘못이 아니래요."

도로교통법은 운전면허 적성검사를 정기 검사와 수시 검사로 나눈다. 면허를 처음에 취득할 때 한번 하고 그 이후 10년마다 하는 정기 검사와 달리, 수시 검사는 신체적·정신적 장애가 생겨 안전운전을 위협할 경우 받게 되어 있다. 직원이 전한 경찰의 하소연은 현실이었다.

인권위 직원이 일이 많다고 미룰 문제 같지 않았다. 우리가 일을 하지 않으면 앞으로도 계속될 일이었다. 어차피 할 일인데 하루라도 빨리 해야겠다고 마음먹었다. 아니면 수시 적성 검사를 받으라는 우편물은 환자들의 집으로 계속 갈 일이었다. 밤을 새워 보고서를 썼다. 가장 중요한 논리는 세 가지로 설정했다. 논지는 나중에 결정문에 반영되었다.

첫째, 공익을 위하여 일부 정신질환자에 대하여 이미 발급된 운전면허를 취소할 필요는 있음. 그러나 '현증정신질환자'와 '정신질환 과거력'은 구분하여야 함. 운전적성 여부 판단은 정신질환 과거력이 아니라 현재의 정신질환 상태를 근거로 하여야 하나 3년 동안 공단에 정신질환으로 진료비가 청구된 자료는 과거력을 의미함.

둘째, 운전을 불허하는 것이 공익을 위해 바람직하다고 여겨지는 치매(알츠하이머 병)나 반사회적 인격장애 환자 등은 통상적으로 정신과 진료를 받지 않게 되며 중증 정신질환자는 대개 빈곤층으로 전락하게 되므로 진료비에 의한 의료이용 장벽이 더욱 크게 작용하여 의료기관에서 진료를 받지 못하고 정신질환자사회복귀시설이나 미신고수용시설에 수용되는 경우가 많음. 이들 시설에 수용될 경우 정신질환 관련 개인정보는 공단의 진료비 청구전산자료에 포함되어 있지 않음. 따라서 6개월 이상 진료를 받은 정신질환자에 관한 공단 자료는 교통사고를 야기할 만한 중증 정신질환자 발견을 위하여 적절하지 않음.

셋째, 특히 6개월 이상 입원을 하였거나 통원치료를 한 사람들은 정신질환자 중에서 치료 순응도compliance가 높은 사람들로서 치료를 받지 않거나 다른 이유로 공단의 진료비청구전산자료에서 제외되어 있는 환자들에 비하여 현재 상태가 양호할 가능성이 높음. 따라서 공단의 진료비청구전산 자료를 기초로 하여 운전면허취소 대상을 선정할 경우 전체 정신질환자 가운데에서 상대적으로 상태가 양호한 환자들이 선택되는 결과를 초래함.

이틀이 지나 김창국 위원장께 보고했다. 위원장은 이 사건을 긴급하고 중대한 사안으로 여겨 급히 상임위원회를 열었다. 진정인이 없으니 정책권고를 하자고 정리하셨다. 그러는 사이 인권위의 조사를 알게 된 정신과 의사들이 움직였다. 피해를 받은 환자들과 그들을 진료한 의사들이 인권위에 진정서를 제출했다. 적성 검사를 다시 받으라는 경찰청의 문서는 우편물의 형태로 환자의 집으로 배송되었는데, 한 남성 환자의 배우자가 우편물을 뜯어본 뒤 이혼 위기에 놓였다고 했다.

인권위는 정책적 사안과 인권침해 사건 두 갈래로 접근했다. 인권정책국에서는 정책적인 사안을, 인권침해조사국에서는 진정 사건에서 시작해 인권침해 구제 사안으로 다뤘다. 인권침해 사건을 전원위원회에 회부했을 때도 긴 논란이 있었다. 정신질환자에게 운전하게 해도 되냐는 걱정은 꽤 설득력 있어 보였다. 많은 질문에 오랜 답을 해야 했지만, 위원들은 사무처 의견에 동의했다.

인권위 권고 이후

정책 및 대외협력 소위원회와 전원위원회는 이 사안과 관련하여 총 일곱 개의 권고를 했다. '감사원의 권고사항이 부적절하였다는 것을 고지하고, 공공기관의 개인정보 보호에 관한 법률을 개정할 것, 경찰청장은 국민건강보험공단에서 받은 자료를 삭제할 것, 경찰청장과 국민건강보험공단 이사장은 피해자에 대해 손해배상을 할 것, 국민건강보험공단 이사장은 사생활 보장을 침해하는 사례의 재발방지 조치를 강구할 것, 행정자치부 장관은 경찰청장 등 관련 공무원을 징계할 것, 국민건강보험공단 이사장은 관련 직원을 징계할 것'이 그 내용이다.

경찰청장 징계 권고를 안건으로 올리면서도, 인권위 전원위원회를 통과할 수 있을 것이라고는 확신하지 못했다. 하지만 일단 사안에 심각한 문제가 있다는 것에 동감하게 된 이후 인권위원들은 단호했다. 정치적 지향이 서로 다른 위원들이지만 이 문제에 대해서 우리의 뜻은 모두 같은 방향이었다. 하지만 인권위의 권고는 권고일 뿐이었다. 경찰청장 징계도, 경찰청장과 건강보험공단 이사장의 손해배상도 실행하지는 않았다. 그러나 인권위의 권고는 사회의 반향을 불러일으켰다. 모든 언론이 대서특필했다. 이어, 연관된 다른 법령 개정을 막는 데 성공했다.

2003년 초 경찰청은 '정신병자, 정신미약자 또는 간질병자, 마약·대마·향정신성의약품 또는 알콜중독자'를 운전면허 결격 사유로 규정하기 위해 도로교통법 시행령을 개정하려 시도했다. 2002년 7월에 운전면허 수시적성 검사 관련 사안에 권고를 낸 인권위는, 다시 한 번 법률 개정안 검토를 시작했다. 운전면허의 결격사유로 하기에는 '정신병자,' '정신 미약자'라는 용어 자체가 모호할 뿐 아니라 비합리적인 차별의 요소를 담고 있었다.

2003년 4월 인권위는 이 개정안이 지나치게 모호한 규정으로 구성요건의 명확성 원칙에 위배된다고 판단했다. '안전운전에 직접적인 장애를 주는 증세를 특정하거나, 운전면허 결격 사유가 어떠한 것인가를 일반인이 예측할 수 있을 정도로 구체적인 범위를 정한 후에 이를 시행령으로 위임할 것'을 권고했다. 경찰청은 인권위의 권고를 받아들였다. 운전면허 결격사유와 수시 적성 검사 대상을 보다 명확한 요건으로 바뀌었다.

이후 관련법은 지속적으로 개정되어, 수시 적성 검사 대상을 누구나 알 수 있고 동의할 수 있는 수준으로, 법률에 근거한 용어로 규정했다. 관련 정보들은 법에서 정한 대로 경찰청장에게 통보하게 되었다. 누구나 알 수 있도록 법률에 명확하게 규정하는 것과 그렇지 않은 것 사이에는 현격한 차이가 있다.

2021년 정신질환 실태 역학조사 최종보고서에 의하면 국민 가운데 8.5%가 지난 한 해 동안 정신질환을 앓는다. 평생 한번이라도 정신질환을 앓는 이는 27.8%에 달한다. 의학 용어인 '정신질환자'라는 단어는 니코틴 사용에 의한 장애, 알코올 사용 장애, 공포증 등 불안 장애, 우울 장애 및 기분부전장애, 양극성 장애, 조현병 스펙트럼 장애, 강박장애 및 외상후 스트레스 장애, 약물 사용 장애 등을 포괄한다.

알코올 사용장애 하나만 설명하자면, '과도한 알코올 사용으로 인하여 부적응이 발생하고 있음에도 불구하고 개인이 지속적으로 알코올을 사용하고 있을 경우 진단 가능한 정신질환'이다. 이렇게 말하면 '앗, 나도?' 하는 생각이 들 사람이 많을 것이다. 그렇다. 알코올 사용장애는 정신질환이다.

'정신병자'라는 정체를 알 수 없는 단어를 법률에 반영했다면, 두 가지 측면의 문제가 발생한다. 첫째는, 국민 가운데 사분의 일이 넘는 이들이 운전면허 결격사유자에 해당할 뻔했다는 것이다. 이렇게 다양한 영역의 정신질환을 하나로 묶어 운전 같은 어려운 일을 맡기지 못할 사람들이라 여긴다면, 많은 이들이 동의하지 못할 것이다.

두 번째 문제는, 조현병에 대한 편견이다. 입법의도를 직접 확인할 방법은 없었지만, '정신병자'라는 단어는 조현병 환자를 지칭한 것으로 보인다. 정신의학 교과서에 의하면 조현병 환자들 가운데 삼분의 일은 크게 호전되고 호전 기간이 오래 지속된다. 나머지 삼분의 일은 어느 정도 호전된 후 간간이 재발하고, 다른 삼분의 일은 심각하고 영구적인 무능력 상태로 간다. 남을 해치는 정도의 폭력이 일어나는 것은 극히 일부에 불과하고, 약을 복용하지 않아 폭력 성향을 보이는 경우가 많다. 정신병자가 조현병을 지칭하는 것이었고, 정보 제공이 조현병 환자를 대상으로 했다면, 그것은 질병에 대한 인식 오류에 기인했을 것이다.

감사원도 경찰청도 공단도, 운전면허 관련한 도로교통법 개정을 추진한 이들도, 이런 결과를 알거나 의도하지 않았을 것이다. 안전 운전을 방해할 정도로 일상생활을 어려운 이들에게 운전을 제한하기 위해, 세밀하고 정치하게 고민하지 않았을 따름이다. 정신질환자에 대한 의도치 않은 편견을 가졌을 뿐이다. 거친 선부름과 의도치 않은 편견, 특히나 사회에서 법을 개정할 정도로 영향력 있는 이들의 편견은, 결과적으로 많은 이들에게 고통을 주었다.

인권위가 남긴 것

2001년 11월 26일 인권상담센터 첫 개소 날 접수된 진정 사건 가운데 인권위가 해결한 것은 그다지 많지 않다. 특히 초반에는 사건 발생 후 진정에 이르기까지 일 년이 지나 각하되는 사건이 많았다. 한 때 '인권위 생기고 한 일은 크레파스 색깔 이름 바꾼 것밖에 없다'는 조롱을 받기도 했다.

철모르고 함께 일했던 인권위 생활 삼년은 삼십년 같았다. '경제·사회·문화적 권리' 관련된 정책업무를 할 것이란 예상과 달리, 나는 소외된 이들의 의료 문제를 많이 다뤘다. 그것이 인권의 현장이었다. 그들의 아픈 마음을 보듬어주게 될 것이라는 '아름다운' 기대도 쉽게 실현되지 않았다.

처음에는 진정서를 읽기만 해도 물에 젖은 솜 가마니를 싣고 가는 나귀처럼 마음이 무거웠다. 특히 인상적이었던 것 가운데 유독 내용이 오락가락하고 요지가 분명하지 않은 것들이 있었다. 그 파일들은 횡설수설하는 내용으로 가득했고 결론이 무엇인지 쉽게 알기 어려웠다. 형형색색의 글자색깔과 서로 다른 글자 크기로 된 파일을 읽는 것도 힘들었다. '베트남전에서 만난 고엽제 후유증'과 '북파공작원'이라는 단어가 가득했다. 누가 봐도 글을 쓴 이의 마음이 병들어 있는 것 같았다. 하지만 한두 사람의 망상이라고 치부하기에는 묘사한 장면들이 너무나 구체적이었고 일관되었다. 읽는 사람들의 마음이 저렸다.

그날 접수된 많은 사건이 차례로 볕을 쬐기 시작했다. 양심적 병역 거부자를 위해 대체복무를 도입했고, 외국인 고용허가제를 도입해 외국인 노동자도 건강보험에 가입할 수 있게 되었다. 다시 채용할 것을 권고한 1호 사건은 지방자치단체가 수용을 거부했지만, 민사소송에서는 진정인이 승소했다. 2007년 고엽제 후유의증 등 환자지원 및 단체설립에 관한 법률이 제정되었다. 2003년 인권위는 북파공작원 관련 특별법을 제정할 것을 국회의장과 국방부장관에 권고했다. 법률은 지금까지 제정되지 않았지만, 2003년 12월에는 영화 〈실미도〉가 개봉된 이래 대중문화의 지속적인 소재가 되었다.

나는 2004년 대장암에 걸려 인권위를 떠나야 했다. 기대 속에 탄생한 인권위도 고난의 행군을 이어갔다. 2008년 안경환 위원장이 원치 않는 사퇴를 해야 했다. 이어 많은 동료들도 떠나야 했다. 남아 있는 이들도 마음고생이 컸다. 인권위가 설립된 이후 어떤 사회적 기여를 했나 하는 질문에, 나를 비롯해 인권위에서 일했던 사람들은 객관적으로 답하지 못한다. 옛 동료들을 가끔 만나지만 정작 그 명제는 대화로 삼지 못한다. 일하는 동안 너무나 고생했고, 그만둔 이후 너무나 마음이 아팠다.

어떤 숫자로도 평가할 수 없지만, 인권을 가장 중요한 업무로 하는 국가기관이 있어야 국민들이 받은 인권침해와 차별을 호소할 수 있다는 것은 분명하다. 그리고 그 기관은 행정부처로부터 독립되어 있어야 국가 폭력을 막을 수 있다는 것도 분명하다. 노무현 대통령은 이를 잘 알고 있었다. 인권위가 이라크 파병에 반대하는 공식 의견을 냈던 2003년 12월, 노무현 대통령은 세계 인권선언 기념식에서 이렇게 말했다.

"얼마 전 (국가)인권위원회가 정부와 대통령을 정면으로 비판했습니다. 이것이 바람직한 현상입니다. (…) 그야말로 민주주의의 당연한 현상이고 그것이 존중되고 수용되는 것이 의미 있는 일이라고 생각합니다."

심평원에서 사람을 구합니다

적정성 평가 전문인력

2004년 대장암 수술을 받은 후 나는 국가인권위에 사직서를 냈다. 합리적 판단에 근거한 것은 아니었다. 지금도 나는 암 환자들을 만나면 직장을 계속 다니라고 말하곤 한다. 암환자들이 신체적 활동을 유지하는 것이 좋다는 것은 의학적 검증을 거친 것이다. 돌이켜 생각하면, 수술을 받고 한 달 정도 되었을 때 어느 정도 신체활동을 할 수 있게 되었다.

하지만 나를 붙들고 있던 정신의 끈이 '툭' 소리를 내며 끊어졌다. 선천성 질병에서 시작해 끊이지 않던 일련의 투병들, 다양한 길로 달려온 사회생활, 성공했다고 결코 말할 수 없는 가정생활까지, 오랜 세월 동안 내게 주어지던 도전들을 더 이상은 정면으로 마주하기 싫었다. 직장을 그만둔 것은 당연한 귀결이었다.

6개월 동안 항암치료를 받고도 몇 달 더 신경병증으로 고생했다. 이듬해 봄이 되자 조금씩 움직일 수 있게 되었다. 여름이 되어 기온이 올라가면서 내 몸의 상태도 나아졌다. 더 이상 부모님과 형제들에게 생계를 의탁하기가 민망해졌다. 오래전에 서랍에 넣어두었던 의사면허증을 다시 꺼내들었다. 몸과 마음에 부담이 크지 않은 일을 찾기 시작했다.

건강보험심사평가원(심평원)에서 사람을 구한다는 소식을 한참 만에 접했다. 직함이 낯설었다. 상근평가위원이라고 했다. 무슨 일을 하게 되냐고 물었더니, '적정성 평가'라는 답이 돌아왔다. 건강보험개혁 과정을 가까이서 보았기에 심평원의 새 기능이 적정성 평가라는 것은 알고 있었다.

심평원은 이름 그대로 심사와 평가를 하는 기관이다. 의료기관이 환자 진료를 마치면 심평원에 비용 청구서를 보낸다. 청구한 비용이 제대로 산정되었는지 확인하는 일이 심평원에 맡겨진 가장 오래된 일이었다. 2000년 건강보험 개혁과정에서, 비용이 제대로 되었는지 뿐 아니라 품질이 괜찮은지 점검해야 한다는 사회적 합의가 이뤄졌다. 하지만 의료 서비스의 품질을 확인한다는 당연한 말은 결코 쉽지 않았다.

국민건강보험법에 그 업무가 심평원 업무로 명시되고 5년이 흘렀지만, 적정성이 도대체 무엇을 의미하는지, 그것은 어떤 방식으로 평가할지에 대해서 의견이 일치하지 않았다. 같은 법은 심평원에 진료심사평가위원회를 설치하고 위원 가운데 일부를 평가위원으로 하도록 규정했지만, 적정성 평가만을 전담하는 의사 출신 위원도 채용하지 못했다.

심평원은 전담 전문 인력인 평가위원을 채용하고 싶어 했다. 하지만 하던 일을 그만 두고 심평원에 가려는 사람은 없었다. 마침 내가 그 무렵 직장을 구하기 시작한 것이다. 나는 수술 후 2년이 되던 2006년 4월 평가위원으로 채용되었다.

넓은 문제에서 깊은 문제까지

처음 심평원에 인사를 갔던 날은, 역사적인 일이 벌어진 날이었다. 바로 전날, 심평원은 감기에 부적절하게 항생제를 처방하는 비율을 병원별로 측정해서 발표했다. 지금은 너무나 당연하게 공개되는 정보이지만, 당시에는 의료계에 핵폭탄을 하나 떨어뜨린 셈이었다.

심평원이 앞장선 것은 아니었다. 2000년, 적정성 평가를 업무로 받아 안은 심평원은 항생제를 적절하게 처방하는 '좋은' 의료기관 명단을 일부 추려서 발표했다. 참여연대가 부적절하게 처방하는, 즉 '좋지 않은' 의료기관 명단도 공개하라는 소송을 제기했다. 고민하던 보건복지부와 심평원은 전체 의료기관별로 항생제 처방률을 공개하자는 결정을 했다.

나는 그 뉴스를 심평원 기획실장실에 놓인 TV를 통해 함께 보았다. 방송 삼사를 비롯한 모든 언론이 대서특필했다. 평가위원이 되기 위해 면접을 하던 날, 면접위원이 그에 대한 내 견해를 물었다.

"항생제 처방률 공개는 한국 의료의 질 향상 역사에서 큰 전기점이 될 것입니다. 하지만 의료의 질을 평가에서 항생제 처방률은 아주 일부일 뿐입니다. 그건 어렵지 않게 평가할 수 있으니까요. 의료의 질이라는 것이 전반적으로 무엇을 의미하는지 체계적인 정의가 필요합니다. 어떤 영역을 평가해야 하는지 우선순위를 세우고 그에 따라 계획을 세워야 할 것입니다."

원론적인 답이었다. 하지만 의료의 질에 대한 내 평생 철학이 되었다. 면접 날 내가 받은 질문은 심평원에서 일하면서, 경제협력개발기구의 연구에 참여하면서, 그리고 세계보건기구에서 일하면서 내내 씨름했던 인생의 명제이기도 하다. 면접 날 내가 했던 답은 그저 이론일 뿐이었다. 그 후 이론은 여러 각도에서 도전받았다.

내가 심평원에 합류한 이후에 더 다이내믹한 일이 펼쳐졌다. 국민들은 어떤 수준의 의료 서비스를 받느냐에 관심을 보이기 시작했다. 감기에 부적절한 항생제를 얼마나 쓰느냐 하는 '넓은' 문제도 중요하지만 급성심근경색증과 같이 환자들의 생사가 달린 '깊은' 문제에 관심이 점점 커졌다.

심평원이 급성심근경색증의 질 평가를 시작할 때, 그것이 가능할 것이라 생각하는 이는 많지 않았다. 정책연구자 시절, 유사한 연구를 했던 나조차도 전국 단위의 평가는 부질없는 욕심이라 생각했다. 연구처럼 속도가 빠르지는 않았지만 심평원의 집행역량은 은근히 집요했다. 상급종합병원과 종합병원 응급실을 찾는 급성 심근경색증 환자들이 받는 의료의 질을 측정해냈다. 병원별로 결과가 공개되었다. 결과는 의료 수가에도 연계되었다. 더 잘 진료하는 병원이 더 많은 비용을 받게 되는 모형을 개발해서 적용할 수 있게 되었다. 의료계에 미친 파장은 엄청났다.

국제사회의 관심도 받았다. 경제협력개발기구의 의료의 질 보고서는 그 성과를 관심 있게 다루었다. 전 세계 보건장관들이 모이는 회의 자료에 한국 의료 질 평가와 가감지급이 사례로 소개되었다. 심평원의 병원 평가는 점점 영역을 늘려갔다. 그때마다 언론의 관심을 받았고 덩달아 내 업무도 점점 늘었다. 어떤 현상을 평가할 때, 무엇에서 시작해서 어떻게 추진해갈지에 대한 자신감도 늘어갔다. 국내에서 의료기관과 국민의 관심을 받았고, 외국 전문가들도 우리를 점차 부러워했다. 암 수술을 받고 의료계로 다시 복귀할 무렵 바닥을 기던 내 자존감도 회복되었다.

하지만 솔직하게 말해, 내 자존감이 오르는 만큼 의료 현장에서 환자들이 받는 진료의 수준이 '높아지고' 있다는 것을 체감하기는 쉽지 않았다. 의료인 단체에서 나를 존중한다는 느낌을 받았지만, 그렇다고 내 일에 충분한 의미를 부여할 수는 없었다. 진정한 의미를 찾고 싶었다. 나는 죽다 살아나서 새로운 인생을 살고 있었다. 사십대 초반, 죽음 앞에서 돌아보았을 때, 허울뿐인 것들은 허망한 마음을 들게 할 뿐이었다. 정작 진료패턴의 변화로 이뤄져야 나는 이곳에서 계속 일한 가치가 있는 것이었다.

그러던 어느 날, 서울에서 아주 먼 곳에 위치한 종합병원에서 강의요청이 왔다. 뇌졸중과 심근경색증을 평가하기 시작한 그 이듬해였다. 강의 요청을 받으면 적정성 평가의 이론과 심평원의 접근 방법, 해당 병원의 평가 결과를 가지고 가서 설명을 했다. 강의 요청을 한 것이 의외라는 생각이 들 만큼 그 병원의 평가 결과는 좋지 않았다. 결과 설명을 시작하고 한참 지나서야 그 이유를 알게 되었다.

한 의사가 격앙된 채로 내게 질문했다.

"저는 심장내과 교수입니다. 심근 경색증 환자에게 그 약(정확히는 베타차단제와 아스피린이다.)을 왜 쓰게 합니까?"

"심근경색증 환자에게 가급적이면 그 약을 쓰라는 것은 제 이야기가 아닙니다. 대한심장학회 권고인 것으로 아는데요."

"그렇지만, 그 약을 쓰면 안 되는 환자들이 있다는 것은 아세요?"

"예, 들었습니다."

"약 쓰면 안 되는 환자들까지 포함하면 그 지표를 달성할 수 없어요. 뭘 알고나 하세요."

"교수님 걱정이 무엇인지 알겠습니다. 그러면 그 환자 상태를 적어서 내시면 됩니다."

"우리가 적어 낸다고 심평원 간호사와 가정의학과 의사가 뭘 아세요?"

"저희끼리 그걸 확인하지 않습니다. 심장학회에서 추천한 전문가들과 하나하나 논의하고 결정합니다. 걱정을 놓으셔도 될 것 같습니다."

그때서야 질문이 멈췄다. 내가 답을 하는 동안 다른 교수들은 먼 산을 보고 있었다. 다른 의사들과 달리 유난히 지침을 안 따르는 노교수에게 병원 안에서 이의를 제기하지 못했다는 말을 담당부서 직원들에게 나중에 들었다. 다음해 그 병원의 진료패턴이 바뀌었다. 정확히 말하면 그 병원에서 진료 받는 환자들이 최신의 지침대로 진료를 받게 된 것이다. 결국 우리가 바꿔낸 것은 환자들이 받는 의료서비스였다.

몇 년이 지나 이런 체험은 데이터로 증명되었다. 의료기관 별로 평가를 시작하고 한 해 두 해 지나자, 전국 병원들의 진료 패턴이 바뀌었다. 처음에는 움직이지 않던 병원들이 하나둘씩 바뀌었다. 평가를 시작하고 3~4년이 흐르니 한국 전체의 평균이 좋아졌다. 더 눈에 띤 것은 더 빠른 속도로 의료기관 간 격차가 줄었다는 점이다. 지역 대학병원들의 질이 일정 수준을 넘어선다는 것을 확인했다. 지역 대학병원에 가도 좋다는 말을 자신 있게 하게 되었다.

경제협력개발기구 회원국들은 2년에 한 번씩 의료의 질을 평가해서 서로 비교한다. 우리나라에서 평가를 하는 질병의 수준은 계속 좋아졌다. 다만 여러 사정으로 급성 심근경색증 평가를 못한 채 10년이 흘렀고 그 분야 성적은 안 좋아지고 있는 것이 안타깝다.

좋은 의료를 향한 질문과 여정

좋은 의료가 어떤 것인가를 찾는 여정은 여기에서 멈추지 않았다. '의료의 질'이 무엇인가는 선진국에서 이미 활발히 논의되었다. 아직 우리나라 환자들이 가장 관심을 갖는 것은 첨단 의료서비스를 받는가 하는 문제다. 여전히 많은 의학드라마들은 여기에 초점을 두고 있다. 성격이 괴팍해도 수술을 잘하는 의사는 주인공이 되어 마땅하다.

하지만 병원에서는 "수술은 잘 되었는데, 환자는 죽었습니다." 하는 개그 같은 상황이 많다. 가벼운 병으로 입원한 환자가 병실에서 넘어져 더 중한 환자가 되는 일도 있다. 무릎 수술 하러 입원했다가 욕창에 걸려 고생하는 환자도 있다. 어떤 진료도 환자 안전에 우선하지 않는다. 국민소득 3만 달러 시대, 환자들은 품격 있게 진료받기를 원한다. 불친절한 의사는 더 이상 환영받기 어렵다. 순간순간 환자나 보호자의 선택권을 보장받는다. 떼굴 떼굴 구를 정도로 아파서 병원에 갔는데 진통제는 건강에 안 좋으니 참으라는 이야기는 구시대 이야기다.

몇 년 사이 나는 같은 병으로 영국과 스위스, 한국의 병원에 입원해서 진료를 받은 일이 있다. 10년 전에는 나이팅게일이 처음 설립했다는 런던의 세인트 토마스 병원에 입원하기도 했다. 가장 인상적인 것은 달라고 하지도 않는데 마약성 진통제를 주는 것이었다. 환자의 고통을 우선 해결하라는 것은 이미 교과서에 있는 것이었고 전공의 때도 배웠지만, 의료현장에서 실천하지 못하고 있었다.

귀국해 다시 같은 병으로 입원할 기회가 있었는데, 이제 한국도 바뀌었다. 더 이상 나는 병원에 입원해서 진통제를 달라고 할 때 마약 중독자가 된 것 같은 죄책감에 시달리지 않았다. 진통제로 부작용이 생긴 것도 아니고 내가 진통제 중독자가 되지도 않았다. 이토록 환자들이 겪고 있는 문제 중심으로 진료를 하는 것도 중요한 영역이 되었다.

17년 동안 심평원에서 일하면서 의료의 질에 대해서 깊은 고민을 해왔다. 시험을 많이 봐야 학생들의 성적이 올라갈 것이라는 가정처럼 질을 평가하면 올라갈 줄 알았다. 짧은 생각이었다. 성적을 올리려면 근본적인 문제가 해결되어야 한다. 공부방의 환경도 좋아야 하고, 영양도 중요하다. 집안에 공부할 만한 환경이 마련되어야 한다. 성적이 좋은 아이에게 보상도 주어야 한다. 중요한 것은 성적 그 자체가 아니다. 아이의 학습역량과 지적 수준 자체가 올라가야 한다. 의료의 질도 마찬가지다. 좋은 의료를 향한 내 질문과 여정은 아직 진행형이다.

우리도 이제 국제무대로 갑시다

우리는 이미 충분했다

"김 박사님 오랜만이지요?"

2018년 가을, OECD 보건부 닉 클라징가 박사로부터 뜻밖의 전화를 받았다. 2009년부터 2017년까지 회의 때마다 만났지만, 심평원 기획이사가 된 이후 나는 더 이상 회의에 참석할 수 없었다.

"닉, 정말 오랜만이네요. 그런데 어쩐 일로 전화까지?"

"2019년으로 덴마크의 얀 마인츠 교수가 '의료의 질과 성과 워킹파티Health Care Quality and Outcome Working Party, HCQO'의 의장직 임기를 마칩니다. 우리 사무국에서는 당신에게 의장직을 제안하고 싶습니다. 확정은 12월에 있을 보건위원회Health Committee에서 할 예정이지만, 당신에게 수락 의사가 있는지 확인하고 싶습니다."

10년 가까운 OECD 활동이 주마등처럼 스쳤다. 내가 합류한

2006년, 출범 후 5년을 지낸 심평원의 정보시스템은 자리를 잡아가고 있었다. 우리보다 앞서 건강보험을 이룩한 일본의 전문가들도 심평원에 자주 견학을 오기 시작했다. 이미 몇 차례 방문해 심평원을 잘 아는 일본 국립공중보건연구원 소속 ○ 박사가 이번에는 자신의 연구 이야기를 들려주겠다고 했다.

"저는 일본을 대표해서 OECD 의료의 질 전문가 회의체에 참여해 왔습니다. OECD는 2003년부터 회원국 의료의 질을 비교 평가하기 위해 지표를 개발했지요. 회원국의 통계를 모아 제시한다는데, 한국이 참여를 안 할 이유가 없지 않나요?"

"우리가 참여하게 되면 구체적으로 무슨 일을 하게 되나요?"

"OECD가 개발하는 지표에 대한 의견을 제시하고, 한국의 지표값을 산출해서 OECD와 공유하는 것이에요. 일본은 아직 못하지만 심평원이 있는 한국은 못할 이유가 없는데요."

"지표는 어떤 것들인가요?"

"급성 심근경색증과 뇌졸중 30일 사망률, 암 생존율을 검토하고 있는데 앞으로 계속 확대하겠지요."

귀가 번쩍 뜨였다. 심평원에서는 국내 병원을 대상으로 이미 검토하고 있는 내용이었다. 새로 정보시스템을 구축하지 않아도 회의에 참여해서 의견을 내고, 우리 자료를 분석할 수 있을 터였다. ○ 박사의 말은 정확했다. 2000년 건강보험 통합을 이룩한 한국의 보건의료 통계는 질 지표 산출에 유리한 조건을 갖고 있었다. 1,000개 가까운 보험자로 흩어져 있는 일본과 달리 2000년부터 한국은 단일 건강보험체계를 운영해왔다. 급격히 발전한 정보시스템은 건강보험체계 안에서 움직이는 정보들을 모두 전산화했다. 건강보험심사평가원에 전 국민의 의료이용정보가 모두 모인다는 이야기다.

미리 예견해서 만들지는 않았겠지만, 1968년 도입한 주민등록번호는 흩어진 정보들을 연결하는 고유번호가 되었다. 한국인들에게는 당연한 이야기지만 서유럽이나 미국에서는 이런 방향으로 가고 싶어도 쉽게 갈 수 없는 조건이다. 1980년대부터 대형병원을 중심으로 구축해서 점차 확대한 암 등록자료에 의존하면 주요 암 생존율도 어렵지 않게 산출할 수 있었다.

내친걸음에 보건복지부 관련부서장을 찾아갔다. OECD는 국가 간 기구이니 정부로부터의 공식 위임이 필요했다. 보건계정이나 의료자원 영역은 한국 대표가 지정되어 이미 참여하고 있었다. 하겠다는 사람만 나서면 복지부는 마다할 이유가 없었다. 보건복지부에서 어떻게든 공식적으로 위임한다면 심평원은 내가 설득하겠다고 했다.

심평원 원장에게 우리가 맡으면 어떻게 일을 해낼 수 있을지 보고했다. 원장은 반대하지 않았다. 다만 복지부로부터 연구용역비를 받는 조건으로 하자고 했다. 다시 복지부를 찾아갔다. 그때나 지금이나 정부의 연구용역비를, 그것도 새로 받는다는 것은 그리 쉬운 일이 아니다. 설득한 끝에 천만 원이 채 되지 않는 연구비를 배정받았다.

첫 두 해는 다른 연구자가 책임을 맡았다. 처음부터 하고 싶었지만, 그렇게 되지 않았다. 세 번째 해 내가 그 연구의 책임자가 되었다. 2009년에야 OECD 질 평가 전문가 회의에 참석할 첫 기회가 내게 왔다. 설렘과 기대 속에서 미리 보내온 안건을 읽고 한국의 자료를 준비했다. 할 이야기가 많이 쌓였다. 발언 내용을 여러 개 준비했다.

회의는 이틀 동안 지속하는데, 매일 아침 아홉시부터 저녁 여섯시까지 열 개가 넘는 주제의 회의가 이어졌다. 맥락에 닿는지 아닌지 고민할 새 없이 회의 때마다 발언신청을 하고 안건과 관련한 한국 상황을 설명했다. 나중에 의장이 되었을 때 다른 나라 참여자들이 말해주어 안 일이 있다. 말 많이 하는 내가 의장이 되어 한국을 대표하지 않으니, 회의시간이 줄었다고 좋아했다는 것이다.

OECD 통계, 중요한 건 순위가 아니지만

일 년에 한 번 혹은 두 번씩 OECD 본부에서 회의를 했다. 그렇게 가끔 모여서 무슨 일을 이뤄갈까 싶었는데, 신기하게도 조금씩 일이 앞으로 나갔다. 'OECD 한눈에 보는 보건의료'에 의료의 질과 관련된 한국 통계치가 처음 실린 것은 내가 연구책임자를 맡기 한해 전인 2007년이었다. 그리고 2009년, 내가 연구책임자로 처음 참여한 OECD 통계집이 발간되었다.

어느 분야에서나 그렇지만 의료의 질 영역도 OECD 통계가 나올 때마다 일간지의 취재 경쟁이 일어난다. OECD는 국가 간에 등수를 매기지 말라고 그렇게 강조하지만 모든 나라에서 OECD 회원국 내 순위는 언론의 주요 기사거리다. 통계치를 낼 때 어떤 지표가 왜 얼마나 안 좋을지 예측하고 해석을 해야 한다.

2007년 처음 참여했을 때 한국의 급성 심근경색증 30일 사망률은 OECD 회원국 가운데 두 번째로 나빴다. 멕시코가 가장 안 좋았다. 그들의 사망률은 우리의 두 배가 넘었다. 그때는 보도자료를 내지 않았다. 〈조선일보〉 K 기자가 OECD 홈페이지를 자주 검색하다가 그 사실을 발견했다. 29개 회원국 가운데 두 번째로 나쁜 의료의 질을 한국 정부가 숨기고 덮었다고 대서특필했다.

2009년 두 번째 통계집이 나올 때는 걱정하지 않았다. 2년 전에 비해 2009년 한국의 사망률은 개선을 보였다. 경천동지하지 않는 한 멕시코는 이번에도 '바닥을 깔아줄' 것이었다. 보도자료 초안을 쓰면서 '두 번째'로 나쁘다는 기사를 또 쓰기는 어려울 것이라 낙관했다.

안심하고 전체 보고서 초안을 받아들었는데, 내 예상이 빗나갔다는 것을 알았다. 2년 전 그들도 홍역을 치렀는지 멕시코가 이번에는 통계치를 제출하지 않았다. 이제 와서 어쩔 수 없는 노릇이었다. 그래도 자궁경부암의 치료성적은 가장 좋았다. '우리나라 자궁경부암 성과 세계 최고 수준'이라는 제목 아래, '급성 심근경색증은 미흡'이라는 부제를 달고 보도자료를 냈다.

이 정도의 보도거리는 자료 배포로 끝나지 않는다. 기자 브리핑이 열렸다. 보건복지부에 출입하는 일간지 기자들이 모두 모였다. 지표와 수치에 대해 설명을 했는데, YTN의 대표 선수, K 기자가 내 말을 끊었다.

"한 마디로 꼴찌라는 얘기죠?"

OECD에서 WHO까지

우여곡절에도 불구하고, 국내에서 나는 차츰 OECD 전문가로 알려졌다. 2012년 5월 회의부터 나는 그 회의체의 부의장으로 참여했다. 처음에는 내가 먼저 인사해도 그냥 지나치던 미국과 캐나다 대표들이 아는 척을 시작했다. 세월이 흐르자 유럽 국가의 대표들이 나와 이야기하기 위해 기다리기도 했다. 세계보건기구WHO의 에드워드 켈리 박사도 먼저 내게 명함을 내밀었다. 유명 논문의 저자들과 인사를 주고받게 된 것이 신기했다.

2015년까지 7년을 빠지지 않고 회의에 참석했다. 그러는 사이 아시아 태평양 지역 의료의 질 향상 전문가 네트워크도 구성되었다. 아태지역 네트워크 회의가 열릴 때마다 나는 특별 전문가로 초청받았다.

2016년 세계보건기구에서 일할 기회까지 열렸다. 당시 심평원장은 국제협력에 높은 관심을 갖고 있었다. 국제기구 직원파견이 큰 관심사 가운데 하나였다. 보건복지부를 설득해 예산을 배정받았다. 세계보건기구의 규정대로 세 명의 자원자를 선정해 이력서를 보냈지만 WHO는 이력서 검토 단계에서 거절했다. 그때 심평원 이사가 나를 불러 물었다.

"WHO에서 근무해 보실 생각 없으세요?"

"제가 갈 수 있는 자리가 아닐 텐데요. 제가 간다 하면 젊은 직원들이 반발하지 않을까요?"

"지금 모두 거절당했어요. 김 박사님이 길을 만들어서 갈 수만 있다면 직원들을 설득해야지요."

"제게 맡기신다면, 어떻게든 길을 뚫어 보겠습니다."

OECD에서 친분을 나눈 에드워드 켈리 박사에게 연락했다. 처음에 내가 온다는 것을 전제로 자리를 만들어 보겠다고 했다. 에드워드는 나를 위해 의료서비스 평가 태스크 포스 팀을 만들었다. 2016년부터 2년 동안 세계보건기구에서 일했다. 2년 동안 은 OECD 의료의 질 회의에 WHO 대표로 참석했다.

2018년 4월, 기획이사로 일하게 되면서 심평원으로 돌아왔다. 파리에서 열리는 OECD 회의에 한국 대표로 참석하기에는 기획이사 일이 너무 바빴다. 2009년 이후 빠지지 않고 참석하던 회의를 2018년 봄에는 참석하지 못해 아쉬웠지만 어쩔 수 없었다. 바로 그해 가을 회의 직전에 OECD의 닉 클라징가 박사로부터 전화를 받은 것이다. 의장으로 그 회의체를 이끌어간다면 기획이사인 내가 가기에 적절한 출장이 되는 셈이었다. 외교통상부는 한국에서 새로운 의장chairperson이 나왔다고 환영했다. 열망하는 국제활동은 그렇게 이어졌다.

중요한 건 영어가 아니라 소통

OECD 회의에 참석하기 시작할 무렵 내 영어는 한참 모자랐다. 그전까지 유학도, 해외연수도 다녀온 일이 없었다. 국제회의에 자주 참석한 편이지만, 서방국가에서 가장 오래 체류한 것은 3주였다. 무슨 용기로 그 일에 도전했는지 모르겠다.

회의 참석을 두 달 앞두고 일대일 회화 학원에 등록했다. 발등에 떨어진 불을 이야기하니 상황을 가정하며 영어를 가르쳤다.

발언문을 준비해 강사에게 보여주었다. 그는 하나하나 고쳐주었다. 격에 맞지 않는 내 말버릇도 지적해 주었다. 급한 과제에 직면해 돈을 들여 하는 공부는 영어능력을 효과적으로 높여주었다. 내가 원어민 수준으로 영어를 하는 것도 아니다. 세계보건기구 같은 유엔 기구에서 높은 지위로 올라간 것도 아니다. 하지만 나는 원 없이 국제활동을 경험했다. 국제기구에 취직해서 계속 일하는 길도 있지만, 한국에 직장을 두고도 국제활동을 할 기회는 정말 많아졌다.

그게 가능했던 이유를 생각하면 언제나 답은 관심과 소통이다. 관심을 갖고 있다 보면 기회는 계속 찾아온다. 세계 속 한국의 위상은 더욱 올라가고 있다. 내가 OECD에서 한 경험에 의하면, 적어도 의료분야의 국제회의체에서 한국인이 충분히 이름을 알리지 못한다면 그게 이상할 정도다.

한국 기업이나 공공기관에서 일한다 해도 국제협력분야에 관심이 있다면 전문가가 되기는 어렵지 않다. 조직 안에서 외국인과 일하는 것을 좋아하는 직원이 있으면, 그에게는 늘 국제협력업무가 맡겨진다. 몇 년만 계속하면 그 조직 안에서 전문가가 된다. 국제협력 전문가가 되면, 외국에서 오래 살 기회가 많이 찾아온다. 유학도 파견도 많다. 수출 의존도가 높은 한국인의 숙명이다.

소통도 중요하다. 여기서 소통은 영어만을 말하는 것이 아니다. 정확히는 국제매너를 말한다. 국제기구나 영어권 국가에서 먹고 살 직장을 갖겠다면 영어가 중요하지만 한국에 기반을 두고 하는 국제활동에서 더 중요한 것은 매너다. 듣기 평가를 하면 좋은 점수를 받는데, 상대방의 감정을 알아차리지 못하는 이들이 있다. 발음도 좋고 영어 어휘력도 풍부한데 국제 매너가 없는 이들도 있다. 기껏 장을 펼쳐놨는데 상황에 적절하지 않은 이야기를 유창하게 하는 이들도 많다.

내가 인사권을 가졌을 때, 영어는 잘하지만 사고 칠 것 같은 사람은 절대로 국제협력부서에 보내지 않았다. 어느 경지가 되면 언어능력과 소통능력은 합일한다. 간절하게 전해야 할 내용이 있다면 영어실력을 빨리 늘리는 것은 가능하다. 정 안 되면 번역이나 통역을 의뢰해도 된다. 영어는 잘 하는데 전할 내용이 없는 사람은 큰 필요가 없다.

후배들 가운데 어떻게 하면 국제기구로 진출할 수 있는가를 묻는 이가 많다. 그 질문을 받으면 국제협력 일을 하고 싶은 진짜 이유가 무엇인지 물어본다. 한국의 소득이 높아지면서 국제기구는 '월급 많이 주는 안정된' 직장이 아니다. 대부분의 국제기구는 관료적이고 고용안정성도 낮다. 나쁜 의미로 정치적인 곳도 많다. 본부는 제네바에 있지만 많은 직원을 저소득국가에 보내기에 험지 근무가 훨씬 많다.

국제협력, 특히 다자기구 협력은 저소득 국가 국민을 위해 내 인생을 바치는 것이다. 사명감 없이는 어려운 일이다. 마음 깊은 곳에서 기꺼이 그러고 싶다는 답이 나올 경우에만 국제기구 진출을 권한다. 나도 세계보건기구에서 일하다가 한국으로 돌아갈 것인가 아니면 계속 그 길에 도전할 것인가를 나 스스로에게 오래 오래 물었다. 나는 저소득국가 주민을 위해 험지에서 일할 자신은 없다는 답을 구했다. 그러고 나서 한국에 돌아왔다. 한국이 얼마나 살기 좋은 나라인지를 느끼며 살아간다.

도전하지 않을 이유가 없었다

심평원장을 '욕망'할 권리

"기획이사가 되었으니 원장까지 가야죠?"

"다음 원장으로 이사님이 많이 거론되는 것 아시지요?"

2019년부터 사람들은 지나가는 말로 내게 이렇게 묻곤 했다. 대개 하마평에 오르는 이들은 인사에 영향력을 행사할 만한 이들을 미리 만나고 다닌다. 나는 흔히 하는 말로 원장이 되고 싶어 '운동'을 하지 않았다. 기획이사로 지내는 2년 동안 몸은 지쳐갔고 마음도 편치 않았기 때문이다.

그러나 2020년 설을 앞두고 심평원장 초빙 공고 소식을 접했을 때, 평소와 달리 내 마음이 요동치기 시작했다. 그 마음은 인생 내내 잊을 만하면 나를 찾곤 했던 운명적 만남과 결을 달리했다. 내가 이전에 일했던 다른 어떤 자리에 비해서도 심평원장은 '욕망'하는 사람이 많았다.

예방의학교실 전공의를 마치고 다시 가정의학과 전공의가 되었을 때, 의료정책 공부를 위해 새로운 도전을 시작했을 때, 인도주의실천의사협의회에 기여하기로 했을 때, 국가인권위원회에서 일하기로 마음먹었을 때, 모두 쉽게 결정할 수 없는 어려운 길이었다. 내가 타고 흐르던 인생의 강에서 갑자기 방향을 바꾸어 거슬러 올라가는 것 같았다. 그것은 '내가 가진 것을 버리고 투신하는' 길이었다. 저항이 만만하지 않았지만, 그만큼 응원도 받을 수 있었다.

다른 이들은 지지했으나 아무도 나처럼 하려 하지는 않았다. 아무도 가지 않으려는 길은 마음먹기가 어렵지, 한번 가기 시작하면 여유로웠다. 경쟁이 없기 때문이다.

심평원장은 정반대였다. 누구도 하려 하지 않아서 내가 하려고만 하면 모두가 박수를 칠 그런 길이 아니었다. 이 근처를 기웃거리기라도 했다면 누구나 욕심내는 일이었다. 기실 심평원은 엄청난 조직이다. 2020년 초 직원 수는 4,000명에 달했고 전국에 10개의 지원이 있었다.

십만 개가 넘는 의료기관과 약국 등에 미치는 영향력으로 말하면 그 어떤 공공기관보다 막강하다. 새로 개발되어 건강보험의 적용을 받게 되는 의료기술의 가격과 보험 적용 조건을 실질적으로 정하는 기관인 만큼 제약회사를 비롯한 의료산업에 대한 영향도 크다.

역설적으로 이런 자리 앞에서, 그것도 많은 이들의 세평에 오르내리던 나는 멈칫했다. 그 어떤 다른 때보다 스스로를 설득하기 위해 애를 써야 했다. 내가 다른 사람들보다 그 일을 잘할 수 있을 것이라는 확신을 찾고 또 찾았다. 여러 사람 가운데 다른 누구도 아닌 "내"가 심평원장을 해야 할 이유가 무엇인지 스스로 설명하고 싶었다.

이성적으로 생각하면 내가 심평원장에 적합한 이유는 적지 않았다. 나는 심평원 안에서 14년을 일해왔다. 전문가인 동시에 보직 경험도 많았다. 국내뿐 아니라 국제사회에서도 의료의 질 전문가로 인정받았다. 이론도 공부했는데 실무 경험도 적지 않았다. 오랜 정책 경험도 있다. 시민사회 활동도 적잖이 했다. 기획이사로 일하는 동안 기관 운영과 리더십 훈련도 받았다.

속으로 길게 이유를 나열하다가, 문득 구차하다는 생각이 들었다. 보통의 남성들은 어떤 자리 앞에서도 그런 고민을 하지 않는다는 것을 이미 잘 알고 있던 터였다. "내가 운이 좀 안 따라서 그렇지, 맡겨주면 대통령도 잘할 수 있어." 이렇게 생각하는 남성들이 생각보다 많다는 선배의 이야기도 생각났다. 나 정도의 경력을 가진 사람이 남성이었다면, 어떤 면에서 내가 심평원장에 적합한지 스스로에게 설명을 하고 있지는 않을 것 같았다. 그들이라면 심평원장을 맡아서 무슨 일을 할지를 생각하고 다른 이들을 설득하고 다닐 것 같았다.

그러고 나서 다시 보니, 정말 심평원장을 하고 싶었다. 다른 어떤 일도 그렇게까지 하고 싶지는 않았다. 원장을 하면 무슨 일을 하고 싶은지도 분명했다. 내게도 심평원장직을 '욕망'할 권리가 있었다. 도전하지 않을 이유가 없었다. 내가 적임자인지 아닌지 판단하는 일은 인사권자가 잘할 터였다. 그건 내 일이 아니었다.

남들의, 특히 남성들의 욕망을 피해 다니는 것이 그동안의 생존전략이기도 했다. 물론 욕망을 거스르는 선택은 내 인생의 폭을 넓혀주었다. 하지만 내가 하고 싶은 일이 남들의 욕망과 방향이 같더라도, 그건 내가 하지 않아야 할 이유가 될 수 없었다. 더 이상은 그런 종류의 자기검열에서 벗어나야겠다고 생각했다. 그래야 내 인생이 한 단계 도약할 것 같았다.

"제가 그 일을 할 만큼 역량이 있을지 모르겠습니다."

여성 후배들에게 어떤 일이나 직책을 제안했을 때, 이렇게 답하는 경우를 종종 접한다. 인사권자가 된 내게 그런 말은 긍정적으로 들리지 않았다. 겸손한 사람이라기보다는 준비되지 않았다는 인상을 주었다. 겸양을 표현하는 후배들에게 나는 이렇게 말하곤 했다.

"그건 선배이고 상사인 내가 판단할 문제지요."

"맡겨주신다면 최선을 다하겠습니다."라고 말하는 이가 직책을 맡기에 더 안심이다. 정말로 스스로 역량이 없다고 여긴다

해도 그건 오해로 들린다. "당신의 판단이 사실은 잘못되었어요." 하는 이야기로 들리니까.

　마음을 다잡고 나서 원장 채용공고 서류를 정성껏 작성했다. 자기소개서를 쓰다 보니, 이리 저리 왔다갔다 방향 잃고 헤매는 것 같던 여정이 모두 도움이 되었다. 그 어느 것 하나 조직을 이끄는 수장이 되는 데 필요치 않은 경험이 없었다.

　원장이 된다면 꼭 하고 싶은 일을 써놓으니 너무 가짓수가 많았다. 삼년 임기 내에 모든 일을 추진하려 한다면 대책 없이 일을 벌이는 무책임한 사람이 될 것 같았다. 가지치기를 하고 우선순위를 매겼다. 짧은 임기 안에 어떻게 그 일들을 추진할 것인가 하는 전략도 필요했다.

　물론 사람들을 설득하는 일도 필요했다. 공고가 난 후 날이 지나자, 내가 원장 공채에 임할 것인지 아닌지를 묻는 이들이 많아졌다. 그들에게 "나는 원장을 하고 싶다."는 말을 전했다. 내 장점은 몇 가지로 요약해서 말했다. 나는 심평원 안에서만 15년간 일해온 전문가이며, 그 이전에 다양한 정책 현장에서 리더십을 쌓아 왔다는 점, 그리고 여성이라는 점을 부각했다. 물론 내가 말하지 않아도 내가 원장이 되는 데 영향을 줄 만한 이들은 그 점을 잘 알고 있었다.

2020년 4월 나는 심평원장으로 취임했다. 기관장의 일의 90%는 비전제시와 위기관리다. 나머지는 일상적이고 외형적인 일정 소화다. 이런 일에 시간은 필요하지만 에너지가 크게 소모되지는 않는다.

정부의 건강보험정책은 내 철학과 일치했다. 정책철학을 조직에 전파하는 것이 필요해 보였다. 기관장의 비전도 제시해야 했다. 그럴 수 있을 것이라 생각했다. 위기관리도 마찬가지였다. 심평원장이 헤쳐가야 할 가장 큰 위기가 이미 시작되고 있었다. 그해 설을 지나면서 코로나19가 한국에 상륙했다.

한국 보건의료 최대의 위기를 정중앙으로 관통하는 삼년 동안해야 할 일의 우선순위를 세웠다. 내 최대 장점을 살리기로 작정했다. 그 첫 번째는 내부승진 원장이라는 점이었다. 다른 원장들에 비해서 기관업무 파악에 시간이 덜 들 것이었다. 바로 전날까지 기획이사를 맡고 있어서, 기관 운영의 핵심 위기상황을 잘 파악하고 있었다.

14년을 근무하면서 느꼈던 업무 과정을 개선하는 것을 최우선과제로 설정했다. 중요한 것은 사십년 이상 큰 변화 없이 실시해왔던 진료비 심사체계를 개혁하는 것이었다. 일반 국민들에게는 쉽게 와닿지 않는 일이어서 국회나 시민단체 등 다른 이해당사자들의 도움을 받기도 쉽지 않았다. 역대 원장들마다 어떻게라도 개선해야 한다고 생각했지만, 그 구체적인 프로세스를 이해하는 데 임기의 상당부분을 쓰고 나면, 개선을 위해 힘을 쓸 시간이 부족했다.

진료비 심사와 함께 심평원의 양대 고유 업무인 적정성 (의료의 질) 평가를 개선해야 한다고 생각했다. 적정성 평가는 2000년부터 시작해서 20년 가까운 역사를 갖고 있었다. 기관이 현행 제도 위에서 할 수 있는 최선을 다하고 있었지만, 법령 개선 없이는 업무를 획기적으로 바꾸기 어려웠다. 나는 누구보다 그 일의 어려움을 잘 알고 있었다. 임기 초반부터 법제 개선을 위해 힘썼다. 국회의 도움 없이는 불가능했다.

시스템을 바꾸는 일에 힘을 쏟는 것은 사실 용기가 필요했다. 기관의 역사를 정리하다 보면, 어느 원장이 무슨 건물을 지었는지, 어떤 조직을 신설했는지는 남아도 시스템 개선은 잘 보이지 않는다. 그래서 많은 기관장들은 외형적인 일에 힘을 쏟는다. 내게도 그런 유혹들이 있었다. 더 많은 건물을 짓고 싶었다. 지역의 조직도 새로 만들고 싶었다. 하지만 그런 것들은 내가 아니라도 다른 원장들이 더 잘할 것 같았다. 내 우선순위에서 조금 미뤄도 될 것 같았다.

20여 년 전 대장암으로 죽음 앞에 섰을 때 나를 회한으로 몰아넣은 것은 다른 이의 평가가 아니라 내면의 목소리였다. 원장직도 마찬가지일 터였다. 내가 원래 수립했던 목표에 충실하고 싶었다. 외형적인 변화에 대한 요구들도 있었다. 하지만 이런 요구들은 내가 아니더라도 시간이 가면 해결할 수 있을 것 같았다.

나는 내부출신 원장일 뿐 아니라 최초의 여성원장이기도 했다. 여성으로서 민감하게 이해하고 있는 기관운영 방침을 수립했다. 마침 시대 분위기는 성차별과 성폭력을 타파하려는 목소리가 컸다. 여성 직원이 80%에 달하는 기관 특성은 기회요인이었다. 내외부의 목소리를 받아 안으면 될 일이었다.

정보통신시스템의 기반을 확충하는 것도 중요한 과제 가운데 하나였다. 내 신념인 동시에, 코로나19를 지나는 와중에 사회의 관심도 높아졌다. 심평원 사십년의 역사를 묵묵히 어깨에 지고 오면서도, 기관 내에서 목소리가 낮았던 전산직 직원들의 열망이기도 했다.

전략으로 일합니다

이 모두 만만한 과제가 아니었다. 그 과정에서 나는 몇 가지 전략을 선택했다.

첫째로 나 혼자 목소리를 내기보다는 강력히 열망하는 다른 이들의 힘에 의존했다. 대개는 의료계나 정부 등 외부의 목소리에 힘입었다. 조직문화는 젊은 여성 직원들의 열망에 크게 의존했다. 노동조합 몫도 컸다. 정보통신 기반의 확충에는 전산직 직원들의 기여가 필요했다. 그들의 사기를 높이기 위해 조직을 확대하기 위해 노력했다. 인사人事에도 전산직 직원들을 배려했다.

정말 추진해야 하고 추진하고 싶지만, 다른 힘이 부족하다 싶은 것들이 보였다. 그럴 때는 직원들, 특히 중간 간부들 가운데 소신을 가진 이들을 찾았다. 열정 어린 간부들을 찾게 되면 그 일을 그에게 맡겨두었다. 그런 간부들은 기관장이 그들의 열정을 이해하고 일임하는 것 자체가 가장 중요한 동인이 되었다. 외부세력도, 열의 있는 직원도 찾지 못한 수많은 과제는 안타깝지만 포기했다. 나는 앞으로 유구히 흘러갈 역사 가운데 삼년 동안의 책임만 있을 뿐이었다.

가장 역점을 두었던 것은 법률 개정이었다. 심평원은 정부가 아니어서 심평원과 관련된 법의 입법발의 권한이 없다. 어떤 좋은 법안개정 내용이 있어도 스스로 할 수 없는 일이었다. 심평원이 할 수 있는 일은 정부와 국회를 끊임없이 설득하는 일 외에는 없었다. 가만히 앉아 감나무에서 감 떨어지기를 기다릴 수는 없었다. 시민단체 활동도 인권위 활동도 모두 도움이 되었다.

국민건강보험법 등과 같이 국회의 의결이 필요한 법률 개정은 어떤 개인의 노력만으로는 불가능하다는 것을 인생 경험을 통해 잘 알고 있었다. 모두의 합의를 이뤄놓고도 국회 회기가 만료되어 안 되는 경우도, 이게 될까 하는 의문 가운데 다른 법률들과 함께 일괄 처리되는 경우도 보았다. 법률안을 만들어놓고도 이해당사자 협의과정에서 타협하고 그 결과 원안의 반도 못 미치는 개선도 많이 목격했다.

그런 개정도 긴 역사에서 보면 진일보였다. 법 개정으로 이어지지 못해도, 지난한 노력의 과정이 사회에 깊은 기억으로 남는 경우도 많았다.

"가다가 중단하면 간 만큼 이익이다!"

이렇게 외치면서 직원들을 격려했다. 일을 맡은 직원들은 정말 열심히 뛰었다. 그들이 아니었다면 불가능했을 일이다. 진인사하고 대천명했다. 내 임기가 일 년이 채 남지 않았을 무렵 중요한 법률조항들이 바뀌었다. 그것만 해도 원장으로서 뿌듯하다고 생각했다. 한번 개정한 법률은 웬만한 노력 없이 되돌리기 쉽지 않다.

법 개정에 비해 조직문화를 바꾸는 일은, 어찌 보면 허망할 것 같기도 했다. 한국사회에서 조직문화를 바꾸기는 어렵지만, 다시 돌아가기는 쉽다. 노력을 쏟아붓고 저항을 이겨내서 겨우 바꿨다 싶어도 한순간 되돌아가는 것을 많이 보았다. 그래도 노력했다.

조직문화 개선은 여성 원장으로서 특별히 노력해야 할 것 같았다. 다시 돌아간다 해도, 한번 바꿔본 문화를 복원하고자 하는 사람이나 동력이 생기면 복원하는 시간은 덜 걸릴 것이다. 다시 권위적으로 돌아간다 해도, 다음에 누군가 같은 시도를 반복한다면 노력과 시간이 훨씬 덜 들 것이다. 그만큼 노력의 가치가 있다고 생각했다.

우선순위와 계획을 세우고도 나는 '휘둘리듯 휘둘렀다.' 기관장에게 의사결정권이 있다고 해도 추진력을 '나'의 권한에 의지하면 고립되는 것도 한순간이다. 고립되었다는 사실 자체를 기관장만 모르는 경우가 많다. 필요하다 싶은 일을 추진할 때, 내·외부 세력의 요구의 물결을 타기 위해 노력했다.

이사와 원장을 하는 동안 내 마음대로 한 것은 별로 없다. 내게 대놓고 불만을 표하지 않는 직원들의 침묵 사이에서 불만의 목소리를 듣기 위해 전전긍긍했다. 딱 노력한 만큼 내 진심은 먹혔다. 이임식에서 나는 이 조직의 선배로서 이렇게 말했다.

뒤에 올 사람들에게*

차기 원장 초빙 과정이 시작되면서, 비로소 지난 제 시간을 돌아보았습니다. 1990년 인턴부터 시작하면 사회 나온 후 34년이 흘렀습니다. 그중 암으로 쉰 시간이 2년이니, 32년간 일했고, 그중 17년을 심평원에 일했습니다. 직장 생활의 1/6 가량을 원주시 혁신로 60번지 24층에서 일한 셈입니다.

2006년 처음 이 곳에 왔을 때엔 심평원이 옷 같았습니다. 몇 해가 지나자 옷 가운데서도 꽤 마음에 드는 자랑스러운 옷이 되었습니다. 그러다 어느 순간인가, 심평원은 옷이 아닌 제 살과 피부가 되었습니다.

심평원은 제게 그런 존재였지만, 제가 심평원에게는 어떤 사람이었는지 주변의 평가를 알고 싶었습니다. 최근 들어, 여러 사람들에게 제가 어떤 원장이었는지 묻기도 했지만, 정답은 끝내 알 수 없다고 생각합니다. 대신 내면을 찬찬히 들여다보니, 한 가지 분명한 사실을 깨달았습니다. 좋은 원장이었는지는 모르겠으나, 저는 참으로 행복한 원장이었습니다.

10대 원장 초빙 공고가 났을 때, 지원 각오가 선명하게 떠오릅니다. 잘할 수 있을지는 누구도 모를 일이지만, 꼭 도전해보고 싶었습니다. 개인적으로는 기관장 업무 수행은 제 인생의 경계를 넓히는 일이었습니다. 하지만 그보다 중요한 것은 심평원 조직원의 입장이었습니다. 내부출신 원장이 임명되어 임기를 마치게 되면, 직원들이 조직을 임하는 마음의 경계도 확장할 것이라 믿었습니다. 그 믿음은 여전히 유효합니다.

사랑하는 직원 여러분, 지난 3년간 저는 참 많은 것을 배우고 얻었습니다. 한 조직의 최고경영자가 고독하고 어려운 자리라는 것을 책으로는 익혔지만, 지난 3년 동안 진정 몸으로 마음으로 느꼈습니다. 아마도 심평원장이 아니었다면, 일찌감치 던져버렸을 것 같습니다. 늘 제가 해야 하는 결정들은 높은 담장위에서 어느 쪽으로 떨어져도 깊은 낭떠러지 같았습니다.

세상 모든 폭풍은 결국 멈추었듯이, 모든 위기는 지나가게 되어 있습니다. 다만, 사람이라면 위기가 지혜로 남아 다음번 위기는 더 슬기롭게 맞아야 할 뿐

---

* 2023년 3월 10일 이임사의 일부를 여기에 옮긴다.

입니다.

요즘 말로 버라이어티했던 위기들을 지날 때마다 우리 원과 저의 키가 조금씩 커지는 것을 느낍니다. 대부분의 위기상황은 매뉴얼로 남았고, 매번 업데이트했습니다. 저 역시 지날 때마다 이 위기가 어떤 의미를 갖고, 그를 통해 어떤 것을 얻어야 하는지를 찾는 습성이 생겼습니다. 함께 고생하고 위기를 기회로 만들어 주신 직원들에게 깊은 감사드립니다.

바라기는, 심평원도 제가 원장으로 3년을 보낸 동안 무언가 얻었으면 합니다. 또한 바라기는, 여기 계신 분들이 '나도 앞으로 원장을 할 수 있겠네' 하는 희망을 가지시면 좋겠습니다. 여성이 원장을 해도 큰일이 나지 않았듯이, 다른 마이너리티에 속하는 이들도 고위직에 올라 조직의 다양성을 넓혀가면 좋겠습니다. 조금 더 바란다면, 여성 원장과 일하면서 격의 없이 민주적으로 일했다고 느끼신 분들이 조금이라도 있다면 좋겠습니다.

직원 여러분, 언젠가 나도 원장을 할 수 있다는 마음을 가져 보시기 바랍니다. 여기서 원장이라는 것은 그저 직함을 의미하는 것이 아닙니다. 나 스스로 인생의 주인이 되고, 역사의 주인이 되어 다른 이들에게 선한 영향력을 미치는 것을 의미합니다. 경계를 확장하는 것을 의미합니다. 가슴이 찢어지는 것 같은 고비를 하나씩 넘길 때마다 스스로도 조직도 그릇이 커지면서, 진정 국민들을 보듬는 리더십을 갖게 되는 것을 의미합니다.

그러기 위해서 각자 내가 원장이 되면 심평원이라는 조직의 비전은 어떻게 설정할지, 주요 보직의 인사는 어떻게 할지, 위기에는 어떻게 대응할지 미리미리 상상하시기 바랍니다. 지금 느끼는 조직의 문제를 어떤 방향으로, 구체적으로 어떤 방법으로 개선할지 생각해보시기 바랍니다.

리더가 되기 위해 갖춰야 할 덕목이 무엇인지 미리미리 챙기시기 바랍니다. 넓게 공부하십시오. 책도 좋고, 다양한 사람과 만나 이야기하는 것도 좋고, 여행은 더욱 좋습니다. 시간의 일부를 할애해서 사회에 봉사하십시오. 다른 이들의 어려움에 귀를 기울여보십시오. 파이오니어가 되십시오. 넓은 세상과 먼저 만나는 사람이 결국 리더의 자리에 오를 확률이 높습니다.

아픈 의사,
다시
가운을 입다

4장

정책으로
세상 바꾸기

중요한 변화는 산업재해나 직업성 질병에 대한
사회전체의 시각이이다. 이 변화는 경제 성장에
저절로 동반한 것이 아니다. 산업재해보상보험법이
제정된 이후 60년 가까이 제도는 끊임없이 개선되고
확대되었다.
이러한 변화를 설명할 수 유일한 것은 한국사회
변화의 방향이다. 산재보험의 역사로 되돌아 본
한국은 정부수립 이후 복지국가를 향해 달려왔다는
것이 적절한 표현이다. 노동자의 권리가 점점 더 많이
보장되었다는 것, 한국사회가 도도하게 민주화의
흐름을 이어왔다는 것 외에는 설명할 길이 없다.
사람의 건강이란 이렇듯 사회 정책과 제도, 가치관과
밀접하게 연관되어 있다. 앞으로도 그럴 것이다.

나라가 고마웠던 날

세상을 등진 나를 찾아낸 이

2004년 4월 암 수술을 받고 집에 돌아와 이내 인권위에 사직서를 냈다. 허락된 휴가를 모두 쓰고, 7월까지 급여를 받을 수 있었다. 퇴원하고 한 번 인권위에 인사를 간 이후, 직계 가족을 제외한 모든 이들과 연락을 끊었다.

심경이 복잡했다. '그렇게 미친 듯이 살더니 결국 암에 걸렸니' 하는 힐난이 귀에 맴도는 것 같았다. 나보다 덜 치열하게 살아온 다른 건강한 이들이 밉기도 했다. 아무렇지도 않은 척 가볍게 전하는 위로는 받고 싶지 않았고, 너무 심각하게 걱정하는 이들은 부담스러웠다.

마침 집을 옮기게 되었다. 계획에 있었던 것은 아니었다. 이사 후 주소를 누구에게도 알리지 않았다. 전화번호도 모두 바꾸었다. 당연히 직장 이메일은 쓸 수 없었다. 외국에 서버를 둔 메일

계정을 새로 열었다.

처음에는 연락을 시도하는 친지들이 많았다. 몇 번의 시도에 응하지 않자, 찾는 이들이 뜸해졌다. 나중에 안 일이지만, 일 년 넘게 연락이 닿지 않는 나는 동창들 사이에서 죽은 것으로 소문이 났다.

직장을 그만두기로 하고, 홧김에 가출하듯 칩거에 들어가면서도 걱정되는 것이 하나 있었다. 건강보험이었다. 3주에 한 번씩 항암치료를 받아야 했고 때로 응급실도 가야 하는데, 건강보험 혜택을 못 보게 되면 낭패였다. 걱정이 되는데 아무런 조치도 하지 못했다. 어디에 찾아가거나 누구에게 전화를 시도하지도 않았다. 지금 생각하니, 일종의 우울 상태였다. 무력감에 빠져 다른 생각을 하지 못했다.

'○○동 ○○호 세대주' 앞으로 된 우편물만이 나를 찾았다. 이메일도 광고와 스팸으로 가득해 갔다. 내게 아직도 구매력이 남아있다고 여기고 찾아오는 스팸도 고마웠다. 그런 시간이 지나던 중 우편함에서 내 이름이 적힌 종이봉투를 발견했다. 발신자는 국민건강보험공단 이사장이었다. 직장 건강보험에서 지역가입자로 바뀌어 새롭게 보험료가 책정되었다는 내용을 담고 있었다. 생각해 보니 사직서가 수리된 날짜로부터 채 2주가량 지났다.

보험료는 7만 원 언저리였다. 졸지에 직업을 잃고 부모 형제에 삶을 의탁해야 하는 나로서는 적지 않은 액수였다. 건강보험 공단 지사에 전화를 했다. 내 명의로 된 아파트가 있다며 보험료는 깎아줄 수 없다고 했다. 더 이상 이의를 제기하면 보험료가 더 올라갈지도 모른다 생각해 말을 멈췄다. 전화를 끊으며 나를 휩싼 감정은 '보험료가 비싸군!' 하는 불만이 아니었다. 그렇게 매몰차게 외부연락을 끊었건만, 기어코 나를 찾아내는 건강보험 공단이 고마웠다. 아직 나는 세상과 연결되어 있었다.

　태어나서 나라가 고마운 것은 그때가 처음이었다. 관료적이어 보이는 편지는 그저 그런 납부고지서가 아니라, 내가 사회로부터 최소한의 보호를 받고 있다는 증명서 같았다. 사회보장이란 그런 것이다. 몇 주 지나자, 국민연금공단에서도 편지가 왔다. 하라는 대로 납부유예 신청을 했다.

나라가 고마워서

3주를 한 사이클로 하는 항암치료를 계속 받았다. 다행히 새로운 약의 효과를 보는 임상시험에 들어갈 수 있어서, 진료비가 많이 나오지는 않았다. 하지만 수입이 없는 나는, 매번 조금씩 내는 진료비도 챙겨봐야 했다. 내가 다니던 병원은 정보통신기술을 일찍 도입해서 진료비를 자동수납기계에서 내곤 했다.

그날도 전에 하던 대로 항암주사를 맞고 수납 기계로 갔다. 다른 날과 달리, 기계에서 정산을 할 수 없으니 창구의 직원과 상의하라는 메시지가 화면에 떴다. 항암치료를 받는 날은 수납 창구에서 오래 기다렸다가 직원과 이야기하기도 힘들었지만, 어쩔 수 없었다. 번호표를 받고 한참을 기다린 끝에 창구로 갔다.

"왜 저 기계에서 수납을 할 수 없나요?"

"잠깐만요."

"……"

"병원에서 돌려드릴 돈이 있네요."

"네? 돈을 돌려주신다고요? 오늘 항암제 맞고 진료 받았는데요."

"산정특례 대상이시네요."

직원이 하는 말을 알아들을 수가 없었다. 대학 때부터 수없이 병원에 다녔지만, 병원은 돈을 '내는' 곳이었지 '돌려주는' 일은 없었다. 집에 와서 인터넷을 검색하니, 그해 7월 1일부터 암과 같은 중증질환에 대해 본인부담률을 낮추었다고 했다. 이른 바 '암환자에 대한 본인일부부담금 산정특례제도'였다. 6월 이전 미리 계산할 때에는 전체 진료비의 20%를 환자가 부담했었는데, 7월 이후 진료 시점에는 10%로 낮아졌으니 돌려주는 거였다.

그 이후로도 이런 일은 몇 차례 있었다. 수술 후 5년이 지나고 수술 집도의를 마지막으로 만날 때였다.

"축하합니다. 이제는 병원에 오지 않아도 되겠습니다."

"교수님, 정말 감사합니다. 덕분에 살았습니다."

"지난 번 CT 결과도 괜찮은데요, 마지막으로 혹시라도 암세포가 남아 있지나 않은지 정밀하게 보기 위해 PET CT를 찍어보면 좋겠어요."

"예, 교수님, 그래야지요."

정말 몸에 암세포만 없으면 더 이상 불행은 없을 것 같았다. 그러면서도 백만 원이 넘는다고 들었던 검사비 생각이 퍼뜩 앞섰다. 안 찍을 재간은 없었지만, 의료비는 언제나 예상하지 못하는 지출이었다. 떨리는 마음으로 계산기로 갔는데, 의외로 검사비는 10만 원을 밑돌았다. 그 사이 암 환자들이 PET CT를 촬영할 때 건강보험혜택을 볼 수 있도록 보장성이 넓어져 있었다. 나라에게 고마움을 느낀 두 번째 사건이었다.

보장성 강화, 그게 뭐에요?

1990년대 전공의로 병원에 근무하던 시절, 임상교수의 외래 진료실에 배석해서 환자 진료를 거드는 일을 했다. 정보화가 진행되지 않았던 당시 교수가 차트에 약 처방을 쓰면, 전공의들은 그것을 읽고 처방전에 옮겨서 환자에게 주곤 했다. 교수 대신 우리가 환자들에게 꼭 물어보던 질문이 있었다. "올해 보험 며칠 남으셨어요?" 2023년의 전공의들도 환자들도 이 문장이 무슨 뜻인지 모를 것이다.

1977년 처음 도입한 의료보험을 전 국민으로 확대한 것은 1989년이다. 하지만 국민 모두에게 365일 진료를 허용할 수 없었다. 재원이 부족했다. 처음에는 일 년 중 180일에 대해서만 의료보험을 적용했다. 결핵이나 고혈압 같은 만성질환을 앓아도 일 년의 반은 건강보험혜택을 받지 못하는 것을 의미한다.

입원을 하거나 외래 진료 보고 약을 타거나 모두 하루 진료로 친다. (그건 지금도 마찬가지다. 환자들에게는 의미가 없지만 통계를 산출하는 우리 같은 이들에겐 중요한 일이다.) 처방전을 받아든 환자들은 입원할 가능성을 늘 염두에 두고 살았다. 매년 한두 달 정도의 날짜를 남겨두었다. 큰 병을 앓거나 나이가 많아서 그해 안에 입원을 할 가능성이 있는 환자들은 외래 약 먹는 것으로 아까운 보험적용 날짜를 까먹을 수가 없는 노릇이었다. 나머지 날은 건강보험 혜택을 받지 않고 스스로 부담해서 약을 사갔다.

그러다 그해 안에 입원을 하지 않으면, 실질적으로 4~5개월 정도만 의료보험의 혜택을 보는 결과를 낳았다. 환자들도 의사들도 늘 날짜 걱정을 했다. 모두가 날짜 걱정을 하지 않고 진료를 받게 된 것은 2000년 건강보험이 전면 개혁된 이후에 비로소 가능했다.

요즘 말로 하자면 '건강보험 보장성 강화' 정책의 덕택이다. 보장성 강화를 특정 정당의 정책으로 여기는 이들이 최근에 많아졌지만, 사실과 다르다. 한국 건강보험의 역사는 지금껏 '보장성 강화의 역사' 그 자체다. 의료보험을 정식으로 도입한 것은 박정희 대통령이다. 전 세계 역사로 볼 때도 의료보장의 도입과 확대는 정치적 보수, 진보와는 무관하다. 우리 의료보장 제도의 모태가 된 독일에서도 건강보험을 도입한 총리는 철권통치로 유명한 비스마르크다.

확대일로에 있던 한국 건강보험은 18대 대통령 선거에서 본격적으로 논의의 중심에 섰다. 당시 유력했던 양대 후보 중 한 쪽은 '암을 비롯한 네 가지 중증 질환 위주로 하겠다' 했고, 다른 한 쪽은 '모든 질환에 대해서 확대하겠다'고 토론회에서 격돌했다. 박근혜 대통령도 취임 후 보장성을 높이는 정책을 추진했다.

2017년 5월 19대 대선이 있고나서 3개월 후, 문재인 대통령은 '건강보험 보장성 강화 정책계획'을 발표했다. 박근혜 대통령이 추진한 정책은 2017년 정책에 많은 도움이 되었다. 급여를 아무리 확대해도 고질적으로 문제가 되던 상급병실료, 선택진료비, 간병비 가운데 두 가지는 박근혜 대통령 집권 시기에 확대의 기초를 마련했다.

2017년 이후 보장성 강화 정책은 숨 가쁘게 진행되었다. 건강보험 혜택을 받을 수 없었던 1,045개 의료서비스가 건강보험의 혜택 안에 놓이게 되었다. 제한적인 조건에서만 건강보험 적용을 받던 서비스 334개 항목의 급여기준도 대폭 확대되었다. 희귀질환에 쓰는 고가약제도 빠르게 건강보험에 편입되었다. 문재인 케어라는 별명이 붙었지만 정치색 짙은 그 이름을 정부도 심평원도 공식으로 사용하지 않았다.

더 좋아져야 한다

원장 임기를 마쳐갈 무렵, 전임 정부의 보장성 강화 정책이 잘못되었다는 기사가 신문에 도배되었다. 마음이 많이 아팠다. 나와 내가 속한 조직이 했던 일을 부정당한 것 때문만은 아니었다. 이전 시대에 꼭 필요했던 일이 그 다음 시대에는 더 이상 필요치 않게 되는 정책은 허다하다. 새로 수립한 정책 내용을 자세히 들여다보았다.

5년의 시간을 갖고 보장을 확대해오던 가운데, 마지막 연차의 계획은 더 이상 추진하지 않겠다는 내용이 주를 이뤘다. 사실 그것들은 그 이전에도 우선순위가 낮은 것들이었다. 4년 동안 급여 확대 끝에 남아있던 것들은 지금 건강보험에 담지 않아도 크게 문제되지 않을 것이었다. 그동안 보험 적용이 되던 것을 원상복귀 해서 급여에서 빼겠다는 것이 더더욱 아니었다.

단순히 두통만 있어도 MRI를 찍던 것을 이제 특별한 신경 증상이 있어야 건강보험혜택을 받도록 바꾸었다. 그것 역시 애초에 보장성을 강화할 때 예견했던 문제다. 진료현장에서 명확하게 가름하기 어렵다는 이유로 일단 그렇게 적용했으나 추후 재평가를 통해 다시 결정하기로 했었다. 다시 말하면 정책의 방향이 잘못된 것이 아니라, 정책의 효과를 충분히 거두었기 때문에 속도를 조절하는 것이었다.

새 정부도 국민을 위한 의료정책을 수립했다. 건강보험 안에서 제공하는 모든 의료서비스의 비용부담을 고르게 낮추는 대신, 국민에게 꼭 필요하지만 잘 공급되지 않는 서비스의 공급부터 확충하겠다는 정책을 수립했다. 이른바 필수의료 서비스에 대한 공급을 확충하겠다는 것이었다. 지역 간 불균형이 확대되고 있는 시점에서 시의성 있는 방향이다.

전문가로서 안타까웠던 일은, 전 정부에서 추진하던 보장성 강화정책이 건강보험 재정을 낭비하는 선심성 정책으로 치부된 것이었다. 재정을 효율적으로 사용하는 것과 급여혜택을 충분히 보장하는 것은 양립할 수 없는 가치가 아니다. 얼핏 생각하면 그 둘은 함께하기 어려워 보인다. 하지만 그것은 같은 선상에서 하는 제로섬게임이 아니다. 서로 다른 각도로 나 있는 두 개의 축이다.

피복비를 예로 설명해보자. 아이들의 교복과 겨울 내복이나 매일 출근하는 가구원의 외출복을 구입하지 못하면 가구원은 불행하다. 가족의 불행을 초래할 정도로 구입하지 못한 의복이 있다면 가장은 그것을 사기 위해 노력해야 한다. 필수적인 의복은 시대에 따라 달라지기도 한다. 이처럼 어떤 의류까지를 가구 소득에서 지출할지 정하는 것이 보장성이라 할 수 있다.

반면에 의복을 사기 위한 방법은 얼마든지 달라질 수 있다. 누구는 백화점에서 사기도 하고 어떤 이는 인터넷에서 사기도 한다. 싸고도 좋은 브랜드를 선택하는 것이 중요하다. 중고시장을 이용하는 이들도 늘고 있다. 현명한 가족이라면 매년 지출할 피복비 액수를 정해 놓고 가구원이 무엇을 먼저 구매할지 정하게 한다. 그 의류를 최대한 적정한 가격에 구매하는 것이 지출 효율화다. 무조건 가장이 소비를 결정할 것이 아니라, 아이들도 소비 결정에 동참해야 같은 값에 만족도 높은 소비를 할 수 있다.

건강보험의 본래 목적은 아플 때 큰돈 들지 않게 하는 것이지, 모아 놓은 보험료를 아끼는 데 있지 않다. 가족은 본래 구성원이 행복하기 위해 존재하지, 재산을 늘리기 위해 있는 것이 아닌 것처럼 말이다. 게다가 이번 정부는 옷이 필요하고 살 능력도 되지만, 파는 사람이 없어서 사지 못하는 사람에게 옷을 파는 가게들을 마련한다고 했다. 그 모든 것은 국민들을 위해 필요한 정책이다. 전후 정부의 정책을 비교해 헐뜯을 일이 아니다.

이건 개인의 견해가 아니다. 2008년 세계 경제위기가 찾아왔을 때 많은 선진국이 점점 커지는 의료비에 어떻게 대처할 것인가를 놓고 고민했다. 그 결과는 2010년 열린 OECD 보건장관회의에서 보고서로 발간되었다.

의료비를 줄이기 위해서 일부 국가들이 급여 혜택을 줄이거나 수가를 낮추는 등 이른바 거시경제적인 접근을 하는 경우가 있지만, OECD는 그러지 말라고 경고했다. 경제가 어려울수록 수가 제도를 바꾸고 의료공급체계를 효율화하는 등 미시경제적 접근을 하라고 권고했다. 그러기 위해서 당장 더 필요한 재원은 투입을 아끼지 말라 했다. 쉽게 표현하면, 전기료가 오른다고 냉장고를 꺼버리지 말고, 절전형 냉장고로 바꾸라는 것이었다.

질병의 나락에 떨어진 이들에게는 당장의 의료비만 필요한 것이 아니다. 수술 받고 나서 초기에 인권위 동료들이 나를 애타게 찾았다. 함께 애태우며 인권위 업무를 시작한 애틋한 동료들이 나를 아픈 손가락으로 여긴다고 생각했다. 집 근처까지 찾아온 후배 한 명이 어렵사리 성공한 전화에서 뜻밖의 말을 들었다.

나를 포함한 일부 동료들은 별정직이나 계약직으로 일하고 있었다. 당시에는 별정직 공무원에게는 두 달의 병가 이외에는 질병휴직이 허락되지 않았다. 큰 병이 나면 직장을 그만두어야 했다. 인권위가 설립되고 암으로 그만두게 되는 최초의 직원이 나였는데, 별정직 동료들에게 그건 남의 일이 아니었다. 초미의 사회적 관심 속에서 새로운 조직을 탄생시키고 안정시키기 위해

모두들 죽을힘을 다해 일하고 있었으니, 건강 문제가 없을 리 없
었다.

질병휴직 제도를 도입한다고 내가 적용받을 수는 없었다. 다
른 방법이 있는데 내 암이 '공상'으로 처리되면 된다고 했다. 일
반 직장으로 말하면 산재였다. 그러기 위해서는 내가 공상으로
신청해야 했다. 동료들은 내가 먼저 나서 달라고 했다. 나를 위해
서가 아니라 모두를 위해서라고 했다.

며칠 고민을 한 후, 두 가지 이유로 사양했다. 첫째는 당시 내
의학지식으로는 대장암의 업무관련성이 높아 보이지 않는다고
했다. 두 번째가 더 중요했는데, 나는 정신을 다른 곳에 흩트리
지 않고 치료에 전념하고 싶었다. 무언가를 법적으로 신청해서
되고 안 되고에 따라 마음이 춤을 추는 상황을 만들고 싶지 않았
다. 두 번째 이유 앞에서 동료들은 더는 말을 못했다. 질병으로
직장을 그만두어야 하는 나도, 그게 남의 일이 아닌 동료들도 서
글프긴 마찬가지였다.

한참이 지나 별정직에게도 질병 휴직이 허락되었다. 큰 병에
걸렸을 때, 의료비 걱정과 함께, 돌아갈 일터가 있고 없음은 환자
의 심적 안위에 크게 영향을 미친다. 질병 휴직을 허가하는 직장
이 환자에게 인간적이기 때문만은 아니다. 결국 유능한 인재가
걱정 없이 일하게 만드는 것이 기업과 조직의 경쟁력이다. 아파
서 쉬고 있어도 최소한의 수입을 보장해야 한다. 기업이 그것을

못한다면 사회가 보장해야 한다. 최소한의 그것이 바로 상병수당과 고용보험이다.

의료 부문 공직자로 복무하면서 내가 하는 일로 인해 누군가가 나라에 고마움을 느끼기를 바랐다. 과거 내가 환자일 때 나라에게 고마웠던 것처럼 말이다. 환자였다 살아났고, 이 분야에서 30년 일해 온 내 진심을 담은 희망이다.

우리가 어떻게 코로나를 이겼을까

입국자를 따라서

2020년 1월 26일, 설 연휴 마지막 날. 어제까지 차례 상 차리기를 마친 나는 하루라도 집에서 쉬고 싶었다. 그러나 내 기대는 애초에 무너졌다. 심평원 기획이사였던 내 전화가 아침부터 뜨거워졌다. 청와대와 보건복지부 고위 간부들이 하루 종일 전화를 했다. 그들로부터 받은 질문은 '중국에서 입국하는 이들의 정보를 의료기관에 실시간으로 제공할 수 있는가'였다.

일주일 전인 1월 20일, 중국에서 입국한 중국인이 코로나바이러스 감염증 19 환자로 확진되었다. 중국, 특히 우한지역에서 들어오는 여행객을 막아야 한다는 이들과 그래서는 안 된다는 이들이 대립했다. 중국과의 교역량을 고려할 때 폐쇄가 어려울 것임은 예상할 수 있었다. 이번 전염병이 중국에 국한하지 않고 전 세계로 퍼질 것이라는 전문가의 견해가 그런 예측에 신뢰를 보됐다.

2015년 중동 호흡기 바이러스Middle East Respiratory Syndrome, MERS가 한국 사회를 훑고 지나간 이후 출입국은 감염병 관리에서 중요한 문제가 되었다. 국내 MERS 첫 환자는 폐렴증상이 있기 전에 바레인에 다녀왔다. 병원은 단순한 감기로 알고 치료했지만 환자는 악화되었다. 재차 병원에 갔던 환자는 여러 사람에게 병을 옮겼다. 그 환자가 바레인에 다녀왔다는 것을 처음 진료한 의사가 알 방법이 있었다면, 그 많은 환자가 국내 병원을 통해 감염이 되지는 않았을 것이다.

입국정보를 의료기관의 의사에게 연계하자는 의견이 나왔다. 항공사, 통신사, 출입국관리사무소에서 입국 정보를 질병관리본부에 보냈고, 질병관리본부는 다시 이 정보를 심평원에 보냈다. 심평원은 의약품 안심사용정보 서비스Drug Utilization Review, DUR라는 상시 네트워크를 통해 의료기관과 공유했다. 특정 국가에서 입국한 사람들 가운데 의료기관을 찾는 이가 있어 DUR에 접속하면, 의사에게 입국 사실을 보내는 방식이다. 호흡기 질환 증상을 갖고 병원에 온 환자가 중동에 방문했다는 정보를 접하게 되면, MERS를 의심하라는 것이었다. 이것을 우리는 해외여행력 정보제공시스템International Travel Information Service, ITIS이라 이름 붙였다. 본래 업무가 아니었던 환자들의 출입국 사실 확인에도 심평원이 관여하게 되었다.

첫 코로나 환자가 생겼을 때 이 시스템을 확대하자는 의견이 나왔다. 우한에서 오는 사람의 입국을 제한하지 않더라도, 가능성이 높은 이들을 조기에 발견할 수는 있을 일이었다. 적어도, MERS 때처럼 의료기관 안에서 전파는 막을 수 있을 것이었다.

문제는 중동지역에 비해 중국에서 입국하는 이들의 수가 너무 많아 서버가 그것을 감당할 수 있겠느냐는 것이었다. 전 세계로 퍼질 것이라는 의견이 많은 만큼, 전체 입국자 정보를 감당할 수 있을 만큼 서버가 충분할지 걱정이었다.

의약품 처방 정보가 실시간으로 왕래하는 DUR 시스템은 빠른 속도가 생명이다. 부하가 걸려 조금이라도 지체가 된다면 전국의 의료기관과 약국들의 환자진료 업무가 마비될 일이었다. 남은 연휴 기간은 이것을 점검하면서 보냈다. 급하게 서버를 확보했다.

전산 시스템을 확충하고 나서도 장벽은 남아있었다. 심평원은 보건복지부 장관의 위탁을 받아 2010년부터 DUR 시스템을 운영해왔다. 2015년 개정된 의료법에 의하면 모든 의사들이 처방할 때 의약품 정보를 확인해야 하지만 그러지 않을 때 벌칙 규정은 없다. 강제할 방법이 없었다. 45%에 달하는 의료기관이 DUR 알림창을 아예 꺼놓고 진료를 하고 있었다.

대대적인 홍보가 필요했다. 대한의사협회 등을 통해서 홍보를 했지만, 그 효과를 기다릴 시간이 없었다. 관련부서와 지원 직원들을 총동원했다. 시스템을 꺼 놓은 의료기관의 명단을 매일 파악해 전화를 걸었다. 이 사정을 청와대 사회수석에게 호소했더니, 문재인 대통령께서 수석보좌관 회의에서 언급하셨다. 2주일이 지나지 않아 DUR 사용률은 99% 이상으로 높아졌다.

심평원에서 마스크도 팔아요?

ITIS는 아주 작은 시작에 불과했다. 2월로 접어들자 마스크 대란이 벌어졌다. 한 장에 200원이던 마스크 가격이 천정부지로 뛰었고 대통령께서 대국민 사과를 하기에 이르렀다. 관계부처 합동으로 마스크 수급 안정화 대책을 수립했다. 마스크 생산량을 늘리는 동시에, 절대량이 부족한 기간 동안 공정한 공급을 해야 했다. 그러는 사이, 2월 18일 신천지 대구교회의 집단 감염으로 확진자 수가 폭증했고, 국민들은 공포에 빠졌다. 정부는 모든 국민이 일주일에 두 장의 마스크를 살 수 있게 하는 원칙을 수립했다.

문제는 '그것을 어떻게 구현하느냐'였다. 여행력 정보제공으로 유명세를 탄 DUR을 이용하자는 의견을 제시하는 이들이 많아졌다. 하지만 DUR을 전 국민 마스크 공급에 확대할 수는 없었다. 의료기관을 방문하는 사람은 하루에 많아야 이백여 만 명 정도이지만, 오천만 국민이 마스크를 구입하는 데 DUR을 활용한다면 그 부하를 감당할 수 없는 노릇이었다. 다시 혼란에 빠졌다. DUR을 왜 활용하지 못하는지, 활용할 수 있게 하려면 어떤 조치가 필요한지를 묻는 전화를 밤낮으로 받느라 밤이 되면 목이 쉬었다.

어떻게 하면 되겠느냐고 묻는 김연명 사회수석에게 나는 이렇게 말했다.

"어떻게든 심평원이 마스크 중복 구매를 확인하는 전산시스템을 만들어내겠습니다. 저희에게 맡겨주세요."

"그래요. 김 박사를 믿지요."

심평원은 DUR 외에도 요양기관포털이라는 시스템을 통해 약국을 포함한 의료기관과 매일 정보를 주고받는다. 그 시스템은 상대적으로 안정적이다. DUR이든 아니든 이미 구축한 약국과의 전산망을 통해 마스크를 팔게 하고 그 시스템을 이용하면 될 일이었다. 그 시스템을 사용하기로 하고서도 의사결정이 더 필요했다.

요양기관포털이 안정적인 시스템이라 할지라도 모든 국민들이 한꺼번에 마스크를 사려고 약국으로 몰린다면, 부하를 감당할지 걱정이었다. 일주일에 두 장의 마스크를 공급한다 했으니 전 국민을 다섯 그룹으로 나누어 월요일부터 금요일에 걸쳐 차례로 사도록 하면 되겠다는 의견이 모였다. 주중에 사지 못한 이들은 주말에 사게 했다. 그렇게 결정하고도 서버를 더 구입했다.

시스템 부하를 줄이기 위해 프로그램 자체는 최대한 단순해야 했다. 한 장만 사고 싶은 사람도 그렇게 할 수 있게 해주자는 의견이 나왔다. 심평원 정보통신실장이 단호하게 거절했다. 변수가 하나씩 늘수록 시스템의 부하는 더해질 것이기 때문이었다. 주민등록번호와 이름을 입력하면 해당 주간에 마스크를 산 일이 있는지 여부만 확인할 수 있게 설계했다. 프로그램의 골격이 정해진 것은 3월 1일이었다. 이름은 '마스크 중복구매 확인시스템'으로 정했다.

청와대와 복지부는 심평원을 믿었지만 불안은 여전했다. 그후로도 전화기는 내내 뜨거웠다. 가장 결정적인 질문은 프로그램 골격에 대한 협의가 완료되고 나서 어느 정도의 개발 시간이 필요한가 하는 것이었다. 정보통신실장의 의견이 가장 중요했다.

"삼일만 주이소."

그가 말했지만, 나는 당국에 닷새를 요구했다. 이렇게 중요한 일에 시간을 어기면 안 된다고 생각했다. 3월 1일부터 시스템 개발 전담조직을 구성했다. 베테랑 전산직 직원들이 모두 모였다. 위기 앞에서 늘 그랬듯이 그들은 매일 밤을 새웠다.

정보통신실장의 말은 허언이 아니었다. 정확하게 수요일 밤이 되자 개발을 마쳤다. 목요일의 시험가동은 성공적이었다. 마침 그 목요일은 아침부터 늦은 저녁까지 서울 일정이 있었다. 일정을 마치고 불안해서 서울에 있을 수가 없었다. 원주에 도착하니 열한시가 넘었는데, 정보통신실이 위치한 층은 환하게 불이 켜 있었다. 올라가서 직원들을 만났다. 잠을 못자 퀭한 얼굴들이었지만, 모두 활기차 보였다. 마음이 울컥했다.

다음 날 아침 마스크 중복구매 방지 시스템을 본격 가동했다. 전국의 약국과 우체국에서 마스크를 판매하기 시작했다. 몇 시간이 지나 다시 급한 전화를 받았다. 시스템이 더디게 돌아간다는 이야기였다. 원래 요양기관 포털은 약국과 병의원을 대상으로 열려 있었는데, 마스크 5부제를 시작하면서 각 지자체 우체국까지 임시로 연결했다. 약국과 달리 한 우체국에 여러 대의 컴퓨터 터미널로 연결을 해서 과부하가 걸린 것으로 진단했다. 급하게 우체국 당 컴퓨터 단말기 한 대만 연결하도록 해서 시스템은 다시 정상 속도를 찾았다.

심평원 직원들의 몸은 지쳤지만 사기는 하늘을 찔렀다. 마스크 중복 구매 확인 시스템이 정착해도 일은 끝나지 않았다. 시민들은 마스크를 사기 위해 이 약국에서 저 약국으로 뛰어 다녔다. 조금이라도 헛걸음을 덜하기 위해 어느 약국에 마스크 재고량이 얼마나 되는지 알려야 했다.

마스크 판매량과 재고량을 실시간으로 파악해서 오 분에 한 번씩 오픈 API Application Programming Interface 형태로 정보를 제공하기 시작했다. 그 정보를 이용해 민간 개발자들이 휴대전화 어플리케이션을 제공했다. 국민들은 어플을 보고 약국을 찾았다. 드라마와도 같이 민간과 공공의 협력이 일어났다.

다음 주가 되자 약사들로부터 고맙다는 연락과 댓글들이 이어졌다. 마스크를 구하러 먼 길 왔다가 허탕 친 사람들이 마땅하게 항의할 곳은 동네 약사들 밖에 없었다. 너도 나도 정해진 원칙에 따라 두 장씩 살 수 있게 되자, 약사에 대한 항의가 줄었다.

연달아 시스템을 개발하느라 바쁜 정보통신실장에게 전화를 해서 물었다.

"지금 꼭 도와드릴 일이 있으면 말씀하세요."

"다른 건 다 알아서 할 텐데요, 제발 전화들 좀 하지 말라 해주이소. 일할 시간이 없심니더!"

사방에 전화를 했다. 그에게 할 전화가 있으면 내게 하라고 했다. 물론 그 부탁은 잘 지켜지지 않았다. 이 난리를 겪어내는 도중에 심평원장 채용이 진행되었다. 그리고 그해 4월 나는 원장으로 취임했다. 고생한 직원들의 사기를 높이기 위해서 할 일을 고민했다. 그 답은 기획재정부를 설득해 정보통신 관련 부서를 하나 더 늘리는 것이었다. 그 일은 전산직을 위한 것만이 아니었다. 심평원의 정보시스템을 발전시키는 길이었다. 결국 한국 의료정보를 튼튼하게 만드는 일이었다.

외국 전문가들이 모인 자리에서 한국 의료체계를 설명할 때 나는 한 문장으로 요약하곤 한다. 우리는 "건강보험과 의료체계가 단기간에 급성장하는 바람에 불거진 문제점을 정보화와 통합 일원화된 단일 건강보험으로 극복한 나라"다. 이렇게 소개하면 대개 수긍한다. 세계를 놀라게 했던 한국의 방역도 결국 시스템이었다. 백신과 치료제를 개발하면 코로나를 극복할 수 있을 것으로 기대했지만, 같은 의학기술을 도입해도 나라마다 상황은 달랐다.

한국이 코로나에 그렇게 버틸 수 있었던 것은 첫 번째 키워드는 위기관리 능력이었다. 국가를 경영하는 이들은 위기를 관리하고 '싶어' 했다. 그들이 산하기관을 달달 볶아대 직원들은 힘들었지만 방향은 명확했다. 실무자에게 책임을 떠넘기기 바빴던 2015년 MERS^{중동호흡기증후군} 위기를 겪을 때와 비교하면 천양지차였다. 코로나 3년 만에 정은경 질병관리청장이 국민 영웅으로 떠올랐다.

정 청장은 나보다 일 년 늦게 대학에 입학했다. 그가 대학 일학년이었던 1983년 봄부터 40년을 보아왔다. 코로나 영웅으로 부상하기 한참 전부터 그의 성실함과 침착함, 배려심은 남달랐다. 선배들도 그의 인품을 존중하곤 했다. 한결같은 정 청장이 마음껏 역량을 발휘하도록 장場을 펼쳐준 것은, 역시 국가 전체 리더십이었다.

그 리더십을 받쳐준 것이 한국 의료의 기초체력이었다. 코로나19의 양상은 MERS와는 전혀 달랐다. MERS는 전파를 막는 데 초점이 있다면, 코로나19는 전파 방지가 무의미했다. 전 세계 팬데믹으로 이어진 코로나19에 더 중요한 것은 의료체계가 '버티는' 것이었다. 코로나에 걸렸을까 걱정하는 많은 이들을 빠른 속도로 검사해야 했다. 걸린 환자도 빠르게 구분했다. 필요한 사람은 입원을 시키고, 일부는 격리시설로 보내야 했다.

이런 것을 견딘 한국의 의료 체력으로 나는 두 가지 요소를 꼽는다. 위에서 말한 대로 그 하나는 전국이 통합 일원화된 건강보험이다. 두 번째 요소는 세계에서 한 두 손가락에 꼽히는 정보화 수준이다. 특히 의료정보가 핵심이었다.

압수수색 해프닝

그 후에도 심평원은 확진환자 관리 시스템, 코로나19 치료제 투여 이력관리 시스템, 파견의료인력 관리 시스템, 코로나19 진료기관 찾기 시스템 등을 개발했다. 한 단어 한 단어에 직원들의 땀과 눈물이 배어난다. 웃지 못할 뒷이야기를 꼭 하고 싶다. 마스크 중복구매 확인시스템이 잘 돌아가 마음을 놓게 되었을 무렵, 기획조정실장이 뛰어왔다.

"이사님, 놀라지 마십시오. 우리에게 압수수색이 들어올 건데요."

"위기 상황에서 우리처럼 열심히 일하면, 다치기도 쉬운 법이지요. 언젠가는 감사도 수사도 받을 거라 생각했지만, 너무 빠른데요? 그것도 압수수색까지요?"

"그게 아니고요."

"그럼 무슨 일입니까?"

"경찰청에서 마스크 구매 정보를 알고 싶답니다. 개인정보라 절대로 안 된다고 했지요. 왜냐고 물었더니, 수배 중인 사람들은 카드도 핸드폰도 잘 안 써서 소재 파악이 안 되는데, 마스크는 살 거라는 겁니다. 일주일마다 자료를 폐기한다고 했더니 그럼 압수수색 영장을 보내겠다는 겁니다."

"같은 사안을 놓고도 이렇게 다르게 생각할 수 있네요. 한국 경찰 정말 훌륭하네요."

웃으며 안심했다. 범인을 잡고 싶은 경찰청의 그 열의가 고맙게 느껴졌다. 최근에 물어봤더니 그래서 체포한 범인이 있단다.

국제협력은 나라 자랑?

국제협력연구는 왜 필요한가

2009년부터 경제협력개발기구 연구에 본격적으로 참여했다. 해가 가면서 지식과 함께 통찰이 쌓여갔다. 의료의 질에 대한 통계를 전 세계 국가들과 비교하다 보니, 국내의 자료만 보았을 때 볼 수 없었던 새로운 것들이 보였다.

"그래서 한국 의료의 질이 어떻다는 건가?" 하는 질문에도 나름의 틀로 답을 제시할 수 있게 되었다. 쌓여 간 것은 나 개인의 성장뿐이 아니다. 국제기구의 설명 틀이 아니면, 국내에서 거들떠보지도 않는 문제들도 많다. 관찰하지 않는다고, 문제가 없는 것이 아니다. 그저 수면 아래 있을 뿐이다. OECD 회의에 참여하고 2년이 지났을 때, 사무국 직원이 회원국 전문가들에게 요청했다.

"내년에 OECD 보건장관회의가 열립니다. 이전 회의 후 6년

만입니다. 그 회의를 위해 문건을 준비하고 있는데, 의료의 질 평가나 향상을 위한 정책 가운데 각국 모범사례를 소개해 주시면 큰 도움이 되겠습니다."

머릿속에 다시 번개가 쳤다. 그때는 이미 심평원의 적정성 평가가 어느 정도 자리를 잡았고, 평가 결과에 따라 수가를 차등지급하는 가감지급 시범사업의 모형도 결정되어 진행되고 있었다. '이것을 소개하는 글을 저 문건에 실으면 참 좋겠네! 한국과 심평원HIRA을 세계 보건장관들에게 알릴 수 있는 기회잖아?'

가슴이 설렜다. 긴 글이 필요한 것도 아니었다. 갖고 있던 문건을 찾고 그림을 그렸다. 두 개의 영어 문건을 만들어 사무국 직원에게 이메일로 보냈다. 사무국의 보고서 책임자에게 그 메일이 도착했는지 확인하고 싶었지만 할 수 없었다. 주고받는 메일의 양이 엄청난 그들에게서 답장을 받기 어렵다.

몇 주 후 OECD 사무처에서 회의가 열렸다. 정식 회의를 마치고 주최 측이 앉는 헤드 테이블로 걸어갔다. 그 가운데 가장 핵심 인물로 보이는 마크 피어슨 보건과장 앞에 가서 섰다. 그와 이야기하려는 사람이 여럿 있었다. 오래 기다리니 내 차례가 왔다. 그에게 명함을 전하면서 말했다.

"만나서 반갑습니다. 저는 한국의 심사평가원에서 온 김선민입니다. 제가 얼마 전에 한국의 병원 질 평가 프로그램과 가감지급에 대해서 문건을 작성해서 사무국으로 보냈습니다. 그 문건을 꼭 장관회의 자료에 실어주시면 좋겠어요."

"저도 보았습니다. 좋은 사례 보내주셔서 감사합니다. 저희 보고서에 실어서 여러 나라에 소개하면 좋을 정책인데, 정리해서 보내주신 것 정말 감사합니다."

나는 그 과정을 논문처럼 투고해서 사독을 통해 붙고 떨어지는 과정이 있는 것으로 이해하고 있었다. 하지만 그 회의체에서 전문가들은 국가를 대표하는 이들이었다. 보고서의 의도에 맞추기만 한다면, 회원국이 OECD 사무국의 성과에 기여하는 것이었다. 내가 그들에게 도움을 주는 일이었기에 그의 감사는 허튼말이 아니었다.

그해 10월 우리의 사례 두 개가 박스처리 되어 실렸다. 시범사업으로 심평원이 추진하던 일이지만, 정부나 의료계도 잘 모르던 일이다. 아는 사람들도 '이게 뭐 되겠어?' 하고 반신반의했다. 하지만 OECD 보고서가 우리의 사례를 모범사례로 싣고 나자, 해당 프로그램의 위상이 크게 올랐다. 그 일을 담당하던 직원들의 사기가 올라갔다.

위기를 기회로 활용한 공무원, 정은경

국내 정책을 자랑하는 데만 국제협력이 유용한 것이 아니다. 그

반대의 경우도 있다. OECD에 급성심근경색증 사망률 통계를 제출하기 시작할 무렵인 2000년대 후반, 사실 한국의 급성심근경색증 대처 역량에는 문제가 있었다. 환자들 누구나 지방의 대학병원을 믿지 못하고 서울의 대형병원으로 오기를 희망했다. 자유시장경제를 추구하는 나라에서 지역 주민이라 해서 서울의 큰 병원에 오지 못하게 할 수는 없지만, 급성 심근경색증이나 뇌졸중 같은 병에 먼 길을 가는 것은 바람직하지 않다.

뇌졸중과 심근경색증에는 '골든타임'이라는 것이 있다. 증상이 발생하고 세 시간(뇌졸중) 혹은 한 시간(심근경색증) 이내에, 병원을 찾아 치료를 받으면 환자는 살아난다. 문제는 찾는 병원의 대처능력이 일정 수준을 넘어야 한다. 골든타임을 놓치면 아무리 좋은 병원에 가도 환자는 회복되지 않는다. 적절한 시간에 가더라도 병원의 질이 낮으면 소용이 없다. 환자들이 사는 지역에 거점 병원이 있어야 하는 이유다.

중증심뇌혈관 질환 치료 역량을 갖춘 병원들을 지역마다 확충하기 위해 정부는 노력해왔다. 노무현 대통령이 강력히 추진했던 지역균형발전계획의 일환이었다. 급성 심근경색증과 뇌졸중을 치료할 수 있도록 권역심뇌혈관질환센터를 지정하여, 자원 확충 비용을 지원했다. 국공립 병원에 국한하지 않았다. 필요한 지역이고 적절하다면 민간 병원도 지원했다. 사업은 대통령이 몇번 바뀌는 동안에도 계속 이어졌다.

국가 예산을 수립하는 기획재정부의 철학에는 맞지 않는 일이었다. 재정자립도를 공공의료기관의 중요한 지표로 여기는 기재부에게 지방 사립병원의 질병 대처 역량을 키우기 위해 재정을 투입한다는 것은 쉽게 통하기 어려운 일이었다.

당시 그 사업을 담당하는 공무원이 바로 정은경 전 질병청장이었다. 그는 보건복지부 질병정책과장으로 일하고 있었다. 병원들의 로비를 나이스하고도 철저하게 거절하는 것부터 프로 공무원다웠다. 더 놀랐던 것은 OECD 비교분석 심뇌혈관질환 치료 성적이 매우 나빠, 모든 언론이 대서특필했던 부끄러운 성적을 기획재정부 설득에 적극적으로 활용했다는 점이다.

수치스러운 국가통계를 덮지 않고 오히려 적극적으로 활용하는 공무원들이 몇 명 더 있었다. 몇 년이 흐른 뒤 보니, 그 특성을 가진 공무원들은 다른 이들보다 높은 자리로 올라갔다. 같은 자리에 가더라도 성과를 잘 내는 것으로 평가받는다.

선진국 관점에서 본 한국 의료

2010년 보건장관회의를 마친 후, OECD는 의료의 질의 관점에서 회원국 보건의료체계를 검토하는 사업을 시작했다. 그 이야기를 들었을 때, 우리가 꼭 참여해야 한다고 생각했다. 많은 영역에서 OECD의 회원국 검토보고서는 해당국에는 소중한 자료로 쓰인다.

"선진복지국가와 오래 함께해온 그들의 눈으로 본 한국의 보건의료는 과연 어떤 문제를 안고 있을까?" 이걸 알면 우리도 한 단계 도약할 수 있을 것 같았다. 그 일이 진행된다면, 꼭 참여하고 싶었다.

첫 번째 이유는 강력한 내적 동기였다. 제대로 참여하면, '한국의료의 질이 어떤가?' 하는 인생의 질문에 대한 답을 일부라도 얻을 수 있을 것 같았다. 심평원에서 일하기 시작하면서, 의료의 질은 여러 관심사 가운데 하나 이상의 무엇이었다. 숙명으로 받아들여야 할 인생의 과제가 되었다. 열심히 병원과 의원들을 평가했지만, 그것은 전체가 아니었다.

개별 병원을 잘 평가한다고 해서 한국 의료의 질을 알 수 있는 것은 아니었다. 병원들의 성과를 단순 평균한다고 한국의 수준이 아니다. 각급 의료기관들, 여러 지역의 기관들이 국가 안에서 조화롭게 배치되어야 전체의 질이 높아지는 것이다. 한국 의료의 질이 어떤가 하는 질문에 나는 대답할 의무가 있었다. 대장암 수술을 받고 추락한 나를 받아들여 다시 활동하게 해 준 심평원, 그리고 국민건강보험법에 평가위원이라는 내 일자리를 명시해준 한국 사회에 대한 보답일 것 같았다. 의대생에서 환자로, 의사로, 다시 환자로 정체성을 바꾸며 살아나 새로운 길을 걷게 된 시간들에 의미를 부여할 것 같았다.

꼭 하고 싶은 두 번째 이유는 멋진 선배들에 대한 동경이었다. 정책 공부를 시작했을 때 OECD가 한국의 의료체계를 들여다보고 보고서를 쓴 일이 있다. 그 이후로 가끔 그 보고서를 꺼내보곤 했다. 길지 않은 보고서였지만 통찰이 넓고 깊었다. 보고서를 출판하기까지 OECD 직원들이 많은 한국 전문가와 만났다. 나는 젊은 학자로서 딱 한 번 배석한 일이 있다.

대화는 진지했다. 파란 눈의 외국인이 한국의 전문가와 정책을 이야기하는 모습이 매우 인상적이었다. 한국 교수가 원어민 수준의 영어를 하는 것도 아니었다. 대학과 학위를 한국에서 마친 학자의 영어실력이란 어쩔 수 없는 일이었다. 하지만 내용을 정확하게 파악하고 문제의식이 있으며 통찰이 깊은 학자와 전문가의 대화는 막힘이 없었다. 진정한 소통이란 그런 것이었다. 유창한 영어로 승부할 수는 없겠지만, 나도 전문적 식견을 쌓아 저 수준에 이르고 싶었다. 대장암과 함께 접었던 꿈은 여전히 내 깊은 곳에 있었다.

설득하고, 또 설득하고

보건복지부 공무원을 설득하기로 작정했다. 우선 설득해야 할 사람은 심평원의 예산을 담당한 P 과장이었다. 그 자리에 오기 전 다른 국제기구에서 일했던 그의 경력이 돋보였다. 심평원의 업무를 설명하기 위해 만난 자리에서 그는 많은 질문을 했다. 나는 전부터 갖고 있던 지식과 전문가로서의 내 견해를 보태 설명했다. 대화를 마친 끝에 그는 나에 대한 기본적 신뢰를 갖게 되었다. 다행이었다.

이런 일을 추진하자고 권할 때 공무원들의 반응은 다양하다. "그 많은 자료 정리 일을 누가 다 해요?" 이런 걱정은 그래도 건설적이다. "그런데 그들이 우리의 정책을 많이 비판하면 어쩌죠?" 이런 걱정을 하는 이들을 만나면 추진을 포기하는 것이 편하다. 그건 나에 대한 신뢰와 다른 일이다.

P 과장의 반응은 예상 밖이었다.

"그런 사업이 있다고요? 안 그래도 한국 의료의 질이 어떤지 알고 싶었습니다. 저희가 건강보험지불제도 개선을 생각하고 있거든요. 의료계는 의료의 질이 떨어질 것이라며 반대하고 있어요. 정말 그런지 아닌지 한번 진단을 받아보고 싶군요."

"이왕 할 거면 당장 내년에 하는 게 좋지 않을까요? OECD 직원도 사람인이상, 첫 고객을 성실하게 대할 것 같아요."

"예, 저도 그렇게 생각합니다. 복지부의 지불제도 개선도 곧 추진할 거니 상황이 급하기도 하고요."

바로 이듬해에 하는 쪽으로 의견이 일치했고 예산이 반영되었다.

사업이 시작되자 OECD는 300개에 달하는 질문서를 보내왔다. 나를 돕는 세 명의 연구원과 함께 답변서를 썼다. 전부 합하니 600쪽에 이르렀다. 우리가 보낸 답변서를 OECD 전문가들이 읽은 후, 현지 조사단이 한국에 와서 다시 확인했다. 한국 전문가와 이해당사자들을 인터뷰하며 확인하고 의견을 구했다. 우리는 최대한 일정을 짜주었지만, 배석은 하지 않았다. 우리가 있으면 전문가가 하고 싶은 말을 자유롭게 못하기 때문이다.

꼬박 일 년 넘게 이 일에 매달렸다. 보고서는 다음 해 봄에 나왔다. 작고 예쁜 책이었다. 통찰 어린 명제들을 많이도 포함하고 있었다. 그 보고서 역시 가장 중요한 부분은 우리가 잘하는 것을 자랑한 것이 아니라, 우리의 치부를 드러내고 개선책을 제시한 것이다.

보고서는 한국 의료의 질 향상을 위해서 일차의료를 강화하고, 수가지불제도를 개선할 것, 건강정보의 활용을 극대화할 것 등을 권고했다. 그 가운데 일부는 이뤄졌지만 대부분은 아직도 멀었다. 정책의 어려움에 봉착하면 나는 다시 그 보고서를 꺼내 든다. 보고서가 발간되고 십년도 더 세월이 흘러 이제는 잊혀지고 있다. 하지만 젊은 학도들은 아직도 밑줄치고 읽다 궁금한 것이 있으면 내게 묻는다. 보고서는 또 하나의 이정표가 되었다. 내 이름으로 나간 논문도 책도 아니지만, 가장 심혈을 기울여 이바

지한 결과물이다.

이 일을 앞장서서 추진하고 든든하게 받쳐주었던 P 과장은 보고서를 자신이 추진하는 정책에 잘 활용했다. 그는 후에 차관이 되었다. 개혁적인 보건의료정책을 선도해서 이끌고 있다. 내가 본 국제연구의 의미는 이런 것들이다.

개발도상국의 현실은 다르다

국제협력연구에서 견지해야 할 덕목은 다양성의 존중이다. 빈 말이 아니다. OECD에서 조금씩 영향력을 키워가던 나는 2016 년 7월부터 WHO세계보건기구에서 일하게 되었다. 내 상사인 에드 워드 켈리 국장은 내가 일을 할 수 있도록 새롭게 팀을 만들어 주었다. OECD와 달리 WHO에서는 아직 의료의 질 관련 활동 이 그리 큰 비중을 차지하지 못하고 있었다. 원래 세계보건기구 는 한국으로 말하면 질병청과 같은 일을 주로 담당하기 때문에 보건의료 체계와 관련된 활동의 역사는 상대적으로 짧다.

나는 나름 전문가로 여겨졌다. 특히 의료의 질을 측정하고 평 가하는 것에 있어서, 국내 경험과 국제경험을 겸비한 사람은 없 을 거라는 자신감에 도취해 있었다. 내 옆 부서의 과장이 도움을 받고 싶다고 했다.

사하라 남부지역 국가들에서 전문가를 초청해 의료의 질에 대한 워크숍을 하는데 질 측정 방법과 경험을 공유해 달라고 했다. 준비를 많이 했다. 한국에서 질병과 사망 정보를 어떻게 모으고 연계하는지, 정보를 어떻게 활용해서 병원을 평가하고, OECD에 통계치를 제출하는지를 담은 프리젠테이션 파일을 정성들여 만들었다.

신이 나서 발표를 하는데, 분위기가 싸하다는 느낌이 들었다. 내 말은 청중에게서 도로 튕겨져 나오고 있었다. '내 영어가 문제인가?' 여전한 언어 콤플렉스가 스멀하고 기어 나왔다. 나는 말을 멈추고 질문을 했다.

"지금 당신들 국가에서 가장 큰 의료의 질 문제가 무엇이라고 생각하십니까?"

"오래된 내전으로 병원이 많이 폭파되었어요."

라이베리아 출신 전문가가 탐탁지 않은 표정으로 답을 했다.

"우리는 가뭄이 너무 심해 병원에 물 공급이 안 되고 있어요."

다른 나라에서 온 전문가가 말을 이었다.

컴퓨터와 인터넷을 통해 정보를 모으고 연계한다는 한국 이야기는 그들 국가에 아무런 도움이 되지 않았다. 그날 강의는 그렇게 망했다. OECD전문가와 WHO 전문가는 다르다는 WHO 동료들의 말이 비아냥이 아님을 뼈저리게 느꼈다.

저소득 국가 의료의 질 문제와 해결책이 한국과 같은 고소득

국가와 같을 리 없다. 내가 알고 있는 지식은 인류의 보편타당한 것이 아니었다. 그날 이후 나는 의료의 질에 관한 이론을 갈아엎는 데 시간을 바쳤다.

가장 지역적인 것이 가장 세계적인 문제라는 명제는 멀리 있지 않았다. 우리가 국제협력을 열심히 해야 하는 가장 큰 이유다.

다시 가운을 입다

다시 길 위에서

2023년 9월 16일 토요일 아침, 해외여행에나 가지고 다니던 캐리어 두 개를 들고 동서울터미널로 향했다. 주차를 마친 남편이 캐리어를 꺼내 들고 버스 승강장으로 앞서 걸었다. 홀로 버스를 타야 하는 나를 보내던 남편의 표정에는 걱정이 가득하다.

"도착하면 연락하고, 밥 잘 챙겨 먹고, 걸어 다닐 때 넘어지지 말고, 아프지 않게 조심하고, 너무 늦게까지 일하지 말고, 자주 연락하고…."

잔소리가 이어진다. 캐리어를 버스 옆구리 짐칸에 싣더니 운전기사에게 당부한다.

"태백에 가면 이 짐 좀 내려주세요."

세 시간 쯤 지나 버스는 태백터미널에 도착했다. 택시를 타고 황지천을 따라 난 길을 이십분 정도 가니, 하얀 색의 병원이 모

습을 나타냈다. 병원 바로 옆, 사택 앞에 택시가 멈춰 섰다. 내가
기거할 호수로 가보니 한참 청소 중이었다. 오후가 되자 미리 부
탁한 가구와 가전이 도착했다. 마침 여행 중이던 태백 출신 지인
이 사택을 찾았다. 모두가 돌아간 후 나는 노트북을 켰다. 페이스
북에 글을 올렸다.

- 다시 길 위에서 -

다음 주 월요일(18일)부터 근로복지공단 태백병원에서 직업환
경의학과 전문의로 새로운 길을 가게 되었습니다.

한반도에서 가장 영기서린 지역, 우리나라 최초의 산재병원에
서 걷게 된 길 앞에서 가슴이 설렙니다.

의사가 되어 첫 번째 가려했던 길은 직업환경의학(당시 산업의
학)입니다. 예방의학과 가정의학 수련을 받고나서 산업의학전
문의가 되었습니다. 산업보건정책을 공부해야겠다 싶어 의료관
리학 수련을 받고는 어쩌다 보니 의료정책 분야에서 이십오년
넘게 머물렀습니다.

이제라도 원래 하려했던 직업환경의학 분야에서 일하게 되어
아쉬움을 덜 것 같습니다. 가족들과 많은 지인들이 제 결정을
응원해주셔서 마음이 든든합니다.

근로복지공단 태백병원은 산재 전문병원인 동시에 종합병원
으로서 의료취약지역의 중추적 공공의료기관의 역할을 하고

있습니다.

어제 태백에 와서 사택부터 정리했습니다. 이제 안정되어 내일 아침 출근합니다. 입학생처럼 가방 챙기고, 신고 갈 새 신발 챙겨 현관 앞에 놓았습니다.

심평원장 퇴임 이후 가끔 의사채용 공고 사이트에 들어가 보곤 했다. 나하고는 거리가 먼 일들이 대부분이었다. 6개월은 쉬리라 마음먹었던지라 다음 직장은 심각하게 생각해 보지 않았다.

그날도 가벼운 생각으로 사이트를 둘러보았다. '근로복지공단 태백병원'이라는 공고가 유독 눈에 들었다. '서울에서 가깝기만 하다면 좋겠는데!' 생각을 했지만, 마음에 담지는 않았다. 몇 주가 지나 다시 사이트를 둘러보는데 태백병원 공고가 다시 보였다. 이전 공채에서 사람을 못 구한 것 같았다. 두 번이나 눈에 들어온 것이 신기했다. 한번 알아보기라도 해야겠다고 생각했다. 직업환경의학 분야에서 오래 일했던 후배를 찾았다. 내가 존경해 마지않는 이다.

"서울에서 멀다는 것을 빼면, 정말 좋은 자리이지요."

"어떤 의미에서요?"

"선생님을 필요로 하는 사람들이 많습니다. 거기 진폐증 환자가 많잖아요."

"이제 광산도 거의 없어지고, 환자도 별로 없지 않아요?"

"그분들이 계속 나이 들어가시지요. 이제 소음성 난청, 근골격계 질환으로 산재 신청하는 분들이 많아요."

"인구가 계속 줄잖아요?"

"태백병원이 그 지역에서 가장 큰 종합병원이에요. 중요한 공공의료기관 역할을 요구받지요. 가시면 정말 하실 일이 많을 거예요."

"근데 서울에서 너무 멀어요."

"당장 한번 가 보세요. 이제 길이 좋아져서 운전해서도 갈 만해요."

그다음 날 태백 행 시외버스를 탔다. 휴대전화 어플로 찾아보니 태백버스터미널에서 병원까지 시내버스도 자주 있었다.

작은 강을 따라 난 길 주변에는 산이 높았다. 강 이름은 황지천이었다. 여기 무슨 병원 있으랴 싶은 생각이 들 무렵, 눈앞에 희고 큰 건물이 보였다. 산을 뒤로하고 강을 앞에 둔 병원은, 있을 것 같지 않은 곳에 의연하게 서 있었다.

병원 앞 시내버스 정류장에서 사진을 여러 장 찍었다. 입구에 "우리나라 최초의 산재병원"이라는 석판이 우뚝 서 있었다. 오랜 역사를 지닌 병원은 지금도 활발하게 작동하고 있는 것 같았다. 서울 집에서 몇 시간 걸려 왔는지는 이내 잊었다. 병원에 들어가려 하니, 마스크를 쓰지 않은 나를 직원이 멈춰 세웠다.

'여기 정말 오려나 보다.' 생각이 들었다. 서울에 다시 돌아와서 공채 공지에 나와 있는 번호로 전화를 했다.

"직업환경의학과 전문의 채용 공고를 봤습니다. 7월부터 일할 사람을 구하신다는데, 제 사정상 빨라도 9월 중순이 되어야 일을 시작할 수 있어요. 그래도 괜찮으시다면 서류를 제출할까 합니다."

"상부에 한번 여쭤보겠습니다."

그다음 날 전화가 왔다.

"서류 꼭 제출해주세요. 임용일자는 면접 이후에 결정할 수 있겠습니다."

나는 의사다

2023년 9월 18일 나는 직업환경의학과장으로 태백병원의 첫 근무를 시작했다. 가정의학과 전공의 수련과정을 마치고 나서는 환자를 보는 일이 처음이었다. 병원에서 일하게 되어 편한 신발이 필요하다는 핑계로 새로 산 신발을 신었다. 오랜만에 가슴이 설렜다.

산재요양급여신청서를 제출하면, 그 질병의 업무관련성을 평가하는 일이 내게 맡겨졌다. 쉽지 않은 일이다. 대부분의 어르신들이 여기 저기 삭신이 쑤시고 아프다. 진단받은 질병은 정말 있는지, 얼마나 심한지 봐야 한다. 병원 안에 있는 정형외과, 신경외과, 재활의학과 전문의와 자주 회의를 한다. 산업위생사들은 환자의 근무이력과 업무의 신체부담을 정확히 측정한다. 그들은 자주 근로현장에 나간다. 가끔 나도 따라간다. 나는 이런 것들 종합해서 질병의 업무관련성을 따져야 한다. 여러 면에서 쉽지 않은 일이다.

매일 내가 만나는 것은 한 사람의 역사다. 자주 그분들의 삶의 무게에 눌린다. 가끔은 '정말 그 일을 하셨나?' 하고 궁금해진다. 이런 것들을 표정에 드러내지 않아야 한다. 나는 의사다. 나는 프로페셔널이다. 오래 환자를 보지 않았지만, 그간의 모든 경험이 도움이 된다.

업무관련성 평가 업무환경이 나를 놀라게 했다. 삼십년 전 산업의학 전문의가 되기로 마음먹었을 때와는 완전 다른 세상이 펼쳐졌다. 그때는 의사가 직업병을 말하는 것이 역사에 남을 '폭로'였다. 내가 판정한 직업병이 평생 하나라도 있다면 성공한 인생일 것 같았다. 정부도 기업주도 직업병을 인정하고 싶지 않아 했다. 노동자들도 스스로 아픈 것을 감추고 싶어 했다.

2023년의 한국은 그렇지 않다. 근로복지공단 태백병원 직업환경의학과장으로서 내가 하는 일은 더 이상 '사회적 파장을 크게 일으키는' 일이 아니다. 판단에 참고가 될 만한 연구결과가 많아졌다. 연구결과들은 법과 고시, 지침으로 만들어졌다. 흔한 작업들의 신체부담에 대한 데이터가 쌓여있다. 근로자들의 직업 이력은 건강보험공단과 국민연금공단, 근로복지공단에서 확인할 수 있다.

내가 해야 할 일은 임상적인 소견이 확실한지 정형외과나 신경외과의사들과 상의하는 것, 그리고 내가 찾은 환자의 정보와 소견이 지침과 의학적 근거에 맞는지를 검토하는 것이다. 회색 지대가 많은 의료 분야에서 애매한 것들이 나오면 전국의 직업환경의학과 전문의들이 모여 새로운 지침을 만든다. 가장 크게 바뀐 것은 근로복지공단과 노동부의 '기본 태도'다. 직업환경의학 전문의들의 판정에 정치적 판단을 가하지 않는다. 내 일은 '정치적 결단'이 아닌, 그저 전문가로서의 '노동'이면 족하다.

삼십년 만에 바뀐 세상

삼십년 만에 세상이 바뀐 이유를 내내 생각했다. 가까이서 확인할 수 있는 변화부터 따져봤다. 우선 직업환경의학과 전문의가 많아졌다. 내가 97년 전문의를 취득할 때 전문의 번호는 231번이었다. 2023년 2월까지 한국이 배출한 직업환경의학 전문의는 967명이다. 초반 몇 년 동안은 나처럼 다른 과목을 전공한 의사들이 경과규정에 따라 전문의가 되었다. 2000년이 되어 정식 수련을 받은 전문의를 7명 배출했다. 그 후 이십년 동안 직업환경의학 분야는 급성장했다.

일에 종사하는 다른 이들도 많아졌다. 근로복지공단의 직원들도 많아졌고, 이 일을 하는 노무사와 변호사들도 많아졌다. 이것은 현상이기는 하나 문제를 개선한 원인은 아니다. 그것은 오히려 과정과 결과에 속한다.

일하는 이들의 건강에 투입되는 자원의 절대량은 산재보험의 크기에서 찾을 수 있다. 산재보험료의 근간을 이루는 근로자 임금이 크게 늘었기 때문이다. 한국 경제의 성장을 의미한다. 노동자가 재해나 질병을 겪을 때 투입할 수 있는 사회적 자원 전체가 늘어난 것이다. 국가 경제력이 빈약했을 때에 비해 노동자의 건강값과 목숨값이 올라간 것이다. 산재뿐 아니라, 국민건강보험에서 적용하는 질병이나 의료기술의 범위가 늘어났다. 산재만 과거에 묶여있을 수 없는 일이다.

이런 것 아래에 흐르는 가장 중요한 변화는 산업재해나 직업성 질병에 대한 사회전체의 시각이다. 이 변화는 경제 성장에 저절로 동반한 것이 아니다. 산업재해보상보험법이 제정된 이후 60년 가까이 제도는 끊임없이 개선되고 확대되었다.

산재보험에 가입한 사업장의 수도 늘었다. 산재보험 가입 대상 사업장은 1인 이상 근로자를 고용하는 모든 사업체를 대상으로 하게 되었다. 산재율이 높지만, 산재를 당한 근로자에게 보상을 할 능력은 부족한 영세기업이 산재보험의 대상이 된 것은, 산재를 개별 기업주가 아닌 사회 전체가 연대하여 책임지는 본격적인 사회보장이 된 것을 의미한다.

업무상 재해나 질병의 인정범위도 획기적으로 늘었다. 출퇴근하다 사고가 나거나, 작업장에서 사고가 날 경우 업무상 재해로 보는 경우가 대폭 늘었다. 심평원장 시절, 다른 종류의 산재는 없었지만, 출퇴근 재해와 사무실 안에서의 사고는 간간히 있었다.

업무상 질병으로 인정되는 요인도 늘었다. 현재 산재보상보험법에 의하면 물리, 화학, 생물학적 요인에 의한 질병 뿐 아니라 신체 업무 부담에 따른 근골격계 질환도 상당인과관계가 확인되면 업무상 질병으로 인정받을 수 있다. 직장 내 괴롭힘 등 정신적 요인도 업무 부담에 포함된다. 중금속 중독으로 인한 사망도 직업병으로 인정받지 못하던 80년대라면, 상상도 못한 일이다. 그때 했던 생각이 기억난다. 언젠가는 그런 것도 직업병 인정을 받아야 하겠지만, 내 생전에는 불가능할 일이라 여겼다.

이러한 변화를 설명할 수 있는 유일한 요인은 한국사회 변화의 방향이다. 산재보험의 역사로 되돌아본 한국은 정부수립 이후 복지국가를 향해 달려왔다는 것이 적절한 표현이다. 노동자의 권리가 점점 더 많이 보장되었다는 것, 한국사회가 도도하게 민주화의 흐름을 이어왔다는 것 외에는 설명할 길이 없다. 사람

의 건강이란 이렇듯 사회 정책과 제도, 가치관과 밀접하게 연관
되어 있다. 앞으로도 그럴 것이다.

아픈 의사, 다시 가운을 입다

길이 끝나면 거기 새로운 길이 열린다

한국은 어마어마하게 발전했다. 보건의료 영역도, 인권정책도, 성평등도 그렇다. 구체적인 변화를 열거하는 것이 무의미할 정도다. 1960년대의 한국과 지금의 한국은 같은 나라로 볼 수가 없다.

내가 처음 국제회의에 참석한 것은 1996년이었다. 그때 한국은 개발도상국에 속했다. 개발도상국 출신의 나는 세계보건기구의 지원을 받을 수 있었다. 일 년이 지나자 그 지원은 더 이상 받지 못했다. 한국이 더 이상 지원대상이 아니라고 했다. 1996년 10월 경제협력개발기구OECD 이사회는 한국의 회원국 가입을 승인했다. 스물아홉 번 째 회원국이었다.

그것이 무엇을 의미하는지 그때는 실감하기 어려웠다. 시간이 더 흘러 저소득국가에서 온 전문가를 만나게 되면서 그 변화를 느끼게 되었다. 그들은 고소득 국가로 바뀐 한국을 동경한다. 서구권 국가보다 한국을 동경하는 이유는 우리의 시스템이 좋기 때문만은 아니다.

단기간 내 성장을 이뤄왔다는 점에서 한국은 배울 점 많은 나라다. "이 변화를 어떻게 이뤄냈어요?" 하는 질문에 대해 우리의 답은 구체적이다. 그 답은 사료를 찾지 않아도 개인의 기억에서 튀어 나온다. 개인의 기억이 모여 집단의 것으로 남아 있다.

의료 영역도 그렇다. 한국은 1977년 공적 건강보험을 도입한 이후 전 국민으로 확대하는데 11년이 걸렸다. 1883년부터 100년이 걸린 독일에 비하면 엄청나게 빠른 성장이다. 좋은 측면만 있을 리 없다.

기성세대가 된 우리는 발전의 속도에 멀미를 심하게 했다. 격랑을 헤쳐오면서 스스로를 돌아보지 못했다. 행여 그 수레바퀴에 치어 깔리지 않기 위해 안간힘을 쓰기도 했다. 너무 빨리 발전한 제도는 결함도 부작용도 많다. 하나하나 해결하면서 보완해나갈 시간이 없었다. 어서 완성하지 못하냐는 채찍질과 이제 그만하라는 힐난 사이에서 갈등도 크다.

"성차별이 도대체 뭐야?" 하고 의문을 제기하는 이들이 있다. 하지만 저출생의 늪을 벗어나지 못한다. 젊은 여성들은 여전히 행복하지 않다. 최소한의 안전이 보장되지 않았다고 느낀다. 그렇다고 남성이 행복한 것도 아니다. 노인은 말할 것도 없다.

과거보다 쉽게 병원에 가지만, 여전히 대도시에 국한한 일이다. 인구절벽에 처한 산간벽지의 가장 큰 문제는 좋은 병원이 부족하다는 것이다. 국가폭력이 없어졌다지만, 사람들의 마음은 아직도 스산하다.

언제부턴가 소수자 인권과 건강이 내 인생의 주제가 되었다. 정의감이나 의협심 때문만은 아니다. 소수자로서의 정체성이 나를 그쪽으로 몰아갔다. 여성과 남성이 동수이고, 환자가 의사보다 많은데 소수자인가? 그렇다. 백과사전에는 '문화나 신체적 차이 때문에 사회의 주류문화에서 벗어나 있는 사람이나 집단'이라고 소수자를 지칭한다. 숫자가 적다고 소수자가 아니다.

내가 어쩐다고 세상이 바뀌나 하는 자괴감이 들 때도 있다. 하지만 내가 흘린 땀과 눈물이 거대한 강으로 흐르는 것 자체가 영광이다. 짧은 시간 변화를 이뤄내느라 유난히 고달팠던 우리 세대가 가진 아이러니 같은 축복이다. 고단했지만 다채로운 삶이었다.

나와 우리에겐 남아있는 일이 많다. 뚜렷이 박혀있는 변화의 기억에서 지혜를 끄집어 내, 아직도 못 이룬 좋은 세상을 완성해야 한다. 그렇게 애썼는데 할 일이 남았다는 것은 절망인 동시에 희망이다.

어려운 일들이 있을 때마다 시를 찾았다. 심평원장으로 일할 때도, 직원들에게 하고 싶은 말을 시로 대신하곤 했다. 시를 읽을 때 직원들에게 전하고 싶었던 내 마음이 그대로 살아났다. 퇴임식 날, 직원들이 나를 위해 동영상을 만들어 틀어주었다. 거기에도 월례조회에서 시를 읽는 내 목소리가 담겨 있었다.

그 시인의 책은 내 인생이 외롭고 고통스러울 때마다 찾던 피난처였다. 내가 인생을 통해 절절하게 느꼈던 믿음이기도 하다. 이 책을 통해서 말하고자 하는 것도 그것이다. 시인의 고립에서 내 외로움이 어루만져졌다. 시인이 찾은 희망에서 나도 희망을 찾았다. 그는 한국 역사를 나아가게 한 노동자이자 운동가였다. 책의 머리에서 인용한 시구도 그의 것이다. 그에게 감사한다.

길이 끝나면

박노해

길이 끝나면 거기
새로운 길이 열린다

한쪽 문이 닫히면 거기
다른 쪽 문이 열린다

겨울이 깊으면 거기
새 봄이 걸어 나온다

내가 무너지면 거기
더 큰 내가 일어선다

최선의 끝이 참된 시작이다
정직한 절망이 희망의 시작이다

— 박노해, '길이 끝나면',
시집 『그러니 그대 사라지지 말아라』 (느린걸음, 2010) 수록

아픈 의사,
다시 가운을 입다

병원과 사회를 이어가는
의사 김선민이 꿈꾸는 세상

김선민 지음

ⓒ 김선민, 2024

초판 1쇄 2023년 12월 29일 인쇄
초판 1쇄 2024년 01월 05일 발행

ISBN 979-11-5706-329-1 (03300)

만든사람들

기획편집	배소라, 엄은희
디자인	올디자인
홍보 마케팅	최재희 신재철 김예리
인쇄	천광인쇄사

펴낸이	김현종
펴낸곳	(주)메디치미디어
경영지원	이민주 김도원
등록일	2008년 8월 20일 제300-2008-76호
주소	서울시 중구 중림로7길 4, 3층
전화	02-735-3308
팩스	02-735-3309
이메일	editor@medicimedia.co.kr
페이스북	facebook.com/medicimedia
인스타그램	@medicimedia
홈페이지	www.medicimedia.co.kr